歴史空間としての海域を歩く

早瀬晋三

法政大学出版局

（上）テルナテ島のスルタンの王宮は，博物館になっていた。後ろに，いつも頂上が雲に覆われ，しばしば噴煙をあげ，たまに溶岩が流出する1,721メートルのガマラマ火山がある。
（中）ティドレ島の王宮跡。20世紀初頭までラジャが居住していた。後ろに，1,730メートルのキエムタブ火山がある。
（下）テルナテ島のオラニエ砦。1607年にオランダが築いて以来，テルナテのクローブ貿易の中心となった。

（上）北マルクは丁字（クローブ）の原産地で，ナツメグは南マルクのバンダ諸島が原産地だが，現在では北マルクでも産出され，日当たりのいい場所で干されている。
（右）丁字は花の蕾で，乾燥すると茶色に変色する。インドネシア人は，タバコに刻んで入れたクレテックを好む。
（下２枚）ナツメグは種子で，割ると真っ赤な種皮のメースが出てくる。

はじめに

本書は、『歴史研究と地域研究のはざまで――フィリピン史で論文を書くとき』（法政大学出版局、二〇〇四年）の続編の一冊、「フィールドワーク編」である。もう一冊は、「読書編」である。しかし、続編を目的として書いたわけではない。そもそものきっかけは、紀伊國屋書店書評ブログ「書評空間」（http://booklog.kinokuniya.co.jp/）の執筆をつづけていくうちに、わたしの想定した読者対象が、学生・大学院生・若手研究者で、前著と一致していることに気づいたことにある。そして、書評ブログを執筆していて、読むこととあわせて、観ることが現在の研究にいかに重要であるかを語る必要がある、と感じるようになった。ほんとうは、もうひとつ、研究対象を客観的にだけではなく、主観的にもみる臨床の知の必要性も感じるようになったのだが、それを語るにはわたしの能力と行動力では無理だとあきらめた。「読むこと」「観ること」だけでは現在の社会を把握することは難しくなっており、「ともに生きること」を研究対象から学ぶことによって、理論的にだけでなく、社会の複雑さや奥深さを膚で実践的に理解することが必要になってきている。

本書の前半は、一九九七年七~八月の「調査日誌」である。この九七年は、『海域イスラーム社会の歴史――ミンダナオ・エスノヒストリー』(岩波書店、二〇〇三年)をまとめるにあたって、集中的にフィリピン南部ミンダナオとインドネシア東北部のスラウェシ島北部やマルク諸島(香料諸島)北部の調査旅行をした年だった。二月二二日~三月二二日、七月一九日~九月六日、九月一四日~一〇月五日におこない、調査日誌も四〇〇字詰めにして五〇〇枚を超えた。調査旅行では、一日二時間は日誌をつける時間を確保し、週に一日はなにもしない日を設けるようにした。それでも時間がとれなかったり、体調が悪かったりで、内容が充分でないときや、読むに耐えない文章のときもある。

調査にあたって充分な準備をすることは当然だが、調査中に得た成果はすぐに書き留めておかなければ消えてしまう。わたしは、調査中に込みいった数値や人名、地名など以外、極力メモをとらない。ミンダナオという紛争地域をフィールドにもっているということもあるが、「調査でござい」という態度では本音が聞けないからである。自然体で聞いたものを、宿に帰ってノートにとるというのが、わたしのスタイルだ。この一〇年以上のあいだに、数千枚の調査日誌が残された。本書で取りあげたのは、文献調査をほぼ終え、文献ではわからない歴史と社会・文化を把握しようとした調査旅行の成果だ。本書を読む前でも後でもいい、『海域イスラーム社会の歴史』を読むと、相補的に読むことができるだろう。

調査日誌の公表は、ほんとうは恥ずかしい。しかし、それをあえてしなければならないと思ったのは、冒頭で述べた第三の研究手法である「ともに生きること」のための臨床の知について考えるようになったからだ。「観ること」より格段にむつかしい「臨床調査」をしている若い人たちがおり、現地社会とのさまざまな摩擦や障壁に苦闘していることを知っている。そういう人たちにとって、わたしが体験を語ることによって、なんらかのヒントや励ましになるのなら、わたしができない調査成果を期待できると思った。近年、このようなフィールドワークにもとづいた研究成果が、博士論文としてまとめられ、出版されるようになってきた。そこには、新しい学問への挑戦という、きらきらしていてまぶしいものがある。調査日誌の後に、そのきらきらしたものとその苦闘を伝えたくて、また基本的知識になるものを紹介したくて、書評ブログから選んで掲載した。

本書は、これで終わるはずだった。ところが、本書の出版が延び延びになっているあいだに、もうひとつ付け加え、タイトルも変える必要があると感じるようになった。近年、「海域」と題したものが目につくようになった。しかし、わたしにはピンとこなかった。文献史学を中心とした研究は、海域を陸域の延長の通交路や沿岸として描き、海域を主体性をもった世界として論じていないからである。したがって、地域研究としての海域世界の研究とは接点があまりない。いっぽう、地域研究としての海域世界研究は、蓄積が乏しく、文献史学にもの申すだけのものがまだない。したがって、この両方の研究が絡みあって学際的・学融合的議論をする状況にはなく、近代の陸域中心史観から脱し、今日の多元文化社会に対応できる歴史研究や地域研究は期待できない。海域世界の歴史が、これまでどのように扱われてきたのかをまとめた拙稿「歴史空間としての海域世界」（山室信一編『岩波講座「帝国」日本の学知第8巻　空間形成と世界認識』二〇〇六年）を、あわせて掲載する必要があると感じた。そこには、時間的にも地理的にも、連続性をもって近代の壁を越えることができる歴史空間が出現するヒントが隠されている。

調査にあたって、まず感謝しなければならないのは、調査日誌のなかで何度も出てくるアレックスこと、アレックス・J・ウラエン先生（Sam Ratulangi University）です。ほんとうにたくさんのことを教えてもらいながらの、楽しい調査旅行でした。また、本書の調査日誌ではほとんど登場しませんが、フィリピン側の協力者のドミンゴ・ノン先生（Mindanao State University-General Santos）には、アレックスに負けず劣らず、よくしていただいた。この二人とかれらの家族・友人たちがいなければ、この一〇年あまりの調査はできなかった。ほんとうに、ありがとうございました。調査旅費については、科学研究費補助金のお世話になりました。代表者の梅原弘光、加藤剛、田中耕司各先生および共同研究のメンバーに感謝いたします。出版については、また勝康裕さんのお世話になりました。安心してまかせられる編集者とのおつきあいも、大切にしていきたいと思います。

ことばに言い表わせない多くのさまざまなことを教えてくださった、フィールドで出逢ったすべての人びとに、感謝をこめて本書を捧げます。

二〇〇八年六月

早瀬　晋三

目　次

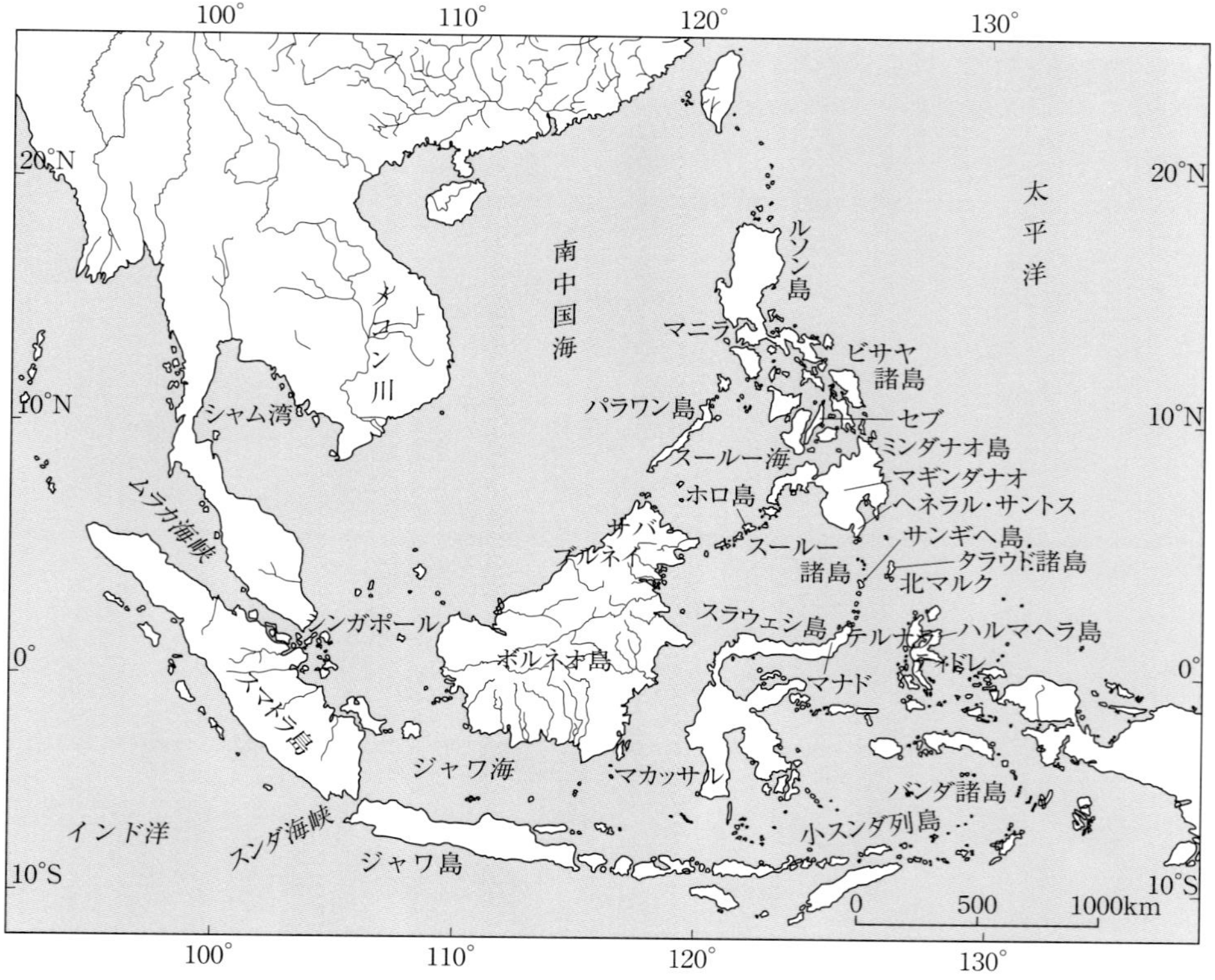

100°
110°
120°
130°
20°N
10°N
0°
10°S
南中国海
太平洋
インド洋
メコン川
シャム湾
ムラカ海峡
シンガポール
スマトラ島
スンダ海峡
ジャワ島
ジャワ海
ボルネオ島
ブルネイ
サバ
マカッサル
パラワン島
スールー海
ホロ島
スールー諸島
マニラ
ルソン島
ビサヤ諸島
セブ
ミンダナオ島
マギンダナオ
ヘネラル・サントス
サンギヘ島
タラウド諸島
北マルク
スラウェシ島
テルナテ
ハルマヘラ島
ティドレ
マナド
バンダ諸島
小スンダ列島
0
500
1000km

海域東南アジア

I

調査日誌

――香料諸島、スラウェシ島北部

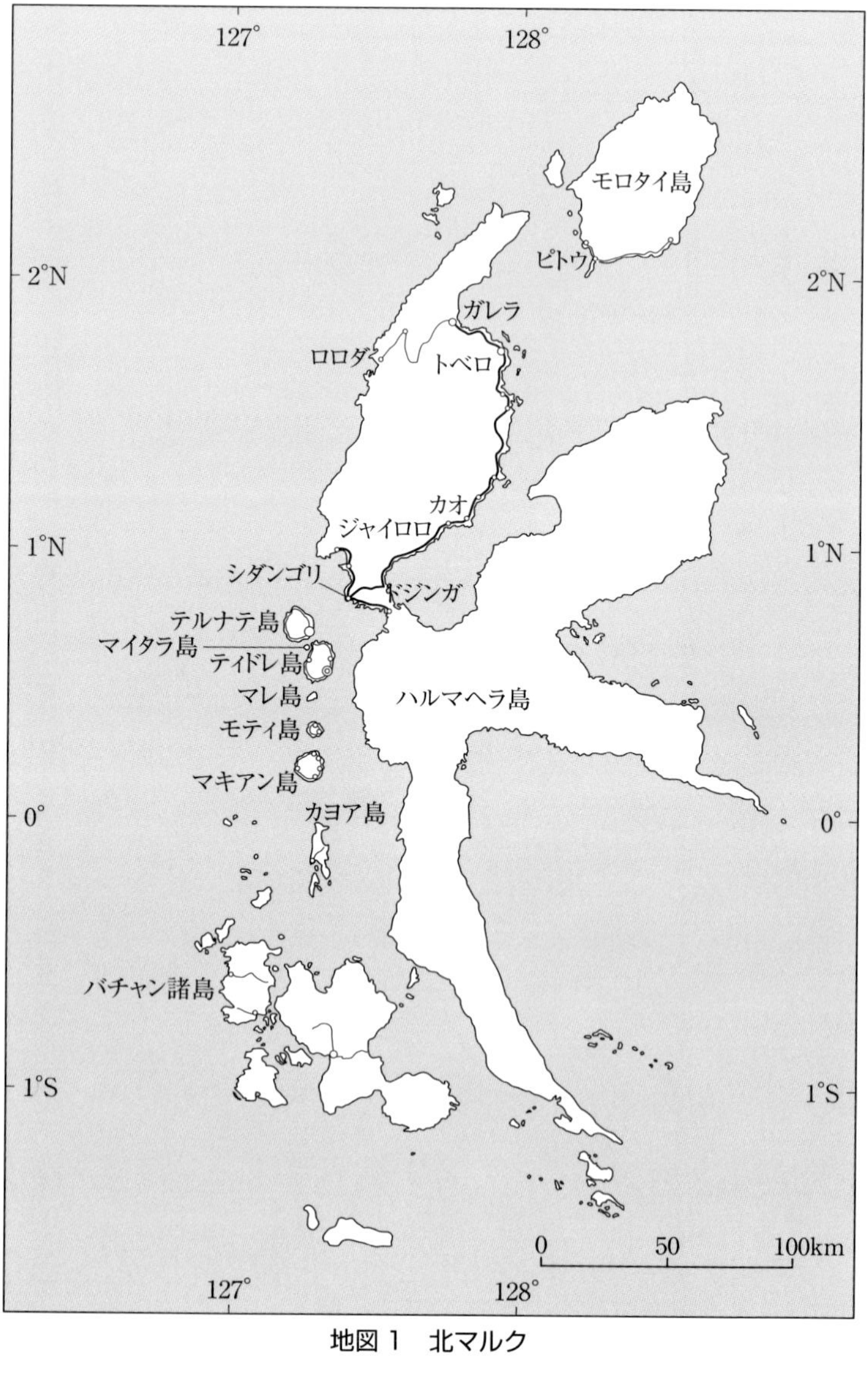
127°
128°
モロタイ島
ピトウ
2°N
2°N
ガレラ
ロロダ
トベロ
カオ
ジャイロロ
1°N
1°N
シダンゴリ
ドジンガ
テルナテ島
マイタラ島
ティドレ島
マレ島
ハルマヘラ島
モティ島
マキアン島
カヨア島
0°
0°
バチャン諸島
1°S
1°S
0
50
100km
127°
128°

地図1　北マルク

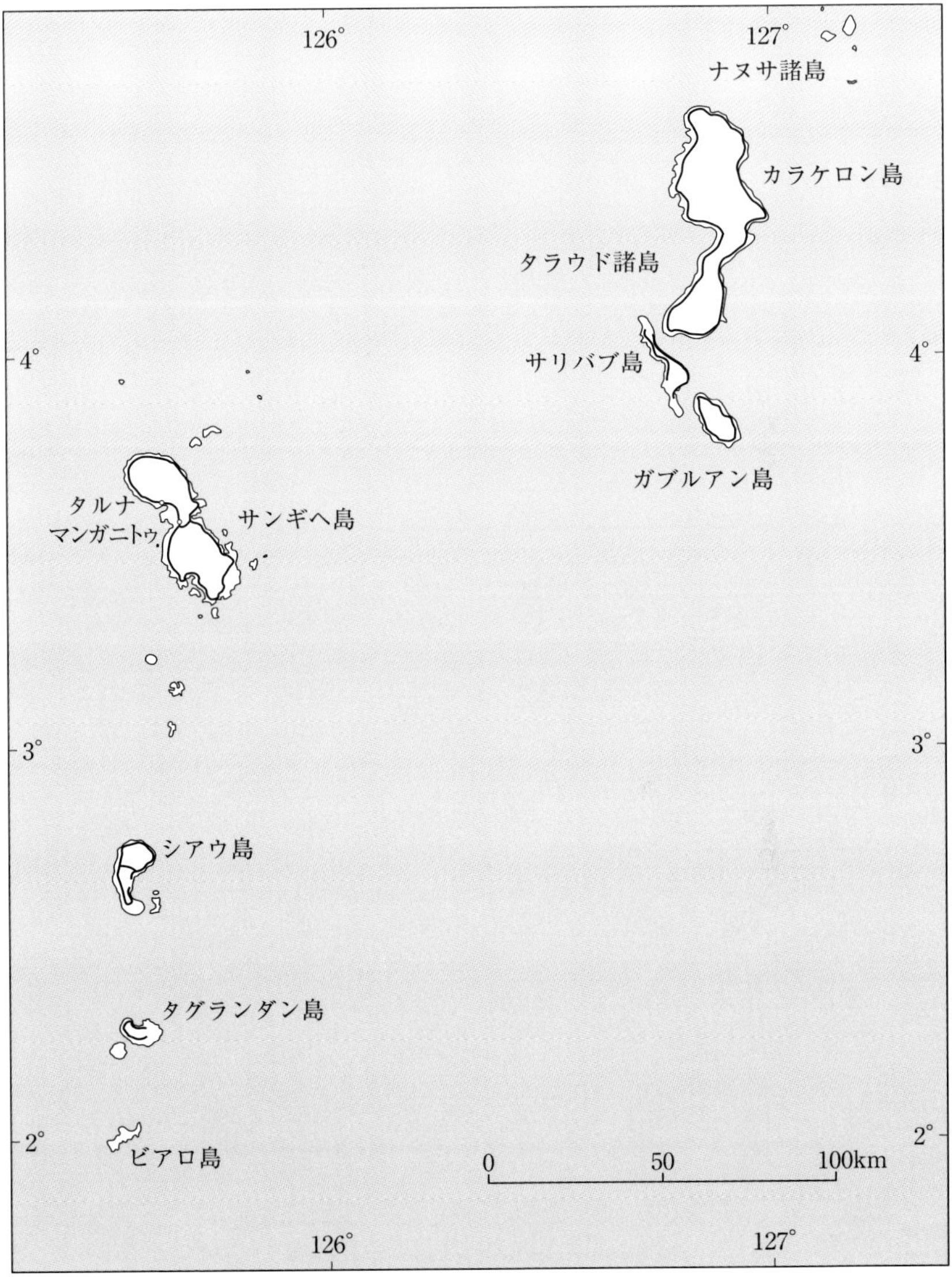

地図２　サンギヘ－タラウド諸島

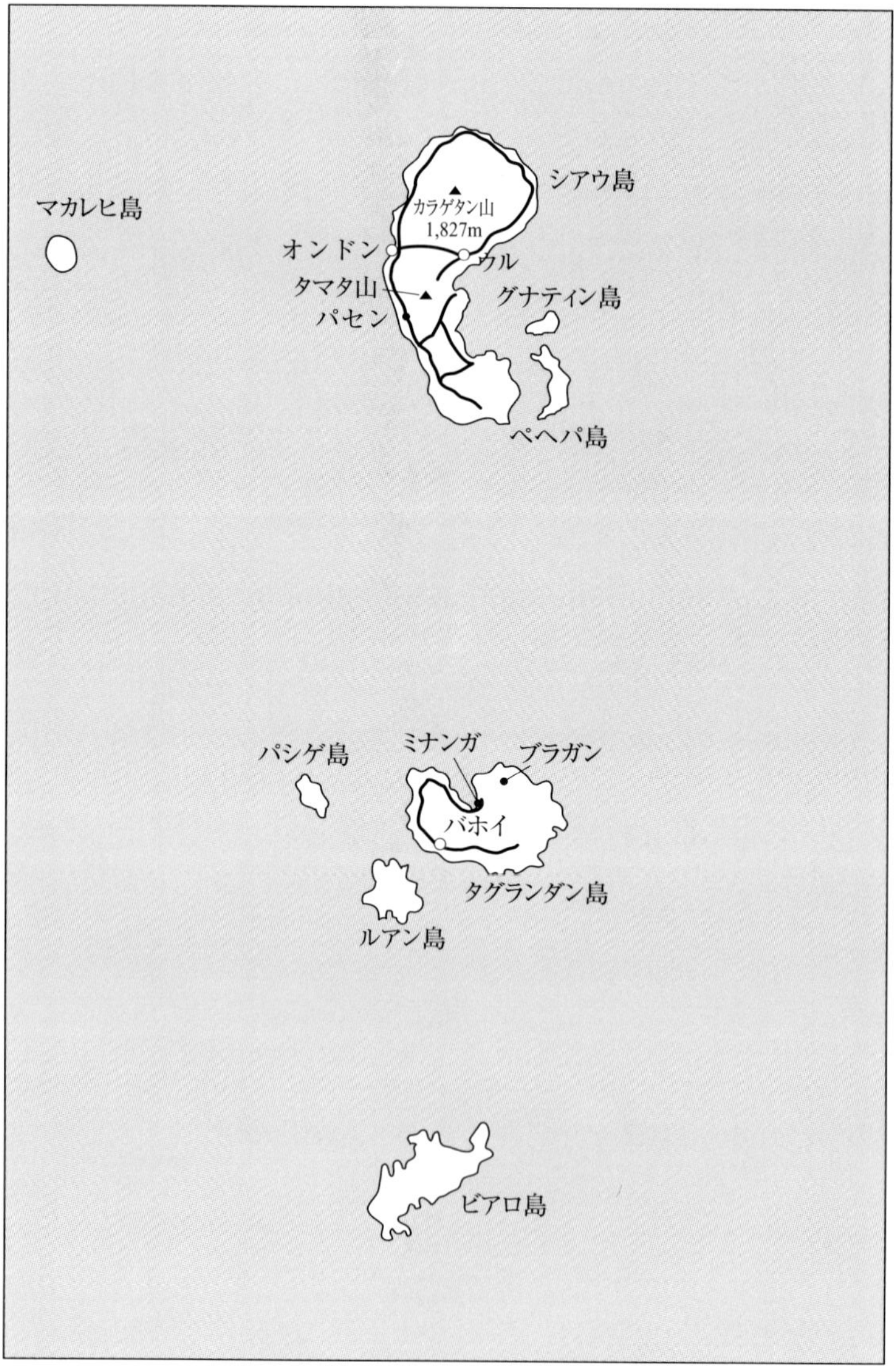

地図３　シアウ島・タグランダン島

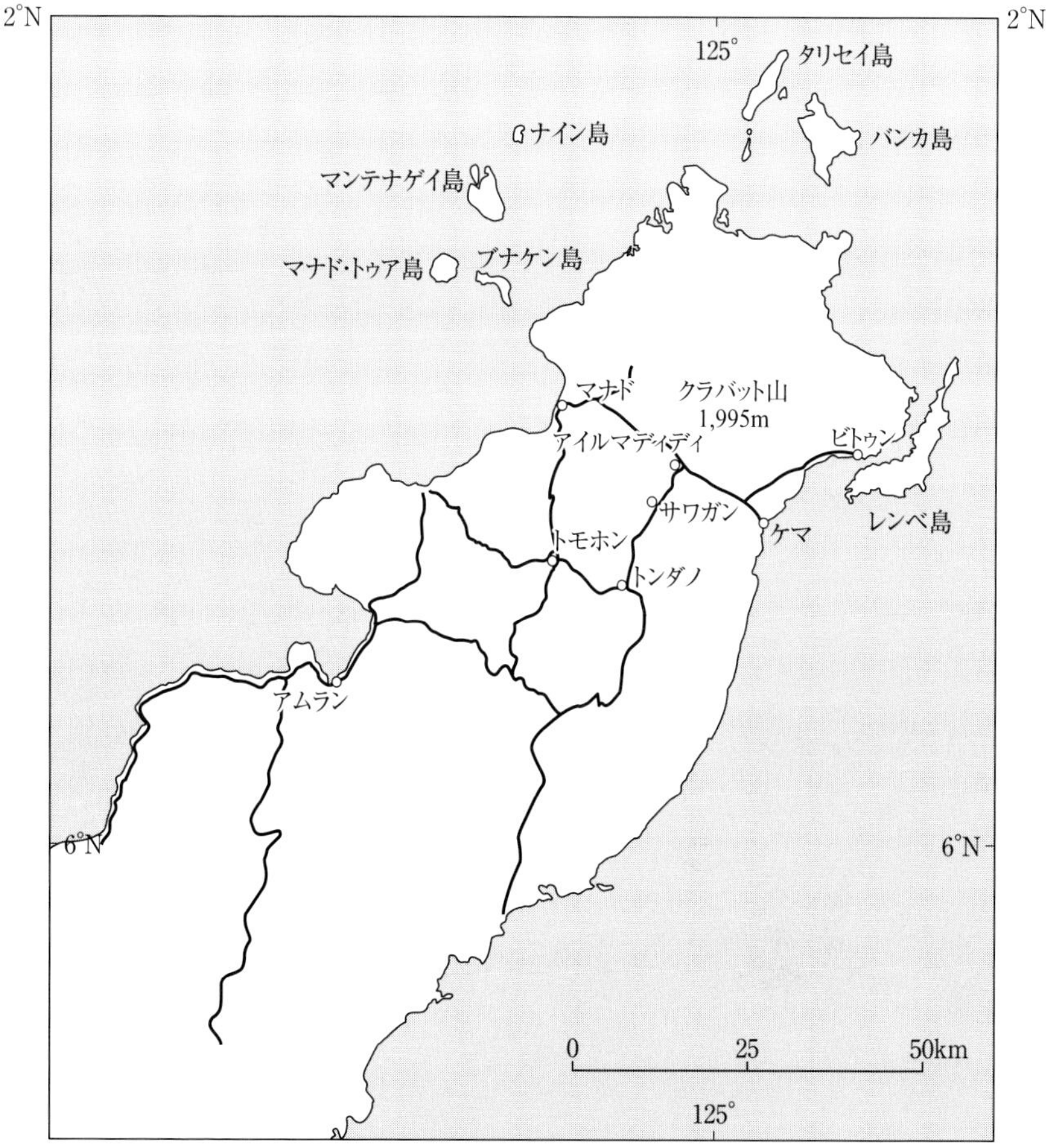

地図４　ミナハサ（スラウェシ島北部）

七月一九日に日本を出国し、シンガポールで「からゆきさん」(戦前に居住していた日本人売春婦)の墓などの調査をした後、インドネシアのスラウェシ島北部のマナドから香料諸島(マルク諸島)、ハルマヘラ島、そしていったんマナドに帰ってから北にあるシアウ島、タグランダン島などの海域世界を調査した。

香料諸島の歴史的重要性については、だれでも知っているだろうが、本格的な研究はほとんどない。インドネシアの歴史研究は、ジャワ島に集中し、東部海域世界の歴史についてはほとんど知られていないのが現状である。かつて香料諸島にはテルナテ王国・ティドレ王国、フィリピンのミンダナオ島にはマギンダナオ王国というそれぞれイスラーム王国があった。これらの王国の中間に位置するサンギヘ諸島には、サギール人のラジャを支配者とするいくつかの小王国があった。本調査旅行では、文献史料に乏しく、流動性の激しい海域世界を、これらの王国の歴史的交流から理解しようとした。とくに、海域世界を主体とした口述資料の収集に努めた。また、サギール人は、近代になってもインドネシア国内だけでなく、国境を越えて各地に移動しているディアスポラな民族だ。その実態もよくわかっていない。近年のグローバル化とともに、世界中が流動的になってきている。海域世界(遊牧世界)化しているといってもいいかもしれない。それを歴史的に考えることは、現代の流動化する社会を考えることにもつながる。

近代の歴史叙述は、文献史料を中心に、国民国家という地理的枠組み、古代・中世・近代という時代区分を基準に語られた。流動性をともなう海域世界に、そのような基準は通用しない。現代も国境を越え、それぞれの国・地域の時代区分を越えて、ものごとは動いている。近代に支配的だった「断絶」ではなく、現代に通用する連続性をもった歴史像を描くには、海域世界から考えることが有効である。そんなことを考えながら、「歴史空間としての海域世界」を歩いた。

幸い、フィリピン側の調査ではドミンゴ・ノン、インドネシア側ではアレックス・ウラエンというすばらしい協力者を得ることができた。以下の調査日誌はその一部で、アレックスとともに旅した一カ月余の記録である。

［ ］内は、今回出版にあたり補ったものである。

七月二二日（月）晴れ（シンガポール）→晴れ（マナド）

午前一〇時前に、シンガポールのチャンギー空港を無事離陸した。天気はまずまずなのだが、スマトラ島の泥炭地の森林火災のため、港が霞んで見える。すぐ南の島では大規模な開発がおこなわれていて、赤土がむき出しになっている。その南はもうスマトラ島なのだろうか、ここも開発で地肌がむき出しになったところがある。しばらくすると、南中国海の南の端に出て、海がつづいた。そして、突然海が灰色に変色したかと思うと、だんだん薄茶色になり、濃くなって河口が見えた。ボルネオ島［インドネシ

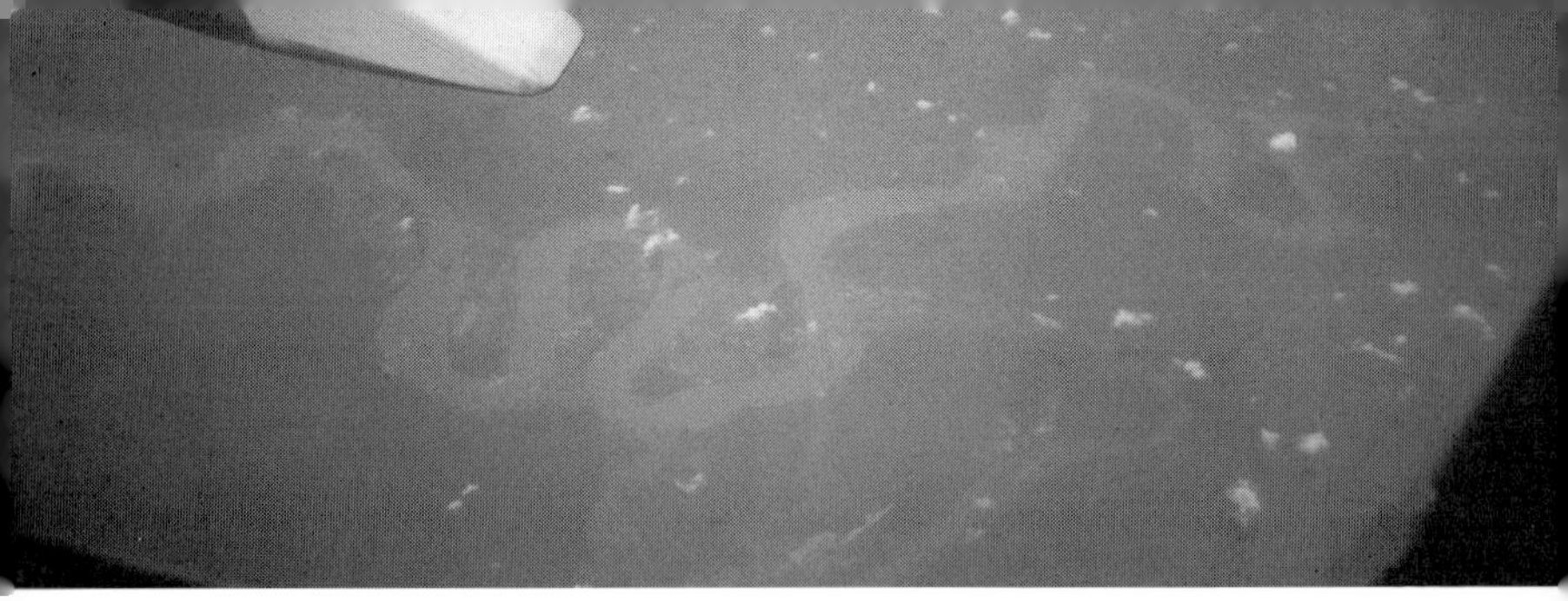

写真1　上：ボルネオ島の曲がりくねる河。

アではカリマンタン島〕が吐きだす泥には、すさまじいものがある。その川は、複雑に曲がりくねっているだけでなく、分岐してはまた合流し、逆行していると感じられるような曲がりを見せている箇所もあった〔写真1〕。島は熱帯雨林に覆われているが、ところどころに剥ぎとられたような茶色の肌が見え、なかにはかなりの大きさのものもあった。

眼下に熱帯雨林がずっと霞んで見えていたが、海に出るとしばらくしてスラウェシ島が見えた。右手にスラウェシ島の北岸を見ながら、東へすすんだ。ゴロンタロ（Gorontalo）の近くのリンボト（Limboto）湖もよく見えた。下を見るとさざ波のような白いものが見える。海は凪いでいるように見えるのに、荒れているのかと嫌な気分になった。今回は、船を利用する旅になる。よく見ると、魚の大群だった。この高さから見えるということは、マグロか。鰹かもしれない。火山が二つ、三つと見えてきた。マナドに近づいた証拠だ〔写真2〕。コタモバグ（Kotamobagu）と思われる中腹の集落も見えた。アムラン（Amurang）湾もよく見えた。こんなに天気がいいのは久しぶりだ。このところ、マナド（Manado）に来ると天気が悪かった。

午後一時すぎに、無事マナドに到着した。入国審査は長い列で、二〇分ほど待たされたあげくに、別室に通された。別に問題はなかったが、ビザがあったので、上役にまわしたようだ。二時半ごろ、定宿のホテル・ミナハサ

写真 2　下：マナドに近くなると，円錐型の火山がつぎつぎに現われてくる。

（Hotel Minahasa）に到着した。部屋は三〇二。オランダ風の旧館で、通りに面している部屋だ。

午後六時に日没。マナド湾に落ちる夕日は名物になるほどではないが、やはり海に落ちる夕日は美しい。この部屋からは、ちょうどモスクのてっぺんに落ちていくのが見える［写真3］。六時をすぎたし、おなかもすいたので街に出る。食事を終えて外に出ると、同行してくれるサム・ラトゥラギ大学（UNSRAT）のアレックスがいた。入れ違いにホテルに来て、ボーイにわたしが街の方に行ったと聞いたようだ。

アレックスと歩いて宿に帰る道すがら、そして宿で、これからのスケジュールを相談した。タグランダン（Tagulandang）島行きの船は二週間に一度、火曜日にビトゥン（Bitung）港から出る船しか、昼間運行していないという。夜行便で行ってもなにも見えない。七時間かかるそうだ。もし香料諸島のテルナテ行きの飛行機の予約が取れれば、ハルマヘラ島のほうに先に行ったほうがいいかもしれない。バチャン（Bacan）諸島に行って、途中モティ（Moti）島やマキアン（Makian）島を見るのもいい。それなら、水曜日か木曜日に行けるだろう。いろいろ考えても、どうなるものでもない。飛行機もキャンセルになることがあるし、船はほんとうにあてにならない。明日午後、飛行機の予約が取れるかどうか確かめてから考えよう。

写真3　マナドのモスクの上に落ちる夕日。右がマナド・トゥア島。

［ここ二一〜二三年、アレックスらと一緒に収集しているシルシラ（王統系譜）についても話をする。マナドのあるインドネシアのスラウェシ島とフィリピン南部のミンダナオ島のあいだには、サンギヘ－タラウド諸島があり、そこにはサギールとよばれる人びとが生活をしている。サギール人の多くは、インドネシアのこの諸島とミンダナオ島南部に、国境を隔てて居住している。インドネシア側のサギール人の多くはキリスト教徒だが、フィリピン側のサギール人はイスラーム教徒が多い。そして、香料諸島やハルマヘラ島など各地に移住している。わたしたちの調査は、サギール人の小王国の歴史的伝承を集めて、これまで知られていなかった海域世界に住む人びととの主体的な歴史世界を再構築することにあった。

サンギヘ－タラウド諸島は、北から香料諸島に至る途中にあり、世界周航をなしとげたマゼラン隊も通過している。第二次世界大戦中には、太平洋から南中国海に抜ける海として重要であり、フィリピンのマニラ湾内にあるコレヒドール島からオーストラリアに逃げたマッカーサーなどの通った海域のひとつだった。このとき、マッカーサーは「わたしはきっと帰ってくる（I shall return）」という有名なことばを残した。従来の歴史は、温帯の陸域、定着農耕民が主体だった。しかし、いまグローバル化とともに、流動性のある海の世界の重要性が指摘されている。わたしたちは、海域世界に生きる人びとの論理を肌で感じるために、サギール人の拡散した土地である、香料諸島とハルマヘラ島を訪れることにした。サンギへ－タラウド諸島では、すでに飛行機で行けるサンギへ島やタラウド諸島の調査はすませていたので、今回は船でしか行くことのできないシアウ（Siau）島とタグランダン島に行くことにした。］

歴史資料としては、王統系譜の収集がおもな目的だ。アレックスと相談して、まだ充分でないサギール人のいくつかの王国の全体を概観したものと、タグランダン島のものを追加したほうがいい、ということになった。アレックスには、どうもあてがありそうだ。すでにA四で二五〇頁あまりになっているが、さらに増えそうだ。八時に、アレックスが帰った。

なんだかどっと疲れが出てきた。一〇時すぎに就寝。

七月二二日（火）晴れ（マナド）

すがすがしい朝だ。気持ちがいい。五時くらいにコーランの朗誦の声で目が覚めたが、疲れていたのでそのまままうとうとしていた。六時半になり食堂に下りると、朝食が並んでいた。食パン、ナシ・ゴレン［スパイスのきいた焼きめし］、漬物、パパイヤにコーヒーと紅茶。漬物がすっぱ辛くて、おいしかった。［インドネシアのコーヒーは、焙った豆を粉末にし、お湯を入れて粉が沈殿するのを待ち、上澄みを飲む。紅茶はジャスミンの入ったジャワティだ。ともに、インドネシア人はたっぷり砂糖を入れたうえに、コンデンスミルクを入れるので、ドロリとした飲み物になる。家庭に招かれたときも、砂糖が入ったものが出てくる。わたしが最初に覚えたインドネシア語は、「砂糖を入れないで」だった。］

ミルクティをもって、部屋に上がる。ここから見る景色はほんとうにいい。ミルクティを飲みながら、日誌をつける。体操をして八時になったので、歩いて銀行に行く。ＢＣＡで五〇〇ドルを一ドル二四・四ルピアで換金する。一二二万ルピアから印紙代二〇〇〇ルピアが引かれていた。換金は、一日五〇〇ドルが限度だ。もう五〇〇ドル欲しいので、近くのＢＮＩに行く。二四・一だったのでやめる。街中のＢＮＩに行ってみると、二四・二五だった。明日はどうなるかわからないので、ここで五〇〇ドルを換金した。このレートなら、一〇〇ルピアを五円と換算すればいいだろう。

太陽が昇ると暑くなり、直射日光にあたるとそうとう暑いが、日陰は心地好い風が吹いている。南からの風はタグランダン島、シアウ島に行くには好都合だ。部屋の中のベットからも湾と山が見え、いい景色だ。午前中は勉強して、午後一時にアレックスが来るのを待つ。

ホテルで、正午にナシ・チャンプル（nasi champur）を注文した。このホテルの食堂では、前もって時間と料理を注文しておくのがきまりだ。ご飯と魚とチキンのフライ、ビーフンがすこしで、バナナがついて三〇〇〇ルピア（一五〇円）。お昼の定食といったところだ。食後三〇分ほど横になる。

午後一時にアレックスが来て、一緒にパンドゥ旅行社に行く。テルナテ島行きは二六日の土曜日までないという。ボラック航空のオフィスにも行ってみる。一人分なら明日のがあるという。アレックスはマンダラ航空で行って、テルナテ島で合流するというが、どうなるかわからない。一緒に行ったほうがいい。キャンセル待ちにして、明朝一〇時に来ることにする。わたしは二六日でもかまわないが、アレックスが明日にこだわっている。タグランダン島行きの船は、半島の南側にあるビトゥン港から出る。つぎの八月五日に乗ろうというのだ。そのつぎの一九日の船では、一週間で帰ってこられるかどうかの保証がなく、二七日のダバオ行きが危なくなる。この調査の後、アレックスはダバオでの調査、わたしはフィリピン中部のセブで会議に出席しなければならない。ここはアレックスの指示に従おう。アレックスのダバオ－マナド往復とわたしのマナド－ダバオ－セブ片道のチケットを、VISAカードで購入した。両方で一〇〇万ルピア（五万円）ほどになった。どうも、ルピアは数字が大きくて、大金を使っているような錯覚を覚える。これでお金のほうはなんとか足りるだろう。

宿に帰ると、もう三時前になっていた。こんなことで二時間近くかかるのだから、嫌になる。しばらく休憩して、ハルマヘラ島にかんする本を読みはじめ、夕方のお茶（ミヌム・ソレ）にしかけた四時すぎに電話が入った。アレックスかと思ったら、かれの奥さんのソフィアだった。アレックスは大学で歴史を教えているが、奥さんは同じ大学で英語を教えている。アレックスはフランスに留学していたので、英語は奥さんのほうが達者で、電話はアレックスにかわってソフィアがかけてくることがある。テルナテ島行きの予約が取れたという。すぐにわたしがチケットを買いに行ったほうが確実なので、再びボラック航空のオフィスに行く。料金を払っておかないと、その予約もどうなるかわからない。二人分の予約が取れた。明日午後二時二〇分の便だ。アレックスとホテルで一二時に待ちあわせることにした。ホテルの支配人のサミにも、チェックアウトを一二時にすると言っておいた。帰りは八月二日で、五日までのホテルの予約もしておいた。

五時すぎに宿に帰り、本を読む。ラピアン（A. B. Lapian）先生の論文で、バチャンの重要性がよくわかった。バチャン王国はマキアン島が発祥の地で、ジャイロロ（Jailolo）王国はモティ島が発祥の地だった。テルナテ島、ティドレ島、モティ島、マキアン島と四つ火山島が並んでいるところから、ひとつのグループとしての連帯があった。この四島が、狭義の香料諸島だ。丁字［ヨーロッパではクローブ、インドネシアではチェンケ］の原産地で、その南のすこし大きな島じまからなるバチャン諸島とハルマヘラ島などを加えて、現地ではマルクとよぶ。もうひとつの重要な香料のナツメグの原産地が南のバンダ諸島で、広義の香料諸島はこの南を含む。両者を区別して、北マルク、南マルクという。それにしても、北マルクでは、バチャンだけオーストロネシア系のことばで、残りはパプアに近いイリアン系というのは、謎として残る。バチャンには、マレー系の人びとが移住してきたのだろうか。この地域が発達したのも、こういうことばの狭間だったからかもしれない。それにしても、どうしてこれらの小さな火山島に、多くの人が住むようになったのだろうか。明日からよく見ておこう。

七時に夕食を頼む。すこし遅れて、団体と一緒に、バイキング式の夕食をとることになった。九〇〇ルピア（四五〇円）。ひとりで食事はつまらない。すぐに終えて、部屋に帰って洗濯、シャワー、日誌つけ。今日一日休めてよかったが、まだ疲れはとれていない。少々腰が痛い。このまま北マルクの旅をすることになる。帰っても、二日間休んで、すぐに出発することになる。そのかわり、その後は一〇日間以上ゆっくりすることになりそうだ。ゆっくりデスクワークができる。

一〇時に就寝。

七月二三日（水）晴れ（マナド）→晴れ一時にわか雨（テルナテ）

六時に起床。体操、洗面の後、六時半に朝食。ナシ・ゴレンはまだできていなかったので、食パン二枚と目玉焼きひとつ、パパイヤ、コーヒー、紅茶。今日は、午前中ゆっくりできる。今日も、気持ちのいい朝だ。ここからは下の通りも、海岸通りもよく見える。後ろの新館の部屋は見晴らしはいいが、下の通りが見えない。

一一時一五分まで、のんびり勉強をする。一一時半にチェックアウト。五万五〇〇〇ルピア（二七五〇円）の部屋代は三月と変わらずだが、なぜだか一割引になっていた。現金で支払う。一一時半に頼んでいたブブル・マナド（マナド風雑炊）が、一五分ほど遅れて出てきた。こんな時にかぎって、アレックスが一〇分早く来て、タクシーを待たせている。急いで食事をしようとしても、雑炊だからそんなに早く食べられない。一二時すぎにホテルを出る。空港には一二時二〇分ごろに到着。すぐにチェックインできた。二時間ほどガイドブックを見ながら、搭乗を待つ。定刻の二時二〇分より三〇分も早く搭乗のアナウンスがあり、定刻より一〇分早く離陸した。ダバオ行きと同じ四四人乗りだから、ムルパティ航空の二二人乗りより心強い。それでも妙な音がして不安になる。昨日予約で満席だと言っていたのに、乗ってみると空席がいくつかあった。下を見ると、白いさざ波が立っている。テルナテ島の空港は火山の裏側にあるので、飛行機は火山を避けるように旋回して降りていく。揺れて怖いと感じるときがある。今回は何事もなく、一時間で無事に到着した。時差が一時間で、これで日本時間と同じになった。

空港から一人五〇〇〇ルピアで市内のホテルまで、タクシーで行く。以前ニヌワラ（Niruwana）・ホテルの嫌なタクシーにあたったことがあったが、今日の運転手は良心的な人だった。三年前に泊まったホテル・クリサント（Chrysant）にする。料金は五万にあがっていた。一階のＶＩＰルームに案内されたが、以前泊まった二階の部屋に比べて悪いような気がする。かび臭い匂いもするし、蚊が多い。とりあえず荷物を置いて、隣のボラック航空のオフィスで八月二日のマナドへの帰りの便の予約をする。オフィスが隣だったので、便利だ。離島では、着くと同時に帰りの飛行機を予約して、押さえておく必要がある。現地での予約以外は、あてにならない。

そして、バスティオン（Bastion）港に行き、船の情報を集める。バチャン諸島行きは、すべて夜行便で週六便ある。昼間の便でないと景色が見えないので、調査にならない。あきらめてマキアン島行きの情報を集める。バチャン諸島行きよりはるかに小さい船が、横に停泊していた。二〇人くらいしか乗れないように見えるのだが、それでも五〇人くらいは乗るのだろう。港の中でさえ、かなり揺れているので、外海に出ると木の葉のように揺れるだろう。それに耐えられるのかどうかわからないが、昼間の数時間の船旅を楽しむことにする。最近船に酔ったことはないし、昼間は別に寝る必要もない。寝っころがっていればいいだけだ。明朝一〇時に出る予定だが、八時ごろ来たほうがいいとアドバイスされた。それに従おう。

ついでにハルマヘラ島北東部のトベロ（Tobelo）行きの情報も集める。日に三便、朝八時からあるという。おかしいと思ったら、まず一時間もかからないハルマヘラ島シダンゴリ（Sidangoli）行きに乗れ、ということだった。ガイドブックでは、トベロ行きの船は週三便で、一三時間かけてモロタイ（Morotai）島に行き、数時間待ってさらに三時間かけてトベロに行くスケジュールになっている。これらの情報を頭に入れて、八月二日までのスケジュールを組んでみた。なんとか行けそうだ。

宿に帰る途中、港の近くに新しいホテルを見つけた。五万ルピアだという。部屋も見せてもらう。きれいだ。今度帰ってきた金曜日には、ここに泊まることにしよう。ここなら歩いて港に行けるので、ハルマヘラ島からの往き帰りに便利だ。ホテル・クリサントに帰ってみると、看板が出ていて、このホテルが抵当に入っていることがわかった。三年前に来たときにも食堂を閉めたばかりのようだったが、そのころからよくなかったのかもしれない。ガイドブックでは、第一に推薦してあったのだが。一階がよくなかったので、以前泊まった二階の部屋を見せてもらう。二階は以前とあまり変わらない。二階に部屋を変えてもらうことにする。

七時半にアレックスと食事に出る。ジャイロロの情報を得るため、ジャイロロ食堂（Ruma Makan Jailolo）に入る。フィリピンでもインドネシアでも、食堂の名前に出身地の名前を使うのでわかりやすい。客もその出身地の人が集まってくる。モロタイ島出身の人が食事をしていて、情報をくれた。ハルマヘラ島も道路事情がよくなって、トベロに行く船はなくなったという。道路がよくなると、船の文化が廃れる。この数年間の調査でも、以前船で行ったところに船で行こうとしたら、船がなくなって自動車に乗れと言われたことが何度もあった。この一世紀間に、世界中で起こっていることだ。ますます海の文化の存在が、人びとに忘れられていく。いまのうちに海の文化や歴史を残さなければならない。海の文化や歴史を過去の遺産としてだけでなく、今日にも通用する概念として後世に伝える必要がある。シダンゴリからトベロまで、四駆のトヨタ・キジャンをハイヤーすれば七万五〇〇〇ルピア、三時間で着くという。八時に出発して、九時に到着、トベロには昼すぎに着く計算になる。その後は、さっき立てた予定をすこし変更すれば、なんとかなることがわかった。食事中に、にわか雨があった。とにかく、明日マキアン島に行くことが先だ。
八時半に食事を終えて、宿に帰る。洗濯、シャワーをして、日誌をつける。一〇時に就寝。

七月二四日（木）晴れ（テルナテ→マキアン）

コーランの朗誦の声で目が覚める。六時の目覚ましで起きる。外はまだ暗い。天気はよさそうだが、風がある。洗面、体操。七時に部屋の外に出て、朝食を頼む。コーヒーとチョコレートパン、ゆで玉子がひとつ。朝食には充分だ。

七時半にチェックアウトして、八時に港に行く。一〇隻ほどの船が並んでいた。そのうちの一隻は、さかんに荷物を運びだしている。今朝着いたようだ。九時に出発すると言っていたが、一〇時になって次々に出発しだした。マキアン島だけでなく、モティ島へ行くもの、ハルマヘラ島北西部のロロダ（Loloda）に行くものもある。マキアン島に行くものでも、外側を通るものと内側を通るものとがあるという。われわれは、外側のコースを通る船にする。それがどうも、そもそもの間違いだったようだ。だが、そのときは当然一六世紀のヨーロッパ船は、外側からの景色を見たはずなので、外側からに決めた。しかし、出発のときから様子が変だった。ほかの船が客をいっぱい運んでいるのに、われわれの乗った船は、一〇人あまりしか乗っていなかった。詰めこめば一〇〇人は乗るというのに。

一〇時二〇分ごろ出発した船は、快調にすすんだ。マイタラ（Maitara）島とティドレ島のあいだを抜けると［写真4、写真5］、マレ（Mare）島が見えてきた。その後ろに同じような形のモティ島とマキアン島があった［写真6］。マレ島には集落らしい集落は見えなかった。焼き物の村があるというのだが、反対側なのだろうか。途中、イルカやマグロの大群が見えた。イルカは、インドネシア語でイカン・ルンバルンバという。イカンは魚で、ルンバルンバは楽しい響きだ。あまり夢中になって見ていたので、後でひどい目にあうことが想像できなかった。ほかの乗客は、薄暗い船室にいた。女性は日焼けを気にし、酔う人もいるという。

船は、ちょうど二時間でモティ島に到着した。海岸に十数人が店を出していた。マンゴがシーズンらしく、昨日港でもたくさん見かけた。かなり大きく長いものが主流で、普通のより小振りのものもある。三つで五〇〇ルピア（二五円）と言っている。バナナの葉で包んだ糯米に煮干のような魚が入ったものがあった。ひとつ一〇〇ルピアで、二本食べる。ここでみな買っているところをみると、名物らしい。ここからマキアン島を見ると、カルデラの北側が崩れているのがわかる［写真7］。

マキアン島からモティ、ティドレ、テルナテと四つの同じような大きさの、同じような形の火山島を見ていると、なぜテルナテ島がもっとも重要になったのか、想像することができる。ラピアン先生によると、もともとマキアン島にあったバチャンの王国がいちばん力をもっていたという。いちばん南にあり、四つの島の「長男」ということは、ジャワ海からやってくる人が多かったということだ。香料諸島はまず、西アジアやインドを結ぶ東西交易の終点として発展したことが考えられる。ところが、南中国海の貿易が発達して、スラウェシ海を通って北から中国人商人がやってくるようになると、北の端のテルナテ島が重要になってきた。さらに、スペインが北のフィリピン諸島からやってきて、ポルトガルがイスラーム商人の多いジャワ海を避け、ブルネイ経由でやってくるようになると、北の入り口であるテルナテ島の戦略的な重要性はますます高まっていった。土地の人がテルナテ島からマキアン島に上る

写真4　上：北マルクを巡航する船。右にマイタラ島，左にティドレ島が見える。
写真5　下：ティドレ島のほうから見たテルナテ島。

写真 6　上：モティ島，マキアン島と，つぎつぎに火山島が姿を現わす。16～17世紀のヨーロッパ人には宝島に見えたことだろう。

写真 7　下：マキアン島は，火山の爆発で上部が吹き飛んでいる。

（高い）と言うのも、南のほうがもともと上位であったからとも考えられる。もっとも、マナドからサンギヘ－タラウド諸島に行くことも上ると言うから、断言はできない。風下から風上へという意味かもしれない。

マキアン島に到着すると、時計と反対周りに、順番に各集落ごとに停まりだした。各集落停船だ。集落といっても、海からは一〇軒ぐらいしか見えない。モスクが目立つので、すぐにわかるが、ちょっと木立が茂っていれば、見過ごしてしまいそうな小さな集落だ。それでも、どこから人が出てくるのか、ぞろぞろ出てくる。そして、木立の中に消えていく。五つ目ぐらいの集落だっただろうか。終点のマラパ（Malapa）に、三時すぎに到着した。この集落には三〇軒、一五〇人ほどしか住んでいない。学校もない。マキアン島が、こんなに貧しい島だとは思わなかった。この集落がいちばん大きいのだろうか。トタン屋根で、えらく暑い。とてもじゃないが、今晩快適に泊まれそうなところはない。砦跡や王宮跡、古い墓もないという。それなら、この島に長居は無用だ。少々お金がかかっても、船をチャーターして今日中にテルナテ島に帰ろう。明日は金曜日で、イスラーム教徒は働かない。明日の船はない。土曜日になる。

いろいろアレックスが交渉しているうちに、別の集落に小型のモーター船があるという。三〇分ほど歩いていった隣のマイロワ（Mairowa）にあるというので、三時五〇分に出発する。しかし、一時間くらいかかってやっと到着したが、船はなかった。一キロ先のソマ（Soma）に船があるというので、また歩く。今度は荷物をもってくれる人がいないので、担いでいく。一キロと言われて歩きはじめたが、その倍はあった。三〇分近くかかって五時二〇分ごろに到着した。その港に隣のペレリ（Pelery）からきた船があり、ペレリには小型船があるというので交渉する。五〇万ルピア（二万五〇〇〇円）で行くという。半分になって二五万で話はまとまる。これで、今晩うまいビールが飲める、と一安心する。

しかし、ペレリに行ってみたが、小型船はなかった。しばらく待つことにする。七時になり、あたりが暗くなっても、船は帰ってこなかった。ハルマヘラ島まで一時間（三〇万ルピア）、そこからスピードボートで一時間でテルナテ島に帰れるとか言っているが、確証のない話だ。ここは腹をくくって明後日朝、定期船でテルナテに帰るのがいちばんのようだ。バタバタする必要はない。幸いペレリはすこし大きな集落で、ここの船の持ち主の家に泊まれることになった。

そうと決まると、早くシャワーを浴びて、夕食にしてもらおう。かなり汗をかいたし、モティ島で軽食をして以来、なにも食べていない。ここで思いがけないことがわかった。温泉があるというのだ。火山島なので、温泉と聞いても不思議ではないが、予想していなかった。わずか一〇〇メートル先に共同浴場があった。すこしぬるめだが、海で直射日光にあたって赤く腫れていたので、これくらいでちょうどだ。下が砂地で、深さは三〇センチくらいしかない。横になってやっとつかれる程度だ。それでも気持ちがいいことに変わりはない。匂いはあまりない。みんなパンツをはいて入っている。浴場で石鹸を使ってもいいと言われた。暗くてよく見えないが、ひょっとしたらかなり汚れているのかもしれない。ともあれ、おかげですっきりした。帰って食事だが、サンマの二〇センチくらいのがたくさん出た。野菜はインゲンだけだった。でも、これで充分だ。電気は来ていないので、発電機がうるさい。にわか雨があったが、それほど長くもなく、強いものでもなかった。なにもすることがないので、九時に寝る。

七月二五日（金）曇りときどき晴れ（マキアン）

夜一一時半ごろから、一時間ほど目が覚める。いろいろな音がしている。まわりでなにかが羽根をバタバタさせて飛んでいる。上ではなにかが歩いている。波の音もかなりしている。それでも、いつしか寝たのだろう。四時すぎに鶏の声で目が覚め、五時すぎにも目が覚めた。ほかにだれか起きた様子がないので、そのままうとうとした。六時になって、だれか起きたようなので、起きてみる。空が白んできていた。夜、顔がひりひりしていた。リンパが出ているようだ。手足を気にして、顔は気にしていなかった。しぶきを浴びたので、ひどくなったのだろう。家の前の道の向こう側にある共同井戸で顔を洗うと、リンパの固まりでざらざらしていた。額のリンパは収まったが、鼻の頭からは、その後も出ている。こんなにひどいのは初めてだ。要するに、ヤケドをしたらしいが、鏡がないのでよくわからない。

七時に、ミロのようなものと焼きバナナ、ビスケットが出た。昨夜もこのバナナの茹でたのが出たが、こんなに味のないバナナは初めてだ。昨日は、のどに詰めそうになった。まさに芋だ。しかもあまりよくない芋だ。今日一日することがない。この家の主人はカヨア（Kayoa）島の市場に行くようだ。しかし、いつ帰ってくるかわからないので、ついていくわけにはいかない。さっきから、アレックスが主人らとしゃべっている。この調子で一日が終わるのかもしれない。なにもしないということも重要だ。

二時間ほど日誌を書いたら、疲れてきた。一眠りする。一時間ほど休んで一〇時ごろ居間に出てみると、相変わらずアレックスたち五人でしゃべっている。わたしが出てきたので、戦争中のハルマヘラ島のカオ（Kao）の話になる。カオが、「第二の東京（Tokyo Dua）」と呼ばれていたことも知っていた。ここにも、温泉の近くに駐屯地があり、アメリカ軍が爆撃して壊した、と言っている。そのうち、日本の援助の話になって、現地にくるまでになくなるか、かなり少なくなってしまうから、直接現地にくるようにしてほしいと言っている。かれらも、よくわかっているのだ。イスラームの強いところでは、ゴルカル［スハルト政権下の与党］の悪口をよく聞く。スハルト後、どうなるかわからない要素は、どこにでもある。

話をしているうちに、若者が深刻な顔をして、ここの奥さんに相談していることに気づいた。足を怪我していた。五センチぐらいの長さで、一センチ近く傷口が開いている。昨日、テルナテ島でやったという。五〜六針は縫う怪我だ。それを消毒はしたようだが、バンドエイドですませている。ひどく痛み、昨日は熱もあったという。不安そうな顔をしている。とりあえず、抗生物質をぬって、大型の絆創膏を貼ってやった。もう熱は引いているようだ。ほんとうは病院に行ったほうがいい。しかし、行かないだろう。ひとつにはお金がかかること。もうひとつには、病院は死ぬところだと思っているから。適当に民間医療に頼り、手遅れになる。手遅れになってから病院に行くから、病院の評判はさらに悪くなる。こういうことで、何人の人が死んだことだろう。この若者はどうやら隣の人のようだが、ついでにこの家の三つぐらいの子どもの傷の手当てもしてやった。こんな小さな傷でも、黴菌が入って破傷風になれば、下手をすれば命を落とす。人は簡単に死ぬことがある。

一一時に食事をして、隣の集落まで散歩することにする。昼食は昨日と同じ魚で、焼くか揚げるか、二種類の料理法が違うだけだ。いつもこんなもんだろう。沖縄や奄美でもそうだが、熱帯では魚を油で揚げることが多い。鮮度が保てないのと、においを消すためだろう。隣の集落は、この集落より古くて大きい。この集落は、一五〇人くらいしか住んでいない。小学校は、廃墟になっていた。隣の集落の小学校は、使っているようだが、屋根が落ちている。アレックスが訊いたところでは、公共事業はなにもやってくれないと、住民が嘆いていたそうだ。離島で、火山でいつだめになるかわからない島に、金をかけるほど政府はばかではない、といったところだろうか。車の通れる道はない。見捨てられた島になっている。この集落でも、隣の集落でも、所々に廃屋がある。過疎が、これからもいっそうすすむのだろうか。歴史上名を馳せたこの島は、いまなにもない島になっていっているのか。

一二時になって、隣の集落では太鼓を鳴らして、モスクでの集会を呼びかけていた。それでも、街角には女性を中心に何人か大人がいる。どのくらいの人が、週に一度の集会に参加しているのだろうか。島中イスラーム教徒で、キリスト教の布教活動もない島で、人びとにとって宗教とはなんなのだろうか。

ペレリ集落に帰ってみると、丁字が干してあった。山にたくさんあるという。ナツメグも干してある。カナリ・ナッツ、カカオも干してあった。山にはイノシシがたくさんいると言っていたが、イスラーム教徒は食べない。一汗かいたので、温泉に入ることにする［写真8］。お祈りの最中に温泉に入っている人はいないので、ゆっくり入れた。温泉から帰って、外で涼んでいると主人が帰ってきた。正装をしている。集落で一軒の店もやっているこの家は、とくに朝晩ひっきりなしに客がやってくる。商売をしている者にとって、お祈りは信用を得るための大切なものだ。一時一五分に帰ってきたので、一時間のお祈りだったことになる。主人はカヨア島には行かず、手下の者が行ったようだ。外で涼んでいると、次々に人がやってきて、話をしたがる。今度は女性三人と男性二人の話し相手になる。一時間も話さないうちに、疲れて、眠くなってきたので、昼寝をする。アレックスは、ジャランジャラン（散歩）から帰ってきたら、すぐに昼寝と決めこんでいた。

写真 8　マキアン島の温泉。

一時間ほどうとうとして、三時ころから日誌をつける。カヨア島からの船が帰ってきた。ここの船は、ここの人たちの生活のためにある。昨日の船で、各集落を停船したのも、それぞれの集落の人のためだ。テルナテ島の人たちのためでは、決してない。船は商売以上に、この島の人びとの生命線だ。もちろん儲かるからやっているので、テルナテ島からの料金も競争があって、三〇〇〇～四五〇〇ルピアとまちまちだった。われわれは、昨日一人三〇〇〇ルピア払ったので、いちばん安かった。それで、なんども停船して時間がかかり、不便だったのだ。しかし、あれらの小さな集落に船が停まらなくなったら、集落は消滅してしまうかもしれない。昨日その船をチャーターしようとしたことが、恥ずかしくなった。四時になったが、アレックスは相変わらず寝ている。後でアレックスに訊くと、日本に連れて行けだのなんだのと、いろいろみんなが言うので、出ていくのがいやで寝たふりをしていたのだという。

顔のリンパが出るのが止まらない。明日にでもなれば、腫れやヒリヒリは引くのだろうか。まったく不注意だったと反省する。疲れていると思うが、アレックスのようには眠れない。ここで寝すぎると夜眠れなくなる恐れがある。ここでいいのは、夜締め切っていても、それほど暑くなく、寝苦しくないことだ。皮膚が熱をもっていなければ、もっと快適だろう。それに蚊がいない。テルナテ島にはたくさんいたので、火山島には蚊がいないとはいわないが、この海の近くではいないようだ。案外住みやすいのかもしれない。こうして一日が過ぎていく。それもよしとするか。

夕方になって、カヨア島から帰ってきた連中と、ここの主人らとで卓球がはじまった［写真9］。脚を三つ並べ、その上に正方形の台を二台置き、真ん中にネットを張ったものだ。ここの主人は、なかなかうまい。みなにうまく溶けこんでいる。こうやって遊んでいるところを見ると、かなり若い。昨日はじめて会ったときは、寝起きで不機嫌そうでとっつきにくい人かと思ったが、案外親しみのある人だ。近所の人が機械が壊れたといって持ってきたときも、親切に直してやっていた。このような島では、技術力も人の信頼を得るための大きな力となる。五時ごろ温泉に行ったアレックスによると、人が多くて汚れていたという。温泉場には、アラビア文字のマレー語（ジャーウィ）で「一九五一年建立」とだけ書いてあった。ここの主人は、夕方温泉に行ってから、またモスクに行った。

卓球をしている横で、鶏がけたたましく鳴きだした。ここの奥さんが、若者をひとり呼んだ。若者は鉈を研ぎだした。今夜はご馳走だ。鶏をつぶす気だ。三食、同じ魚だけでは奥さんとして気が引けたのだろうか。今朝若者に治療してやり、午後雑談をしたので、親しみが湧いたのかもしれない。いずれに

写真 9　卓球で遊ぶマキアン島の人びと。

せよ、歓迎すべきことだ。温泉に行こうとしたが、ずっと混んでいて、お湯は汚いという。急ぐ必要はない。七時すぎに夕食になった。期待したとおり、チキンだ。煮込んだものとスープ。肉はそれほどかたくもなく、おいしい。ココナツミルクで炊いた糯米まである。これは、最高のご馳走だ。魚もわたしにとっては悪くないのだが、ここの人にとっては、つまらないものにみえるのだろう。

食事の後、温泉に行く。三人しかいなくて、お湯もきれいになっていた。気持ちいい。まだ、日焼けしたところがヒリヒリするが、それも入ったときだけだった。温度もおそらく、四〇度をすこし切るくらいだろう。日本ではぬるめだが、ここではちょうどいい加減だ。ここの井戸の水もなんとなく暖かい。温泉といってもいいだろう。海岸にもお湯が滲みだしているところがある。砂蒸しができる。

なにもしないというのもいいことだ。そんなに暇というわけでもなかった。九時に就寝。

七月二六日（土）どしゃ降り↓曇り↓晴れ（マキアン↓テルナテ↓トベロ）

四時すぎに目が覚め、それからうとうとしていた。六時前になって、そろそろ空が白んでくると思い、窓を開ける。起きようとしたとき、雨が降りだしたと思ったら、どしゃ降りになった。長くはつづかないだろうが、蒸し暑くなる。船の出発が遅れるかもしれない。七時前になっていったんやんだので、洗面をする。共同井戸の水は、昨日の夕方にはほとんどなくなっていたが、いまはかなりある。そして、ほんのり暖かい。七時半に朝食。甘いパンと昨日のおやつと同じ米粉をあげたものだった。昨日出なかったものが、今朝はすっきり出て気持ちよかったのだが、こんな日こそ危ない。控えめにしておく。雨はまだ降ったりやんだりしているが、そんなに強いものではない。

八時に出発することになった。ここの主人のナシ（Nasi）さんも一緒に行く。八時一〇分に、コプラ一〇〇袋くらいあるだろうか、船倉に敷き詰めての出発だ［写真10］。怪我をして、昨日情けない顔をしていた若者も一緒だ。感謝の意味なのだろうか、照れくさそうにわたしの荷物を持ってくれた。コプラは、一トン六四〇〇ルピアで売れるという。一袋に八〇〜九〇キロ入っている。かれらは平気でかついでいる。日本の若者ではもう無理だ。二〇キロでも重くなって、宅配便でも、米でも一〇キロ単位になっている。もちろん腰痛対策という意味で、健康上必要なことだが。

まっすぐ、テルナテ島に行くと言っていたが、意味が違っていた。モティ島に寄らないという意味だったらしい。一昨日寄らなかった集落に、次々に五カ所ぐらい寄っていく。結局、マキアン島を出たの

写真10　マキアン島のこの集落に２泊した。

は、一時間後の九時すぎだった。曇り空で、今日は日焼けしないと思っていたら、だんだん晴れてきた。海は、結構荒れている。石油の匂いに、そこらうち中で吸っている煙草の匂い、それに中からはコプラの油臭い匂いがしている。気分が悪くなる匂いの連続だ。曇っているあいだは外に出て新鮮な空気を吸っていたが、晴れてくると日焼けも恐い。今日は波しぶきを浴びないかわりに、一昨日より遅い。一〇時までにテルナテ島に到着するかどうか不安だ。内側のコースか外側のコースかというのは、マキアン島に着いてからで、マキアンとテルナテのあいだは同じコースをとることがわかった。海が荒れてきて、赤ん坊が泣いている。母親は酔ってしんどそうだ。コプラの匂いでむせ返り、蒸し暑い船室は赤ん坊にもかなり不快なようだ。父親が外に出すと、すぐに泣きやんだ。海域世界の民でも、海に強い人と弱い人がいる。

予想したとおり、一二時前になってようやくテルナテ島に到着した。到着する前に、シダンゴリ行きのフェリーが入港するのが見えた。急いで港に行くと、トベロかと声をかけられた。ゆったり座るために、二人だが一座席一万二五〇〇ルピアで三座席確保する。ギュウギュウで、数時間はきつい。フェリーは一時半に出発し、トベロには夜八時ごろになるという。ホテルはあるのかと訊くと、パンタイ・インダ（Pantai Inda）があるという。ガイドブックに載っているホテルだ。明日朝に発っても、トベロに到着するのは午後三時だというから、今日中に着いたほうがいい。一日に二度船に乗るのはしんどいが、明日からの日程が楽になる。

近くで昼食をすませ、待合室に行く。一等で三一〇〇に税二〇〇で三三〇〇ルピア。船はティドレ島にいる。一時すぎに戻ってきたので乗船する。前方部が一等、後方部が二等になっている。前方部で一〇〇人、後方部で二〇〇人くらい乗れそうだ。この便は、半分くらいしか席がうまっていない。下の階に、小型トラックが一二台ほど乗っている。船は定刻の一時半すぎに出航した。左側は暑いが、テルナテ島がよく見える。隣のおじさんが、ロロダまでは車で行けないという。ドジンガ（Dodinga）にもひとつ砦跡があることを教えてくれた。帰りにドジンガにも寄ろう。

シダンゴリの船着き場の北に、木材置き場と製材所らしき工場が見える。木材を切りだしているようだ。この港も、そのためのほうがメインかもしれない。二時四〇分、一時間強で到着する。桟橋からターミナルまでベモ［乗りあいミニバス］で二〜三分。テルナテ島で予約したキジャンが待っていた。前方部にトベロまでの若い女性二人、後方にカオまでの若い女性ひとりを乗せて三時すぎに出発した。空席は二つ。

東海岸までは山道で、さかんに工事をしていた。あたりはまだ未開のジャングルといったところだ。

巨木があちこちで見えた。ハルマヘラ島は、険しい地形とマラリアが蔓延していて、開発が遅れた。東海岸には約一時間で出た。しかし、その後も道路事情は、カオまで変わらなかった。途中貯木場があったが、あたりの人びとは勝手に木の皮を剥いで、燃料に使っている。東海岸に出てからカオまでが、イミグラシ（移住者）の入植地のようだ。あたりにアランアラン（チガヤ）が多いのが気になる。きれいな草原に見えるが、駆除することが困難な不毛の土地だ。途中で乗ってきた少年は、なんとマキアン島のペレリから移住してきたという。マキアン島で見た廃屋は、その結果だったのだ。途中で何人か客を乗せたが、子どもはただで乗せていた。フィリピンでもそうだ。六時前に、カオまで一〇キロのところで三〇分ほど休憩して、六時二〇分ごろ出発した。カオからの道は、橋を次々に工事していたため、徐行を余儀なくさせられたが、そのほかはおおむねアスファルトの快適な道だった。時速六〇〜七〇キロでとばす。一時間ほどでトベロに到着した。パンタイ・インダ・ホテルに投宿することにする。

ホテルに着くと、すぐに中年の女性がやってきて、女はいらないかと言う。すぐ食事にしてくれと言うと、食事は出来あいのものをすぐにもってきたが、食事が終わらないうちに、若い女性が部屋に無理矢理入ってきた。丁重にお引きとりを願う。タオルもない、石鹸もないのに、女と食事は早くやってくる。シャワーを浴びる。水は豊富にある。一〇時半に就寝。

七月二七日（日）晴れ（トベロ）

一時前に一度目が覚める。五時ころから目が覚めていたが、六時前に起床。夜あれだけ波の音がうるさかったのに、いまはなんの音もしない。干潮になったのか。外を見ると、海が見える。朝焼けがはじ

写真11　トベロの「美しい海岸のホテル」から見た朝日。

まっていた。右には、大型船が数隻停泊している。このホテルは、「美しい海岸のホテル」という名前だけあって、海に面している〔写真11〕。太陽が昇るまでと直射日光があたらなければ、気持ちいい。朝食も、海を見ながら、日誌をつけながら食べる。

七時半に、アレックスが港で情報を集めてくると言って出かけた。帰りに、ミクロレット（小型乗りあいミニバス）をチャーターしてくるという。部屋に帰って身繕いし、八時にジャランジャラン（散歩）に出かけた。表通りに出ると電話がかけられるワルテル（Wartel）があり、ホテル・プレジデント（Hotel President）があった。このホテルも、売春婦が出入りしているのだろうか。ほんの二分もしないうちに、アレックスがミクロレットから声をかけてきた。一日六万ルピア（三〇〇〇円）でチャーターしたという。昨日のキジャンが一五万ルピアと言っていたから、ずいぶん安上がりになった。運転手はタラウド諸島出身で、父親の代に出てきたという。アレックスの出身地のナヌサ（Nanusa）諸島に近いということで、安心だ。なんらかのつながりがあれば、悪さはしない。早速、出発することにする。その前に、港での情報では、日曜日と金曜日を除いて、モロタイ島へのフェリーは毎日出ている。九時にトベロ出航、モロタイ島に到着は一三時だという。ということは、明後日夕方までに、カオに行けるということだ。昨夜、アレックスは隣の部屋しよう。

の売春婦の声でよく眠れなかったという。わたしも、このホテルは好きではない。カオに泊まることに

出発する前に宿の人に、砦のことを訊いたが全然知らなかった。テルナテ島のように目立つものではないのだろう。まず、南へ七キロのところにあるというガムホク（Gamhoku）に行く。軍人の家に行ってどこか訊いてみると、近くの老人を引っ張りだしてきた。ついでにもうひとりついてきた。すこし車で走ってから、どんどん歩いて森の中に入っていった。普通海岸にあるのだが、と訝しく思っていると、「ここに日本軍のタイショウがいた」と言う。日本人が来たので、日本軍の駐屯地と勘違いしたらしい。「タイショウ」がいたところのすぐ後ろに洞穴があり、すぐ下にはきれいな水が流れていた。

あらためて一六〜一七世紀のポルトガルの砦（Benten Portuguese）だと言って案内してもらう。途中で、サンギヘ島のマンガニトゥ（Manganitu）出身の人に会う。ここにはたくさんのサンギヘ－タラウド諸島の人がいる。なかには漂着した人もいるが、おじいさんの代から来た人がいるので、一九世紀の末あたりから来ているようだ。イスラーム教徒もキリスト教徒もいる。イスラーム教徒のほうが、新参者のようだ。ペタ（Peta）とかモロンゲ（Moronge）とか、懐かしいサンギヘ島の集落の名前が聞こえた。

［このとき、キリスト教徒とイスラーム教徒の表だった対立は、みられなかった。しかし、一九九八年から両者のあいだに不穏な動きがあり、九九年にアンボンで暴動が起こると、マルク諸島各地に飛び火して、このトベロ周辺でも焼き討ち事件などが起こった。対立の背景には、宗教だけでなく、経済開発の利権争いが絡み、歴史・文化的背景もあった。アレックスからの手紙で、マナドに逃れてくるサギ

ール人難民がいたことを知った。避難してくる途中、船が沈没する災難もあった。」

老人に、モロと呼ばれる人びとについて訊いてみた。自分の母親がそうで、イスラーム教徒だという。しかし、軍人はポルトガル人の子孫で、全員キリスト教徒だという。どうも二種類のモロがいるようだ。フィリピンと同じように土地のイスラーム教徒をモロと呼び、それでその地方をモロと呼び、人をもモロと呼ぶようになったグループと、モロと呼んだ人びとつまりポルトガル人とその子孫をモロと呼んだグループである。歴史のなかで、人びとの呼称が錯綜した例であるかもしれない。このモロ地区では、一五三四年にポルトガル系のイエズス会が布教活動をはじめ、ザビエルも四六年にハルマヘラ島やモロタイ島に来ている。

お目当てのガムホクのポルトガルの砦は、ガイドブックにある市街地から七キロではなく、九キロと一〇キロのあいだにあった。道路から一〇メートルぐらい登ったところにあり、言われなければ砦跡とはわからない。砦に使ったという焼石灰で固めた塊と石がごろごろしているだけだ。砦跡から、海がよく見える。昔、下の海岸のほうにも砦があったが、竹と木だけでつくっていたので、跡形もなくなって、どこかわからなくなったという。ガムホクの名の由来は、ガムがカンポンで集落を意味し、ホクは焼けてしまったという意味で、オランダに集落が焼き尽くされたからだという。小説の『香料諸島綺談』（マングンウイジャヤ著、めこん、一九九六年）にも、トベロの話が出てくる。村が焼き尽くされた話も出てくるが、テルナテ王国によってだった。かつて海賊として悪名高いこの地域は、海軍力として戦力にもなるが、逆に脅威ともなるため、見せしめに反抗した村を焼き尽くしたのかもしれない。もう一〇時になった。

写真12　ガレラの港。

つぎに、トベロから北に七キロのところにあるというメデ（Mede）の砦跡に行く。デサ・メデを過ぎて橋を渡り、鉄鉱石の岩が目立つところをさらに先に行って、ココナツ林の中に入っていったところにあった。今度は城壁がはっきり残っている。先ほど見た鉄鉱石の岩の上で、眼下に橋がよく見える。河口だから、天然の港で、ここから上陸したのだろう。見通しのよくきく戦略的な場所だ。ここは、トベロからちょうど九キロ地点だった。

つぎにトベロから二七キロ北にあるガレラ（Galela）に向かう。近くには飛行場があり、ムルパティ航空が運行している。ガレラの町に着くともう一二時前だったので、食事にする。ここに一軒しかないというパダン・レストランで、四人で一万五〇〇ルピアだった。［パダン料理では、十数種類あるいはそれ以上の出来あいの料理がテーブルに並べられ、食べた分だけ料金を払う。］港に出てみると、大きな船が停泊していた［写真12］。Hai SHUN号、Kingstown と書いてある。バナナを積んでいるようだ。近くにドールのプランテーションがある。この後、五つあるという湖のうち、まずいちばん大きな湖に行き、その後ドールのプランテーションに行った。入り口前には、ずいぶん立派な橋がかかっていた。湖は三つ訪れたが、最後の小さな湖は、道路のすぐそばにあり、道路建設の前はもっと大きかったという。小さいが、すぐそばに巨木があり、木が湖に沈んでいて、どことなく神秘的な感じがした。水は泉らしく、透き通っていてきれいだった。

トベロに帰る途中、街の手前数キロのところに温泉があった。川が合流するところで、日曜日で家族連れが気持ちよさそうに泳いでいた。そのすぐ下流では、近所の人がせっせと洗濯をしていた。お湯加減は適温で、透き通っていて、匂いはほとんどなかった。ここでも、温泉を楽しむことができる。

二時に宿に帰り、六時まで自由時間とする。シャワーを浴びて、モロタイ島にかんする本を読み、日誌をつけていたら、五時半になっていた。三時半ごろお茶で、ジャワティと田舎にしてはしゃれたカステラの上にクリームと寒天の中に果物が入ったケーキが出てきた。このホテルにもいいところがある、と妙に感心してしまった。

五時四〇分に、ジャランジャラン（散歩）をはじめる。二〇分で帰ってこなければならないので、一〇分で歩いて行けるところまでにする。今日は日曜日なので、休んでいる店が多い。一〇分弱歩いたところに市場があった。野菜は、たいしたものがなかった。いちばん奥の魚市場には、おもに鰹が並んでいた。人口一万強の町だから、並んでいるといっても数十だ。マグロは数尾しかいなかった。丸く平べったい十数センチの魚も数十尾あった。イワシも一籠あった。今朝ガムホク周辺では、二〇センチくらいのアジを人びとがぶら下げて歩いていた。たたきにしたら、うまいだろうと見ていた。果物では、マンゴがシーズンのようだ。帰りに、アクア（水）を買う。一七五〇ルピアだった。高い。なんだかボトルやラベルが違うと思ったら、いままで飲んでいたのはマナド製で、いま買ったのはジャワ製で、AQUA Prima と書いてある。

六時に宿に帰って廊下に出ると、アレックスがいた。アレックスもジャランジャランして、いろいろ聞いてきたようだ。モロと呼ばれる人は、消えていなくなったと、古老のハジ（メッカ巡礼経験者）に聞いたと言っていた。特別な能力をもっている者だけが見えるという。海を見ながらおしゃべりしているうちに、昨日のやり手おばちゃんがうろうろしだした。鬱陶しい。七時になって夕食になった。二つのテーブルに一二人分の食事が用意された。焼きエビ、フライドチキン、野菜の炒めもの、チキン入りスープ、生のキュウリにバナナとパイナップル。昼もそうだったが、フライドチキンは、ほとんど味がついていない。あとはまぁまぁ。おなかの調子があまりよくないので、腹六分目くらいにしておく。ほかの泊まり客の多くは、テルナテ島から来たビジネスマンだという。

アレックスと話しているうちに、両親の話がでた。学校の先生をしていたお父さんはタラウド諸島出身で、ナヌサ諸島出身のお母さんと結婚したために、自分の船で毎月ナヌサ諸島に行っていたという。帆船一隻と小さい舟二隻をもっていて、帆船でナヌサ諸島に出かけたが、風に乗れば朝出て午後には着いたが、うまくいかないとジグザグに航路をとって三日間かかったという。こんな調子で、人びとは移動していたのだろう。

食事が終わると、真珠を売りに若者が来た。誠実そうで、ほんとうに自分で潜ってとってきたようだ。直径数ミリの黒真珠が三つ、一センチと数ミリの楕円形の白真珠が二つで、どれもひとつ五万ルピア（一五〇〇円）だと言っている。黒真珠のいちばん大きいものは、すこしくぼみがある。日本で買うと高いのだろうが、価値がわからない。それに加工賃もいる。どうしたものか、よくわからない。アレックスは、奥さんがすごく欲しがるからどうしようかと迷っている。いると買ってしまいそうなので、部屋に帰る。場所によっては、悪さをされないために、安全を買うという意味で、まがい物でも買った方がいい場合があるが、ここではその必要はないだろう。

部屋に帰って、シャワー、洗濯をする。明朝八時までに乾くかどうかわからないが、一応やっておこう。今朝から顔の皮が剥けだした。汚くてひどい。無理に剥くと後でヒリヒリする。剥けた後にクリームを塗っているので、すこしましなようだ。鼻とほっぺのいちばんひどいところを除いて、おおかた剥けてしまった。これから手や足も、順次剥けていくのだろう。今回は、もう二、三回海に出るだろう。そのときは、気をつけよう。

デスクランプがあるので、夜ワープロが打てるのはありがたい。少々疲れている。早いが、九時半すぎに就寝。

七月二八日（月）晴れ（トベロ→モロタイ）
夜何度か目が覚めたが、すぐに眠れた。四時半ごろからコーランの朗誦で目が覚め、その後うとうとしていて、六時の目覚ましの音で起床。洗面、体操。外で体操をすると、気持ちいい。六時三三分に太陽が昇りはじめた。朝食を海のよく見えるテラスに運んでもらい、インドネシア語の勉強をする。七時二〇分になっても、アレックスは出てこない。荷物をまとめに部屋に入る。七時四五分に外に出ると、アレックスがいた。チェックアウトをする。二〇分かかって、ようやく一九万二五〇〇ルピアを支払う。部屋代一人一泊四万、税一割、洗濯代一万四〇〇〇だった。
歩いて港まで行く。一〇分ほどで到着。チケットを買う。一人三二〇〇と税一〇〇ルピア。乗船してみると、ＶＩＰルームがあった。プラス三〇〇〇ルピアで利用できる。九時に汽笛がなり、九時五分に橋があがり、一〇分に出航した。定刻に出ることはありがたい。だんだん時間にも規則正しい「近代」の生活になっていくのだろう。しばらくは穏やかだったが、三〇分ほどしてすこし揺れるようになった。客室には二〇〇ほどの席があり、半分強埋まっている。下の車の階は、ミクロレットたった一台だった。セメントと米、小麦粉が、数百袋載っている。車の階にも、一〇〇人弱の人がいる。合計二〇〇人ぐらい乗っていることになる。バナナなども載っている。ビデオがはじまると、下の階の人たちも上がってきた。ＶＩＰルームはエアコンがきいていいと思ったが、このエアコンの調子がよくない。ＶＩＰルームには、われわれ二人と赤ん坊連れの若い女性二人、それに若者ひとりしかいない。しばらくすると、船員らしき若者が数名入ってきて寝だした。エアコンの調子が悪くて、暑くなると、赤ん坊がむずかりだした。若者がエアコンをちょっと触ったら、またききだした。しかし、しばらくすると、また止まる。ボタンのどれかひとつを押すと、また動きだす。倍近く払って、けっして快適ではない。エコノミーのほうが涼しく、新鮮な空気が吸える。エコノミーで問題なのは、煙草の匂いとうるさいことだ。三時間半たった一二時三〇分に、フェリーは無事モロタイ島に到着した。港には、沈没船が見える。

［一九四四年九月一五日、マッカーサー率いるアメリカ軍の主力部隊など連合軍は、ニューギニアから北上して、日本占領下のモロタイ島に上陸し、占領した。激戦になり、日本軍は五〇〇〇人の犠牲者を出したという。占領後、アメリカ軍はフィリピンに向かい、レイテ戦を戦った。オーストラリア軍は、ここからインドネシアの東部を占領していった。オランダは、早速この島に蘭印臨時政府を設けたので一時的に賑わったが、その後は元の静かな島に戻っていった。それがまた一時的に騒がしくなったのは、

一九七四年に台湾出身の残留日本兵「中村輝夫」さんが発見されたときだった。いまも沈没船や戦車の残骸など、街のいたるところに戦禍の跡を見ることができる。」

まず、宿を目指した。アレックスが港から見える二階建てだというので行ってみる。宣教師が建てたロスメン（民宿）だというが、人の気配がない。港から左方向に数分行ったところにあるロスメン・トンガ（Tongga）に行ってみる。それにしても暑い。ロスメンは中国人が経営していた。二部屋いると言ったら、一部屋の掃除をしだした。昼食を頼む。出来あいのもので、すぐに食事になった。マグロの切り身とフレークを煮たもの、さざえのような貝を煮たものとインスタントラーメン。香辛料がきいて、なかなかおいしかった。

わたしが日本人だと聞いて、宿の女主人は「中村輝夫」が隠れていたところに行きたいのだと思いこみ、さかんに説明してくれる。島の反対側で、木材会社の車でなければ行けないらしい。別にそれが目的ではないから、われわれにとってはどうでもいい。この島で車で走れるところは、二八キロほどしかないようだ。夕方四時から車をチャーターして走ってみることにする。部屋で休もうと思うが、殺虫剤をまきすぎて頭がくらくらする。たしかに海岸にもかかわらず、蚊が多い。殺虫剤が薄まって消えるまで、ジャランジャラン（散歩）する。メインストリートを港まで歩いてみる。二時すぎだから暑い時間だが、それにしてもここは暑い。役所では、独立五二周年のアーチを書きかえていた。役所の前にも、戦争中のマシンガンが三機備えつけてある。その前には、大きな教会とモスクが並ぶようにしてあった。この街の建物の鉄板には、軍が残していったものから引っ剝したようなものがある。軍の残留品があちらこちらにある。それにしても暑い。二時半に宿に帰り、シャワーを浴び、休息する。三時半から日誌をつける。

四時に車をチャーターしたとアレックスが言っていたが、四時一〇分になっても来ないのでターミナルに出かける。アクア（水）を一本買う。マナド製で一六五〇ルピア。トベロより安かった。アレックスは、今日港で一八五〇で買っていた。この島では、どうもビールを売ってないらしい。七時まで四万で、三菱コルトをチャーターする。この島では、ダイハツのミクロレットではなくコルトだ。

まず、島の東側を行けるところまで行くことにする。その前に運転手の奥さんが買い物をするというので、逆方向の市場に行く。浜にある魚市場には、いい鰹があがっていた。こんなまるまると太った立派な鰹は見たことがない。一尾五〇〇〇、マナドの半額だそうだ。鰹の燻製も売っていた。つぎに野菜市場に行き、カボチャの大きなのを買っていた。その後、東へ向かって走る。二キロほど家が並んでいたが、その後草原になったと思ったら、四キロ付近に空港があった。街並みがつづいているあいだ、所々に弾頭や機械の一部を花立てに使っている家があった。空港付近数キロは、なにもなかった。その後、所々に集落があった。ココナツ中心で、その合間にカカオや丁字、ナツメグが植えてあった。二〇キロを過ぎたあたりから、水田があった。この島には三カ所しかないという。住民の多くは、ガレラからきた人びとだ。サギール人もおり、街中に二カ所サギール人が多い場所がある。明日行くことにする。二五キロ付近までアスファルト道路で、三〇～四〇分で来たが、その後は未舗装のガタガタ道で三五キロまでの一〇キロは、それ以上の時間がかかった。最後の集落サムビキ（Sambiki）まで、ほとんどイスラーム教徒だった。電気は、ずっと通っていた。一九九二年に通ったという。六時二五分に折り返す。すっかり暗くなった七時四五分に、宿に到着。

すぐに食事にしてもらう。すこし味は違うが、すべて鰹料理だ。内臓も、これだけ大きい鰹だと、食べごたえがある。一匹買うと、こうなるのだろう。そのほかにインゲンとモヤシを炒めたもの、昼と同じものがあった。シャワーを浴びてから、日誌をつける。テレビはトベロのホテルより、きれいに映っている。インド映画やドラマが多い。アレックスによるとテレビ界をインド人が牛耳っているので、インドの番組が多いのだという。それだけではないだろう。インド文化の影響はここの社会に根づいており、人びとは抵抗なく受けいれられるのだろう。

九時半に就寝。

七月二九日（火）晴れ（モロタイ↓カオ）

一時すぎに目が覚めて、天井のファンを止める。どうもなにか掛けるものがないと、目が覚めてしまう。このベッドはなにかいるようで、痛いようなかゆいような気がする。五時すぎに、コーランの朗誦がうるさくなった。五時半に起きだす。柔軟体操をして洗面をし、外に出て、海岸まで行く。宿に戻ろうとすると、隣のハジ・ハミトさんが、声をかけてきた。一緒に散歩しようという。片言の日本語を話し、一生懸命思いだしながら話しかけてくる。魚市場、ついで野菜市場に行き、朝ごはんに帰ろうとしても、帰してくれない。結局、六時から七時まで一時間つきあった。おかげで、だいたいこのあたりのことがわかった。七時に宿に帰ると、アレックスが朝ごはんを食べていた。チマキのようなものを三本食べる。このあたりのは、なかに魚肉と春雨のようなものが入っている。

七時二五分に宿を出て、サギール人がたくさんいるというダエオ（Daeo）に行く。途中、戦車の残骸があった。キャタピラが見える。ここでは、ロケット弾が庭先のいいデコレーションになっている。庭や屋根に二〇個ほど飾っている家の向こうで、アレックスがサラワティ（Salawati）という名前を見つけた。サンギヘ島に来た宣教師の名前だという。家の人に訊いてみると、サンギヘ島のマンガニトゥから来たことがわかった。父親が、一九三〇年代にマホガニーを探しに来たのだ。ここに来た人びとのなかには、戦争中に強制労働で連れてこられた人もいる。カオにも、同様にして連れてこられたサギール人がいるようだ。隣の隣の家に行く。シアウ島から五五年に来た元学校の先生だった。四六年に来たお兄さんが機械工をしていたから、来たという。子どもたちのうち二人は、イリアン・ジャヤに行っている。

つぎに宿の前を通って、野菜市場の向こうのダラメ（Darame）に行く。このあたりも兵器の残骸が、ここかしこにある。日用品として使えるものは、ポールとして、容器として、いろいろに使っている。ダラメでは、まず教会に行ってみる。ダラメだけで、六〇〇人の信者がいる。同じサラワティという名前の人のところに、老人がいるというので行ってみる。おじいさんはいなかったが、一九二二年生まれのおばあさんがいた。マンガニトゥ生まれだという。ひいおじいさんの代から来ているというから、一九世紀の半ばごろから来ているのかもしれない。サンギヘ島で宣教に成功して、サンギヘ島の人びとをムスリム地区に移住させる戦略をとったのだ、とアレックスが説明してくれた。ほとんど人が住んでいなかったモロタイ島に、ガレラからイスラーム教徒が、サンギヘ島からキリスト教徒が入植してきた土地だといっていいだろう。ナヌサ諸島からも、三〇キロくらい先の集落に移住してきている人がいるという。キリスト教徒は洗礼をするし、誕生日にお祝いをするので、生まれた年を知っているが、イスラーム教徒は知らないか、でたらめなことが多い。

西側の道は、五キロしかアスファルト舗装をしていない。それから先の道もそれほど悪くないというが、もう一〇時前で時間がない。アレックスは、あらためて舟を仕立てて来たいと言っている。それがいいだろう。島の北側にもたくさんのサギール人がいるという。サギール人はさまざまな理由で、ディアスポラした民族だ。その全容は、よくわからない。

一〇時前に宿に帰って、コーヒーを頼む。宿の女将さんは、まださかんに「中村」のことをアレックスに話している。わたしは、その横で日誌をつけている。今朝はハジのおかげで、まったく日誌をつけることができなかった。一時間ほど記録する。もう一一時前だ。シャワーを浴びて、一一時半に昼食にしてもらおう。一二時には宿を出なければならない。

昼食はやはり鰹だが、チキンの煮たものとチキンスープも出た。それに長さ一〇センチくらいで筒型の、ブロッコリーのような味がする野菜が出た。アレックスに訊いても名前を思いだせない。大皿のスープの中に、ジャガイモとニンジンが入っていたので、よって食べる。ここのところ、こういう野菜をあまり食べていない。食事が少々偏っているかもしれない。

チェックアウトした。四万ルピアと一〇%の税。昨日の昼食も頼んだから一食多いはずだが、そんなことお構いなしらしい。地方のロスメンでは、洗濯なども一切合切みんな込みだ。一二時前に宿を出て、フェリー乗り場に向かう。ベチャ［三輪自転車の前に座席のある輪タク］は、一人五〇〇。昨日の船のVIPルームがよくなかったので、エコノミーにする［写真13］。別に、入港料を一五〇払う。昨日とほぼ同じ時刻の一二時二〇分ごろ、フェリーが到着した。乗船する。しばらくすると、一〇メートルく

写真13　モロタイ島からトベロへの定期船。

らいのモーター船が横付けしてきた。激しく左右に揺れている。荷物を次々に事もなげに渡して入れている。飾りをつけた数十センチのとんがり帽子状のものが数個あるので、どうも新婚さんの荷物のようだ。後で下を覗いてみると、たった一台の車の三菱コルトに積みこんであった。

一時をすぎて、汽笛がなった。後ろではバッソ(bakso)［肉入り団子スープ］の匂いがしている。結構、みな買っている。コカ・コーラやスプライトも、よく売れている。ここでは缶が主流だ。一五〇〇ルピアはするから、かなり高いはずなのに、冷えていないのを飲んでいる。甘くて、味があって、そして炭酸が入っているのがいいのだろう。冷えていなければ、ジャワティでも同じだと思うのだが。一時一五分をすぎても、まだ出航しない。五時をすぎてトベロに着くようだと、カオ行きを考え直さなければならなくなる。

一時四〇分、ようやく船は桟橋を離れた。単調な旅を楽しくしてくれたのは、二時間ほどたったころだった。数頭のイルカの群れが、すぐそばでジャンプをはじめた。船と遊んでいるように、行ったり来たりしていた。しばらくたっていなくなったと思ったら、二匹がすぐ横でジャンプした。一枚いい写真が撮れたと思う。イルカのスピードが速く、海から飛びだしたときにシャッターを押しても、すでに海中に没している写真しか撮れない。海中から飛びだす前に、シャッターを切らなければいけない。三枚撮ったが、二枚はよく撮れていると思う。

イルカが祝福に来たのではないだろうが、下が賑やかになった。すると花嫁が着飾って後ろから現われて、下りていった［写真14］。車に乗りこんだらしく、まわりで人びとがはやし立てている［写真15］。たしか、このコルトは昨日の船に載っていたものだ。とすると、花嫁を迎えに来た車だ。トベロに到着するまで、花嫁と花婿が助手席と運転席に座り、後部座席で土地のギターを引いて、それにあわせて女性たちが踊るということを繰り返していた。到着すると、迎えの人も音楽に合わせて踊っている。大騒ぎである。

船は、五時一五分前に無事到着した。急いで市場まで行って車を探す。カオ行きのキジャンが待っていた。すでに乗っている人もいたが、その人をそのままにして残りの席を五万ルピアでチャーターする。あまり多くない車の便を金で買って、土地の人に迷惑をかけているのかもしれない。外国人の研究者のわがままで、言い訳は許されないだろう。素直に謝るしかない。今日も少なくとも一〇人くらいの人に迷惑をかけた。ごめんなさい。

二時間弱の七時前に、無事カオのロスメン・ディルガハユ（Dirgahayu）に到着する。一部屋しか空いていないが、今夜中にもう一部屋空くという。すでにチェックアウトした人が、鍵をもって出ていっ

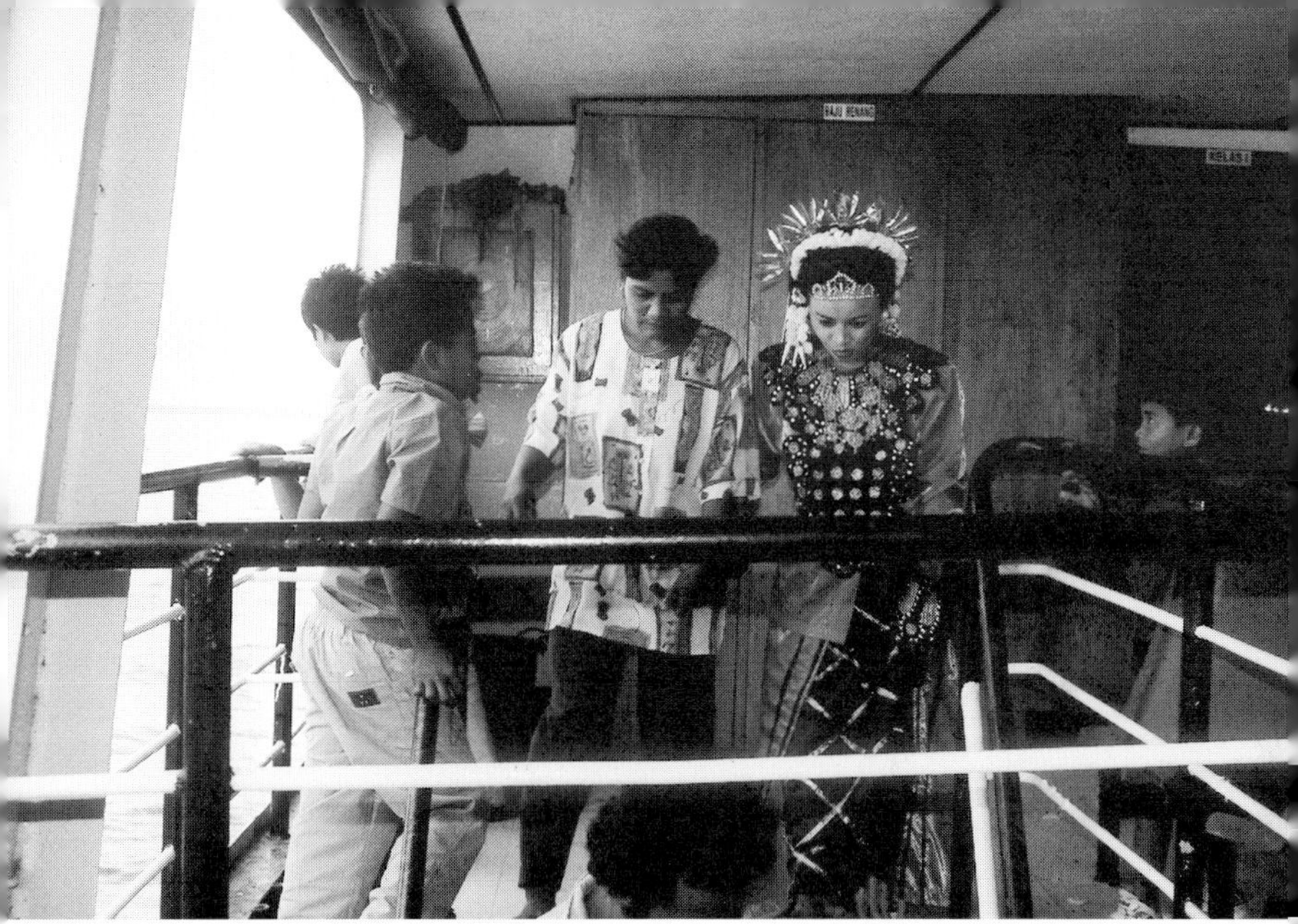

写真14　上：定期船のなかで，花嫁の登場。
写真15　下：花嫁と婚礼品の載った車を取りかこむ人びと。

たらしい。食事の準備を頼む。棚を見るとビール・アンケル（Bir Anker）がある。氷もあるというので、一本頼む。アレックスと分けて飲む。二一日の飛行機以来のビールだ。思ったよりおいしくなかったが、久しぶりのアルコールだ。食事はすぐに出てきた。エビと鰹、インゲンとおなじみのものになった。材料が限られているのだろう。しかし、それぞれおいしかった。おなかいっぱい食べられないのが残念だ。宿の主人はマナドの近くのトモホン（Tomohon）付近の出身で、アレックスの奥さんのソフィアの母親の出身地と同じだという。カラオケもある新しいホテルが二軒もできて、戦友会や遺族などの日本人客はそっちのほうへ行ってしまったという。われわれにとっては、この民宿のロスメンのほうが居心地がいい。主人も感じのいい人だ。いろいろ相談にのってもらう。明後日はシダンゴリまでキジャンを一五万ルピアでチャーターし、シダンゴリでジャイロロまでの車をチャーターしたほうがいいとのこと。どうもこのあたりのことがよくわからないが、宿の主人のアドバイスに従おう。

食事を終えて、近くを数分ジャランジャラン（散歩）する。この宿のある通りが旧道で、店が並んでいる。山側の道は自動車道で、役所や郵便局などが並んでいる。海もこの近くのようだ。ここから歩いて行けるところに、サギール人の集落があるという。まず、明日そこに行ってみよう。時間的にゆとりがあれば、日本の沈没船を見に、ボートをチャーターしよう。明日は、あまり無理せず行動しよう。すこし休まないと、思わぬところで事故をする。

八時半になったが、鍵は戻ってこない。今晩一晩アレックスと相部屋でもいいが、早くどっちかにしてゆっくり休みたい。九時四五分まで待って、戻ってこなかったので、相部屋で寝ることにする。アレックスは、鼾も少ないので大丈夫だ。

七月三〇日（水）快晴（カオ）

三時ごろノックがして、「テルナテ」という声が聞こえていた。テルナテ行きの最初のフェリーに乗るために呼びに来たのだろうか。そうすると、トベロからの人は、午前一時に出ることになる。五時すぎにコーランの朗誦がはじまる。なんだか、ずっとうとうとしていて、よく眠っていない。外から時折涼しい風が入ってくるが、部屋の中はそれほど涼しいというわけではない。六時すぎにアレックスと起きだして、海岸に出る。体操をして、日の出を待つ。沖合に、日本の輸送船の沈没船が見える。六時半ごろ、太陽が昇る。

宿に帰って朝食。コーヒーとチマキ二本。七時一五分にサギール人を求めて、ジャランジャランする。ジャティ・ドゥア（Jati Dua）集落に多いというので行ってみる。一九六九年と七一年に十数組ずつやってきてから、徐々に増えたという。シアウ島からの人たちで、ビトゥンから船で一週間かかった。船と土地は政府が援助してくれたが、後は自力でやっている。ほかの土地に移住したサギール人で、こちらに移ってきた人もいる。コプラが主産業だ。

［このカオには、戦争中に日本軍の基地があった。連合軍がニューギニア島からフィリピンへ向かうのを、日本軍はここでブロックしようとして、兵と物資を集結させた。俳優で元陸軍中尉の池部良さんが、アメリカ軍の爆撃や銃撃に毎日悩まされたジャングルでの生活体験を、数冊の本で語っている。］

街から二キロほど離れたところにある空港に、日本軍の残骸があるというので見に行く。車がつかまらず、歩く。朝八時すぎとはいえ、もうけっこう暑い。空港に着くと、滑走路の手前にトーチカがあった。コンクリートで固めて、一直線に穴が掘ってあり、上に空気穴と斜め上に銃を出す穴があった。滑

写真16　右：カオの飛行場に残る日本軍の高射砲。
写真17　上：カオの海岸に残る日本軍のトーチカ。沖合には沈没船が見える。

走路を東に歩いていき、草叢のなかを十数分間歩いたところに、高射砲が四台備えつけてあった〔写真16〕。カオ湾の北のほうに銃口が向いている。モロタイ島方面から来るアメリカ機を迎え撃つものだったのだろう。帰りの滑走路脇に二台の錆付いた自動車があった。案内してくれた若者三人は、空港の排水溝を作っていた。一日三〇〇〇ルピアで働いている。悪さをされるかもしれないので、アレックスがタバコ代を払った。空港を出ようとしたところで、車が走りさっていくのが見えた。かなりの暑さのなかをまた歩いていくのかと、がっかりしていたところに、また車が来た。宿まで楽々と帰り、二人分一〇〇〇を払う。

宿の奥さんが経営しているという食堂で、ジャワティを飲んですこし休憩した。一〇時すぎに、海岸にある日本軍のトーチカを見に行く。二キロということで歩きだす。海岸は貝殻が多く、しかもきれいなものや大きなものがある。二組の母子が貝を掘っていた。一センチにも満たない小さな貝だ。色は白く、しじみくらいの大きさしかない。三〇分ぐらい炎天下を歩いて、ようやくトーチカの残骸が見えた［写真17］。砂浜に三つあった。コンクリートがむき出しになっている。

近くで少女二人と話していたアレックスが呼んでいる。行ってみると、この子たちの父親はフィリピン人だという。家に行ってみたが、父親は不在だった。数カ月前にテルナテ島のバスティオン港からやってきたばかりだという。母親はフィリピン語がわからない。バトガンディンにいたと言っている。この家の側に土に埋もれたトーチカが二つと、丸い円筒形のコンクリートがひとつあった。しばらく椰子林を歩いていると、サンギヘ島のマンガニトゥ出身の人が、デサ（村）長の椰子を収穫物を半々にする五〇：五〇で管理していた。ハルマヘラ島のほかのところから移ってきたという。サギール人はほんとうにどこにでもおり、次々に移動している。タグランダン島やシアウ島に行っても、だれもいないのではないかと思うほどだ。

ここから道路に出て、帰ることにする。道路に出るまで一キロ強、道路に出てから宿まで二キロあった。しばらく歩いて中学校があり、その向こうにカオまで一キロの表示を見たところで、アレックスが嘆きの声をあげた。今日は雲ひとつないほどの快晴で、そのうえ日陰がほとんどない。アスファルトの照り返しも強い。因みにトベロまで八一キロと表示してあったので、トベロ－カオ間は八二キロということになる。シダンゴリからトベロまで一七六キロだから、カオ－シダンゴリ間は九五キロということになる。昨日見たキロメートル表示は、四八キロのところで消えていた。車に乗っているときは、いつも道路脇のキロメートル表示に注意して、距離を確認している。車のメーターも見て参考にしている。

時計も節目節目に見て、時間を確認している。夜中に目が覚めたときも、すぐに時計を見ている。

這々の体で、宿の裏の奥さんがしている食堂まで帰り、かき氷を注文する。もう一二時なので、ここで昼飯を食っていけと主人が言うので、そうする。かき氷と食事が同時に出てきた。半氷の冷たい水まで出てきた。どっちみち氷を食べるのだから、おなかを壊すことを承知で水も飲む。はじめ冷たいのでおいしかったが、味わってみるとまずい水だ。若干塩分が含まれているのかもしれない。食事は、エビの唐揚げ、カンコン〔空心菜またはアサガオ菜、サツマイモに似た蔓と葉〕炒め、卵焼きと竹の子のココナツ煮だった。すこし塩辛いが、塩分を欲していたときなのでちょうどよかった。かき氷は、底にロースト・ピーナッツを入れ、イチゴシロップをかけて、練乳をスプーンにつけてのっけてある。五〇〇ルピア。

部屋に戻って、洗濯物を外に出す。わずか二時間ほどで、ほとんど乾いた。シャワーを浴びてすこし横になる。一時すぎから、日誌をつける。一昨日左腕、昨日右腕につづいて、両手の甲、脚の皮が剥けだした。両腕の新しい皮膚にとって、昨日、今日の暑さはきつく、昨夜もすこしヒリヒリしていた。それにしても、暑い。トタン屋根はどうしようもなく暑いが、どしゃ降りのとき雨漏りがしないので、そのときはありがたく思う。二時半ごろから風が出てきたので、すこし凌ぎやすくなった。先ほど宿の主人が、ボートをチャーターして、何時に沈没船を見に行くのかと訊いてきたが、もう止そう。写真はいつか使えるかもしれないが、海に出ると体力の消耗が違う。すこし体力を温存しよう。明日は、朝七時に出発する。ジャイロロに行ってからシダンゴリに行くことにする。キジャンをチャーターして、二二万五〇〇〇ルピア。一万円以上するので高いが、ほかに方法はない。うまくいけば、午後のフェリーをつかまえることができるかもしれない。テルナテ島まで帰れば、すこしゆっくりできる。

残りのお金を計算してみた。明日支払う宿泊料一〇万、テルナテの宿泊料二〇万、車一〇万、計四〇万ルピアで、残りがあまりないことがわかった。明日があまりにも高いのだ。日本人だということで、高くなったのかもしれない。今夕、船をチャーターしなかったのは正解だった。お金のことだけでなく、ゆっくり日誌をつけることができて、そのうえ四時ごろから二時間、本が読め、インドネシア語の勉強もできた。現地にいてその土地のことを勉強し、その土地のことばを学ぶことは、その効果がまるで違う。こういう余裕のある時間をもって、調査旅行することが大切だ。

六時半ごろ日が落ちたので、シャワーを浴び、洗濯をする。いい風が吹いているので、ひょっとしたら寝る前にほとんど乾くかもしれない。いくら快晴だといっても、いつどしゃ降りがくるかわからないので、一晩干すのは恐い。三時半ごろ干した帽子は六時ごろには乾いていた。帽子も、汗まみれになっていた。五時すぎに、ミヌム・ソレ（夕方のお茶）がきた。ココナツの蒸しパンが二つあった。おかげで七時をすぎても、おなかがあまりすいていない。夕方になって、ますますいい風が吹いている。それなのに、小さな蚊がいるのが問題だ。マキアン島は、ほんとうに蚊がいなかった。人びとが火山島に住んでいた理由のひとつは、これだ。

七時半に夕食をとる。椰子蟹一匹、二〇センチ近くの魚が二匹、それに昼も出た竹の子のココナツ煮。そういえば、宿の主人が夕方、少女と二〇〇〇だ三〇〇〇だと言っていたのは、この椰子蟹のことだったのかもしれない。人口二、三〇〇〇人の町では、マーケットが小さく、こういうかたちでしか売れないのだろう。市場はあるが、午前中野菜をすこし売っているだけで、魚は行商している。食事をすませたが、その後することがない。本を読みたいが、照明が充分でないので、長く読んでいられない。九時すぎに部屋に帰り、九時半に就寝。

七月三一日（木）晴れ（カオ→テルナテ）

五時半に起床。二時ごろから三時ごろまで起きてしまう。どうも熟睡できない。アレックスも眠れなかったという。昨夜、宿の主人が来て、今日予約しておいたキジャンに、軍のコマンダー夫妻がシダンゴリまで一緒に行きたい、と言ってきたという。断るわけにはいかないだろう。六時すぎに、コーヒーとお菓子で朝食をとる。そうこうしているうちに、六時半にキジャンが二台やってきた。アレックスは、朝日を撮りに海岸に行っている。

チェックアウトをして、七時一〇分前に出発。宿代は一泊すべて込みで二万五〇〇〇ルピアだった。ビールが六五〇〇もした。車代二二万五〇〇〇も同時に払う。財布がずいぶん軽くなった。コマンダー夫妻をピックアップし、後部座席に乗せたため、アレックスは少々狭苦しそうだ。途中三カ所で写真を撮った。運転手を休ませるためにも、適当に写真を撮ることが必要だ。このキジャンはすこし遅いようだ。どんどん抜かれていく。それでも一〇時半にシダンゴリに到着した。インドネシアでもフィリピンでもそうだが、車は早く走るほうが、また高価なほうが、優先的に走ることができる。車も、階級社会だ。

八時半にテルナテ島を出発した船が、いましがた着いたのだろう、ターミナルは客でごった返していた。一一時のつぎの便は三時半だが、三時までに帰って来たほうが無難だ。終始無言だったコマンダー夫妻を降ろし、ジャイロロに向けて出発する。三〇キロほどの道は、アスファルトで舗装されていたが、山道でそんなに早く走れない。一時間ほどかかって、ジャイロロに到着した。街に入ったところに、アダット・ハウスがあった。土地のサフ（Sahu）人の集会所だ。一〇メートル四方ぐらいの大きな家で、壁がないから風通しがよく、恰好の昼寝場所になっている。四隅にある五〇センチくらいのポールのうち二本は、端が人間の頭になっている。

港に出てから、食事する場所を探す。一軒しかないらしい。ご飯の上に魚、焼きそば、チップス、野菜をのせて、四人分で一万ルピア払ったら、四〇〇〇お釣りがきた。車に乗りこんで出発しようとすると、もう六〇〇返してくれた。タマゴがなかったので、取りすぎたという。こういうところが、正直で気持ちいい。

土地の若者を乗せて、ジャイロロ王国の王宮跡を探す。アダット・ハウスが所々にある。屋根の形がおもしろいのがあったので、写真を撮る。ついでに王宮跡についても尋ねる。縮れ毛で揉み上げの濃いイリアン系のサフ人だ。もともとのここに住んでいた人たちは、いまは山に追われているが、イリアン系の人たちだった。来る途中でも、白いオームを二匹肩に乗せた人がいた。

車に乗ってきた若者は、いまひとつわかっていない。尋ねてみると、先ほど通過した大きくて古いモスクのほうだという。やはりそうかと思い、引き返す。モスクの前には古い大砲が備えつけられていた。後ろにきれいな形をした火山がよく見える。テルナテ王国やティドレ王国の例から、王宮とモスク、墓は三点セットのはずだ［写真18］。そこから一〇〇メートルほどしたところに、小さいがもっと古いモスクがあった［写真19］。その隣が、王宮跡だった。塀の跡が見える。この王宮は大きく、自然の一部

写真18　ジャイロロ王国の王宮・モスク・王墓も，火山の南の麓にあった。

を利用して、要塞になっていたようだ。一〇メートル四方はある。近くに墓もあった。イスラーム風のデザインの立派な墓だが、ひとつしかない。これで、三点セットが揃っていたことになる。しかも、どの王宮も、山の裾野の南に位置している。港がよく見える場所でもある。これで、目的は達した。一時にシダンゴリに向かって出発する。

帰り道の数カ所で、写真を撮る。シダンゴリに、二時すぎに到着する。フェリーを待つあいだ、日誌をつける。コンピュータ・ゲームをしていると勘違いをして、子どもが画面をのぞき込んでくる。三時をすぎて、フェリーが近づいてくるのが見えた。出航は、四時をすぎるかもしれない。

今日は七時間ほど車に乗っていたわけだが、乗っているあいだに、いろいろなことを考えた。こういう時間は、日ごろあまりないので大切な時間だ。単行本のタイトルについて考えた。学術書とフィールドノートと同時に出版することも考えた。

写真19　ジャイロロのモスク。

これだけの記録を公表しないのは、もったいない気がする。今回の調査旅行で、歴史的イメージがつかめてきた。進行形的に、歴史的イメージの形成を語る必要もあるだろう。歴史と哲学のない学問はないが、歴史叙述だけで、ほかの科学に訴えかけない歴史学も意味がない。フィールドワークが意味をもつのも、歴史と哲学がその背後にあることが大前提だ。その意味でも、歴史家にとってフィールドワークとはなにかを語る必要があるだろう。

三時一五分になって、ようやくフェリーが到着した。来たときより、三〇分遅れている。後ろの座席で、白人五人の若者が騒いでいる。本格的なカメラ機材をもっている。ときどき、リサーチとかいう英語も聞こえる。三時四〇分に、フェリーは無事出航した。フェリーには、一等に五〇人ほど、二等に一五〇人ほど、階下の自動車のところに二〇人ほどが乗船している。自動車は、トラックとキジャンやキャリーのような乗用車が五台ずつ。積み荷はない。

フェリーは、無事五時前にテルナテ島に着岸した。フェリーを降りて二、三分のところにある、前から目をつけていたホテル・アユ・レスタリ（Hotel Ayu Lestari）に投宿する。受付には制服を着た女性がおり、男の子たちも気持ちがいい。主人も気さくにアレックスの頼みを聞いて、サギール人の情報を集めてくれるようだ。車も、一時間七五〇〇ルピアで借りることになった。部屋は、蛍光灯で明るい。日本やアメリカ、フィリピンでは蛍光灯が中心だが、ヨーロッパではオレンジ色がかった白熱灯が一般的で、オランダの影響があるインドネシアで蛍光灯は少ない。エアコンもテレビもある。バスルームが狭く、お湯が出るといったのに出ないのが難点か。久しぶりに明るい部屋で、毛布のあるベッドで眠ることができる。また来週の火曜日から一週間ほどひどいことになるかもしれないので、ここらあたりですこしゆっくりしよう。

七時に、ここのホテルの食堂で夕食をとる。チキン・コーン・スープ、カンコン、チキンの甘酢がけ、ご飯にビール・ビンタン、二万五〇〇〇ルピア強、水はアクアの冷たいのが出てきた。アレックスはダイエットしているとかで、ご飯をほとんど食べない。ビールもグラス一杯がせいぜいだ。久しぶりのビールで、すこし酔う。料理も全部さらえてしまった。久しぶりに満腹だ。アレックスは宿の奥さんと、食事前も食事後もさかんにしゃべっている。かれも、この一週間の旅行の収穫が大きくて、興奮しているのだろう。部屋に帰って、テレビを観る。多言語文化だと、ことばの文はあまりなく、ストーリーも単純だ。それより、コマーシャルがおもしろい。ウィスパーのコマーシャルを、日本と同じようにやっていたのには驚いた。

九時半に就寝。

八月一日（金）晴れ（テルナテ）

五時に、コーランの朗誦で目が覚める。夜中、何度か目が覚めたが、それでもよく眠れた。金曜日の礼拝にはたくさんの人が集まっていると思い、出かけてみる。五時すぎでひとりしかいなかった。この朗誦を合図に、準備し三々五々集まって、勝手にお祈りし、それぞれ戻っていく。すこし散歩をしてから、部屋に戻り、体操、洗面、日誌つけ。

六時をすぎたので、ベンテン（砦）に行って朝焼けを撮ろうとした。歩いて二、三分のところにあるが、きれいな公園になっていた。「カラマタ砦（BENTENG KALAMATA）」と大きく書いた標識も出ていた［写真20］。残念ながら、入り口に鍵がかかっていて入ることができなかった。写真が撮れないので、あきらめて港に行って写真を撮る。

［一五一二年にポルトガル人が丁字の原産地のひとつ、テルナテ島に到達して以来、ポルトガル、スペイン、オランダがヨーロッパ向けの丁字の独占を狙って、しのぎを削った。当時、イスラーム化していたテルナテ王国とわずか一キロほどの海峡を挟んだティドレ王国とが、香料諸島の主導権を争っていた。ヨーロッパ勢力は、この二王国に加えてジャイロロ王国、バチャン王国を巻きこんで、複雑な合従連衡を繰り返し、各地に砦を築いた。その状況は、一六〇五年にポルトガル、六三年にスペインが撤退するまでつづいた。現在、テルナテ島に五つ、ティドレ島に二つの砦跡が確認できる。最後に残ったオランダが勝利したようにみえるが、一七世紀末にはヨーロッパ向けの香料はだぶつき、価格が低下して

写真20　カラマタ砦。海に洗われて流出した部分が修復された。1540年に最初に建設されたとされる。右にマイタラ島，中央に雲がかかったティドレ島の山が見える。

きたため、砦の維持費がかかるわりにもうからない香料貿易から、ほかのヨーロッパ勢力が撤退したと考えることもできる。これまで、現地側の史料が乏しいだけに、オランダの支配が強調されてきたが、テルナテ王国もティドレ王国も二〇世紀初めまで存続した。テルナテの王家はいまだに存続しているが、ティドレの王家は一九〇五年に絶えた。〕

部屋に戻って朝食をとり、外に出てみると、アレックスが車の前で待っていた。七時に出発する。過去二回、時計周りで島を一周したので、今度は逆に四五キロの一周道を回ってみることにした。オランダが根拠地としていたオラニエ（Oranje）砦の後ろを通って、空港のほうに向かう。街を出てまもなくすると、ポルトガル人が築いたトロコ（Toloko）砦がある〔写真21〕。サンゴで造られた石垣が残っている。突然道がなくなり、ガタガタ道になったと思ったら、空港の拡張工事のために道路が遮断されていた。この空港に、大型機を乗りいれるのだろうか。

空港を過ぎると、溶岩原が広がる〔写真22〕。一八世紀か一九世紀に爆発したときのものだ。ここに日本軍の慰霊碑があったというので、どこか尋ねる。山側の溶岩が聳えたところにあったという。いまは、跡形もない。反日感情をもつ住民に何度も壊されたという。ここでも歓迎されなかったようだ。

写真21　トロコ砦。テルナテ島の見晴らしのいい高台にある。1512年に最初に建設されたとされる。

その後、三〇キロほどをただ走る。モスクばかりが見えて、教会は見えない。サギール人ならキリスト教徒で、教会があるはずだ。ジャカルタには サギール人の教会支部が二つあると、以前アレックスが言っていた。老人に訊いてみると、一九九〇年代初頭にピニシ大型木造船が来て、すべてのサギール人がガレラのプランテーションに雇われて、移住したという。サギール人は移住先でも長居することなく、移動を繰り返している。プランテーションの所有者がサギール人だから、リーダーに従ったともいえる。

テルナテ島の北から西海岸は、人口が少ない。南西にあるデサ・カステラ（Desa Kastela）にはデル・ロサリオ砦（Benteng N. S. del Rosario）がある。別名カステラ砦（Benteng Kastela）といい、この砦に因んで、デサ（村）名がつけられている。ポルトガル人によって一五二二年に建てられ、五〇年後に放棄されたという。隣にモスクがあり、その隣に記念碑がある［写真23～26］。前面には、ポルトガル人がスルタンを殺している場面が描かれ、一五七〇年二月二八日の日付がある。側面右側にも同じ日付があり、数人のテルナテ人が反撃に出ている様子が描かれている。後面には一五七五年一二月二八日の日付があり、テルナテ人の攻撃でポルトガル人が降伏した様子が描かれている。そして、側面左側には同年一二月三一日の日付があり、船が去っていく様子が描かれていることから、ポルトガルが撃退

写真22　テルナテ島に広がる溶岩原。

されたことがわかる。そして、この記念碑の上にはチェンケ（丁字）が聳え立っている。門の上には、テルナテのことばで「わたしはラジャの子である」と書かれている。海岸が見えていたので、一〇〇メートルほど歩いてみた。左のほうにティドレ島の火山がすこし見えるだけで、あとは海だけだ。北から入ってくる船を見るにはいい場所だ。

しばらくすると、道路の上に「ペドロ・オ・パウロ砦（Benteng Pedro o Paulo）」の看板があった。これがコタ・ジャンジ（Kota Janji）のことだろうか。先ほどの一五七〇年に殺されたスルタンは、この砦で殺されたという。ここから海がよく見える。ティドレ島も、マイタラ島もよく見える。

街に入って、数カ所でサギール人を訪ねた。シアウ島からやってきた人が多い。ビトゥン港からの船の便があるので、ビトゥンから来た人もいる。なかでも興味深かったのは、一九四三年に日本人のオイワ（大岩？）という漁業関係者に雇われて、シアウ島からここに来た人がいたことだ。トミという名前も口にしていた。現在八二歳。奥さんのほうは、三二、三年におじさんとハルマヘラ島にやってきたという。海岸にいたシアウ島出身の女性は、自分はサギール人（Orang Sangir）ではなく、シアウ人（Orang Siau）だと言っていた。シアウ島の人間は、サギール人とは違うというのである。バステイオン港にかつていたサギール人は酒を飲むので、土地の人に嫌われて出て

JOU SE NGOFA NGARE

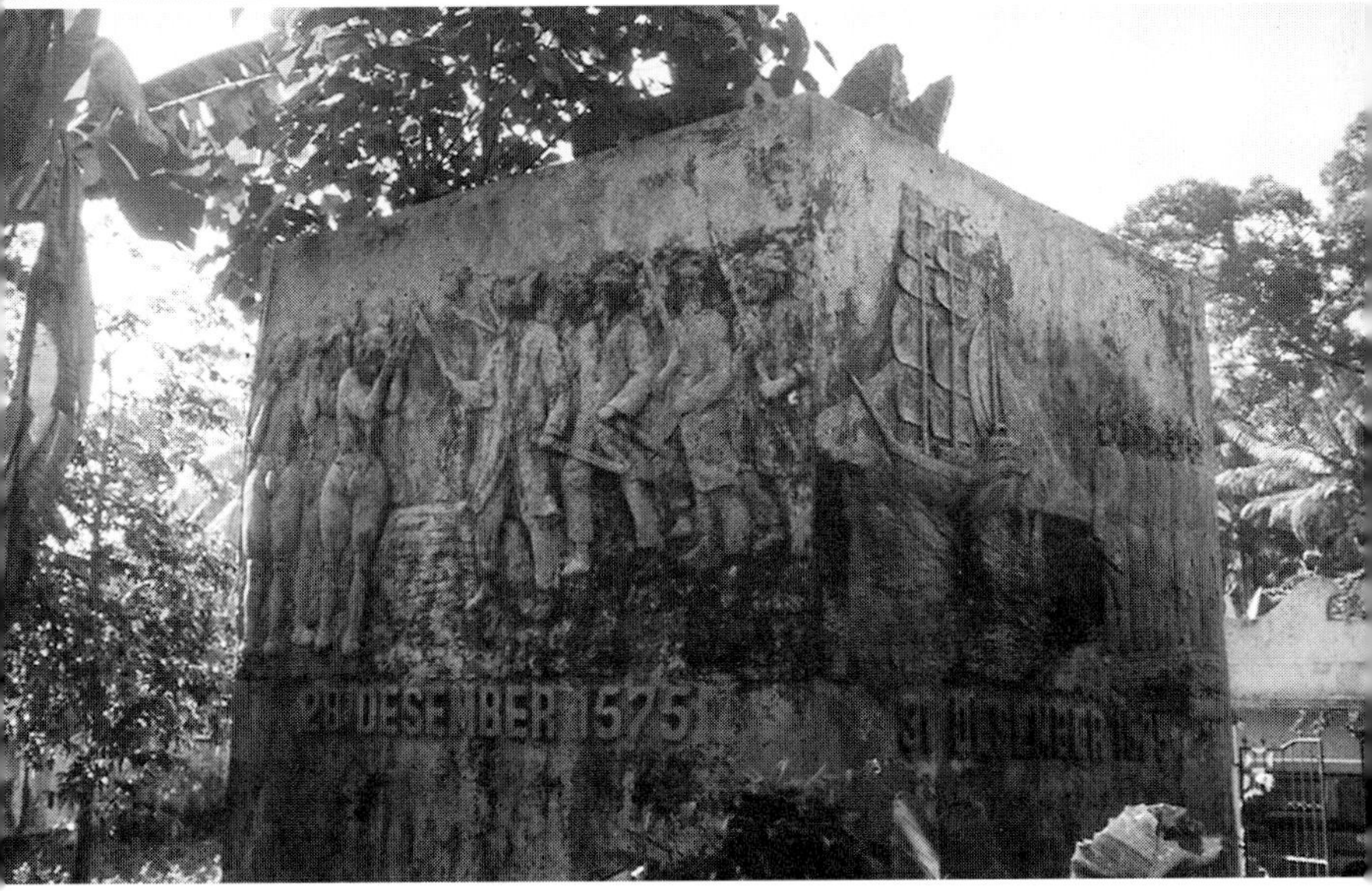

写真23〜26　1570年にポルトガル人によってスルタンが殺害され，75年にポルトガル人を追放した様子を描いた記念碑。

いったという。

一一時に宿に帰った。車代四時間で三万ルピアを支払う。しばらく休憩するが、やけに疲れている。一二時に昼食に出かける。港の市場で食べる。一人一五〇〇ルピア。途上国にいると金銭感覚がめちゃくちゃになる。一五〇〇（七五円）で食べたかと思うと、一本七〇〇〇でビールを飲む。食後、市場でモティ産のマンゴを探したがなかった。今日は金曜日で、船が来ていない。アレックスは、街まで探しに行くと言うが、わたしにその元気はない。宿に帰って、休むことにする。その前に、モスクの写真を撮った。今日は金曜日なので、モスクに行く人が多い。さすがに中に入って撮る勇気はない。一二時半に宿に帰り、横になり、気づくともう二時前になっていた。まだだるいので、しばらくテレビを観たりしながら、だらだらした。三時前から日誌をつける。

三時半になったので、カユ・メラ集落の砦を見に行くことにする。西日を受けた写真を撮るにはいい時間だ。ガマラマ火山はいつものとおり、黒っぽい雲で覆われている。唯一中腹にある集落フォラマディアヒ（Foramadiahi）は、今日も雨だろう。はじめてこの集落に行ったとき、歴史の謎がいろいろ解けた。集落の入り口から二本の道が山に向かい、それぞれ両側に石垣があり、その上に家が建っていた。これがかつての「山の都」だと思った。現在、海岸の市場の上に王宮があり、博物館になっている。歴史書を読んでいると、ヨーロッパ人が「都をおとした」という記述にお目にかかる。しかし、なんだか変だと思っていた。日本や中国、ヨーロッパでは、都が陥落すれば国は滅ぶ。ところが、東南アジアの海域世界では都が簡単におちて、王様はサッサと逃げて、しばらくしたら帰ってきている。逃げた先が、この「山の都」だったようだ。この集落の周辺には、ドリアンがたくさんなっていた。食糧にも、困らなかったのだろう。そして、数十分山道を歩いて行ったところにあるスルタンの墓から、港がよく見えた。ヨーロッパ船の出入りが、手にとるようにわかっていたのだろう。途中にも、見晴らしのいい場所が何カ所かあった。ヨーロッパ人の残した記録は、自分たちが見られていたことがわかっていたら、違っていたものになっていたかもしれない。現地の人たちは、ヨーロッパ人との出会いを、どのように記憶していたのだろうか。そのあたりのことを知りたくて、歩いた。

カユ・メラ集落にあるカラマタ砦は、一九九五〜九六年に修復工事がおこなわれ、立派になっていた。四陵郭のなかに井戸があるが、塩水だという。修復以前のものを知っている者からいえば、以前のほうが趣きがあった。四時すぎに宿に帰ったが、たった三〇分ほど外に出ただけで疲れる。

六時半まで、ゆっくり読書。市場まで散歩に行く。昼間より活気があるが、モティのマンゴはなかった。夕方になると、一気に涼しくなる。七時にアレックスと夕食に出る。マカッサル料理店でチョト・マカッサル（Coto Makassar）を食べる。モツの煮込みスープで、こってりしていた。すこし控えめだが、アレックスがあまり食べないから、これくらいでいいだろう。二人分で三七〇〇ルピア。八時に宿に帰って、宿代を払う。一八万プラス一〇%の税。

九時半に就寝。

八月二日（土）晴れ（テルナテ→マナド）

四時半に起床。三度ほど目が覚めたが、すぐに眠れた。ここでワープロのボタン電池が切れた。もってきていなかったので、最後の最後で切れてよかった。ボタン電池は、五〇時間くらいの使用で切れることがわかった。洗面、体操で五時がすぎた。五時二〇分に車が来て、二五分に朝食。三〇分に出発、一五分ほどで空港に到着、車代一万ルピア。まだ二、三人しか来ていない。マンダラ航空が七時、ムルパティ航空が七時一五分、ボーラク航空が七時三〇分と一五分おきに出発便があり、一時間半前に空港に来るように言いながら、航空会社の者もまだ来ていない。すぐに数十人になって、カウンターが開き、チェックイン。今度は、荷物を機内持ちこみでなにも言われなかった。来たときは、荷物を預けるように言われて預けたところ、なかなか出てこなかった。これで、マナドの空港からすぐに出ることができる。空港に早めに行くのは、上空から景色を見るために、いい座席を確保するためだ。しかし、ローカル線で老朽化した飛行機のなかには、窓が傷だらけでよく見えなかったり、壊れていて板で打ちつけてあったりしたこともあった。操縦席がよく見える小型機では、眩しいので前面に新聞紙を貼りつけているものもあった。

七時前に、マンダラ航空の搭乗案内があった。数人しかいない。マンダラ航空が出発すると、今度はムルパティ航空の案内があった。たったの四人。ハルマヘラ島のどこかの空港に行くのかもしれない。しかし、ロビーにはまだ六〇人あまりの人が残っている。全員は乗れない。四四人乗りのはずだ。子どもたちが多い。あるいは見送りの人が来ているのだろうか。七時半ごろ案内があり、搭乗する。病人がおり、優先的に乗りこむ。マナドはキリスト教地区なので、早くから医療もすすんでいる。こうして、島じまから入院、治療に訪れる人がいる。七時四五分に、無事出発。一時間弱で無事マナドに到着した。時計を一時間戻す。すぐにメーター付きのタクシーに乗り、八時一五分には定宿のホテル・ミナハサにチェックインした。

マナドのこの清潔な明るさ（たぶんキリスト教地区と関係ある）、この宿の安心さにホッとする。食堂は、ヨーロッパ人であふれていた。三一五号室。上の右側の下の部屋の手前側。ここからだと、下でも景色がよく見える。荷物の整理をして、久しぶりに温水シャワーを浴びる。気持ちがいい。少々腰にきている。スライドフィルムが、もう一本しか残っていない。大失敗だ。一〇本入りのをもってくればよかった。普通のはまだ八本あるので、そのほうは大丈夫だろう。日誌をつけてから、しばらく休息する。

一一時半すぎに、街に出る。ジュンボ（Jumbo）スーパーマーケットの二階の食堂で、食事をとる。ナシ・チャンプル二〇〇〇、フィッシュ・ボール・スープ一五〇〇、アボガト入りチョコレートかき氷一一〇〇、計四六〇〇ルピアは、バクミ・シンガプラよりだいぶ安い。混んでいるはずだ。景色もマナド・トゥア島が見えて、海から気持ちいい風が入ってくる。ところが、料理のほうはチキンが辛いのか、スープが辛いのか、訳がわからなくなったが、とにかく辛くて涙が出てきた。かき氷を頼んだのが、救いだった。

つぎに百貨店のゴールデンとマタハリに行って、蛍光灯スタンドを探す。五万ルピアぐらいであることがわかった。マタハリでは、七Wで少々物足りないがコンパクトなものがあった。試しに点けてもらったところ、瞬きがひどい。しかし、いずれは点くのだという軽い気持ちで買ったのが失敗だった。何度やっても、瞬きだけしていっこうに点かない。運がよければ点くのだろう。明日からは、一度点いたら寝るまで消さないことにしよう。本体が悪いのだろうか、蛍光灯が悪いのだろうか。蛍光灯のほうは、別のを試してみたが一緒だった。アメリカでもオーストラリアでも、蛍光灯スタンドにはいつも苦労させられる。三万九〇〇ルピアも払って、役に立たなければなんにもならない。

一時に帰って、横になる。知らない間に二時になっていた。やはり疲れているのだろう。その後、ゆっくり読書などする。五時になってファクスを送信しに、近くのワルテルに行ってみる。外国へのファクスはテレコム（Telkom）でないとだめだという。マタハリの向こうのテレコムに行く。一枚五七秒で、七八五〇ルピア、プラス税一〇％だった。帰りにアクア（水）を買う。一一五〇。地方に比べて、かなり安い。六時前に宿に帰って、シャワーに洗濯。日誌をつけようと思い、もう三〇分以上、蛍光灯スタンドを点けようとしているがだめだ。

七時に夕食。いつもの料理だ。ビールを注文する。一本、六〇〇〇ルピア。ビールが値上がりしたようだ。昼間マタハリで見たときも、ビンタンは一本三九五〇だった。アンケルは三四五〇。以前は、レストランでも四〇〇〇か五〇〇〇だった。ここの六〇〇〇は良心的な値段だ。

八時すぎに部屋に帰り、読書。相変わらず、蛍光灯スタンドが点かない。明日、マタハリに行って交換してもらおう。九時半に就寝。

八月三日（日）晴れ（マナド）

五時に起床。洗面、体操、読書。朝からコーランの朗誦だけでなく、それに負けじと、キリスト教の説教が聞こえる。アレックスも、土日はキリスト教の社会的活動で、ゆっくりできないと嘆いていた。六時にジャワティをとりに下りる。食事の準備をしていた。六時半に朝食。ナシ・ゴレンもできていた。トマトとパパイヤもある。朝食後、二階に部屋を変えられないかと訊いたが、満室で無理だという。朝部屋を開けたら、蚊だらけになった。一階のこの部屋では、すぐに日光が入ってきて、読書もできない。部屋は暗すぎる。開けると蚊だらけになる。二階だと、ベランダでゆっくりできる。昼のほんとうに暑い数時間を除いて、ベランダは快適だ。一一時まで部屋を開けっ放しで仕事をする。

一一時にマタハリに行く。蛍光灯スタンドのランプを代えてもらったところ、数秒の瞬きで点くようになった。バクミ・シンガプーラで昼食をとる。一二時に帰って来て、シャワー、休息。再び、口述資料の英語のチェック。四時半にミヌム・ソレ、七時に夕食をとる。実にのんびりした一日だった。調査旅行の合間には、このような日がぜひ必要だ。

九時半に就寝。

八月四日（月）晴れ（マナド）

今日も一日、快晴のようだ。マナドはこの季節がいちばんいいのかもしれない。朝夕はほんとうに涼しく、気持ちがいい。とくに日の出前はさわやかだ。時差の関係があるらしく、四時半のコーランの朗誦で目が覚めてしまう。五時すぎに起床し、洗面、体操、日誌つけ。六時前にコーヒーを取りに下り、六時半すぎに朝食。

八時前に宿を出て、銀行に行く。円は一日五万円までしか両替できなかった。一円二〇・四〇ルピア。五万円で一〇二万ルピアだった。アメリカドルのT／Cで三〇〇ドル両替する。一ドル二四九〇ルピア。二週間前より四〇ルピアあがっている。日本円に換算すると一一二円になる。円が強くなっているようだ。アレックスとの共通資金に四〇〇ドルを加算する。

九時前に部屋に帰り、口述資料のチェックをする。一一時すぎにジュンボに行き、二階の食堂で昼食。食後、マタハリに行き、ブラブラする。北スラウェシ州の地図があったので、五四〇〇ルピアで買う。サンギヘ－タラウド諸島がわりあい詳しく載っていた。午後も、午前中のつづきをする。三時すぎに、アレックスから電話があった。明朝ビトゥン発の予定の船は、今晩マナドに入るという。出発が一日遅れになる。やれやれだ。

五時すぎにミヌム・ソレをし、六時半すぎに夕食に出かける前に、ホテルの支配人のサミに一日遅れて出発することになったと告げた。すると、サミが頭を抱えた。明日九部屋予約が入っていて、部屋がないという。それなら、下の旧館に行くと言ったら、えらく謝っていた。こちらもスケジュールが変更になったのだから、しかたがない。こういうときは、常連が助けるものだ。明朝部屋替えをすることになった。ババハリ（Bahari）で夕食をとる。ホテルのもいいが、二日つづいたので気分転換する。焼きイカ八五〇〇、エビ入りカンコン炒め五〇〇〇、ご飯一〇〇〇、ビール・ビンタン六〇〇〇、氷二五〇、エビ煎一〇〇〇、合計二万一七五〇に税一〇％加算で、二万三九二五ルピア（一二〇〇円）だった。日本を出国して以来、シンガポールを含めて、いちばんの贅沢になった。わたしが店に入ってすぐに、日本人のカップルが入ってきた。ほとんどなにを言っているのかわからなかったが、二週間ぶりに日本人が話す日本語を聞いた。

八時すぎに宿に帰って、シャワー、洗濯。日誌をつけようとしたら、アレックスとソフィアがお揃いで、今日、人をビトゥン港にやって、情報を仕入れた、と知らせに来た。船は、南風の影響でダジャンガス（フィリピンのミンダナオ島へネラル・サントス市の旧名）から遅れてくるようだ。明後日、うまく出発できればいいが。九月二三〜二六日の国際ワークショップの準備は、どうもエディ（Edy Mantjoro）ひとりでやっているようだ。エディはアレックスと同じ大学で水産業を専門とし、鹿児島大学水産学部にいたこともあるので、一九九二年に最初にマナドに来たときにお世話になった。会議の準備については、ソフィアもよくわかっていないという。インドネシア科学院（ＬＩＰＩ）のラピアン先生は、明日ジャカルタに行く予定だそうだ。ラピアン先生はミナハサ地方（スラウェシ北部）の名士で、高地の保養地トンダノに自宅があるので、ジャカルタとマナドを往き来している。わたしも、会議でなにを発表していいのかよくわからない。

日誌をつけ、一〇時すぎに就寝。

八月五日（火）薄曇り（マナド）

昨夜は蚊に悩まされた。蚊取り線香がきかない。昨日、掃除のときに殺虫剤をまいてくれなかったのと、昨夜アレックスたちが来たときに入ったためだろう。六時前に起床。洗面、体操、六時半に朝食。今朝はパンにする。辛いものを食べているせいか、おなかに違和感がある。これまで快晴だったのに、今日はすこし雲がある。といっても、薄い雲で雨とは関係ない。八時前に、一部屋空いたので、部屋をかわる必要はないと言ってきた。面倒ではなくなったが、もうどちらでもよくなっていた。

ワークショップ用のペーパーのタイトルを「サンギヘ－タラウドの歴史地理的世界」とすることにした。口述資料のなかに出てくる地名をひろって、かれらの歴史地理的世界を考察しよう。それにしても、たくさんの地名が出てくる。しかも、現在の名前と違うものがたくさん出てくる。対照表が必要だ。人の移動だけでなく、地名の移動もあることがわかった。人の移動にともなって、集落が消滅したり発生したりするからなのだろうか。フィリピンとの関係の意味も違ってくる。ミンダナオはサギール人の世界の一部だったのに、ミンダナオから海賊が襲ってくるようになると、仲間という意識がなくなっていく。そして、近代になって、かれらの歴史地理的世界を越えて、拡散がはじまる。これには、プランテーションなどの近代植民地の開発と、早くからキリスト教化したためにイスラーム勢力の弱い土地（ハルマヘラ島など）へのキリスト教徒の入植という布教戦略とが絡んでくる。こんなことが、論文の粗筋になるだろう。

午前中、せっせと年表作りに精をだす。一一時半すぎに食事に出かける。バクミ・シンガプーラにする。昨夜、ゴム草履の指を挟むところが切れた。旅行中でなくてよかった。どこでも買えるものだと思っていたら、ゴールデンのような百貨店にはなかった。帰りに、小さなスーパーで殺虫スプレーと一緒に買う。殺虫剤は四三五〇ルピアで、ゴールデンの三九五〇より高かった。草履は一三五〇。どうもゴールデンやマタハリのほうが一割ほど安いようだ。

宿に一時前に帰り、シャワーを浴び、すこし横になる。一時半ごろから、またせっせと年表作りをする。よく働いた一日だった。

六時半にアレックス、正確にはソフィアが電話してきた。使いの者を朝からビトゥンにやって、いまようやく帰ってきて様子がわかったという。タグランダン島へ行くはずの船は、明朝一〇時にマナドを出てタラウド諸島に直接行くという。タグランダン島に行くには、明日夕方七時の夜行便に乗るしかない。それにしようとアレックスが言っている。しかし、明朝一〇時に出発する便は、昼間ずっとタグランダン、シアウ、サンギへなどの島じまを見ながら走る。これは絶好の機会だ。しかし、船は二〇メートルほどしかない小さな船だという。しかたがない。マキアン島へも一〇メートルあるかないかの船で行ったのだ。ここは、行かねばなるまい。部屋に帰って地図を見ると、三五〇キロほどの距離だ。時速三〇キロとして、夜にはタラウド諸島に着く。金曜日にはタラウド諸島から飛行機が出ているはずだ。もうまったく予定が立たなくなったが、なんとかなるだろう。今度は、日程的に余裕がある。

七時二〇分に、ブブル・マナドと魚を食べる。デザートまで付いて、三〇〇〇ルピアだった。ここのところの辛さに、胃が弱っているし、明日のことを考えても、これでいいだろう。部屋に帰って、シャワー、洗濯、荷物の整理。

九時二〇分に就寝。

八月六日（水）晴れ→曇り（マナド→）

五時四五分に起床。体操、洗面、朝食、パッキング、宿代清算で七時をすぎる。昨夜も蚊のおかげで二、三度目が覚める。スプレーのおかげで、すぐいなくなったが、また出てくる。ドアの下かどこかから入ってきているようだ。アレックスが七時半に迎えに来ることになっている。七時一〇分に降りてみると、ちょうどアレックスが来たところだった。今回、アレックスは、早目に来る。長男と一緒だ。船はビトゥンから出るという。一昨日、昨日とビトゥンに行って、情報を仕入れてきたのは、この長男だったようだ。タクシーでビトゥンまで、ほぼ一時間、三万ルピア弱。マナド－ビトゥン間は四六キロだ。

八時二〇分ごろ、港に着く。早速船に乗りこみ、キャビンがあるかどうか尋ねてみる。あるという。

すると船長の事務室にベッドを組みたて、部屋をかたずけはじめた。ビールが空と中身があるのと、一ケースずつあった。船長はかなりの飲んべいだという。船員に訊くと、船はタグランダン島にもシアウ島にも寄るという。これで、タラウド諸島まで二日間、船に揺られなくてすむのでホッとする。しかし、アレックスが切符を買いに行ってみると、サンギヘ島のタルナまで停まらないという。どうなっているのかよくわからない。なるようにしかならない。タルナまで行ってシアウ島まで引き返すか、タグランダン島かシアウ島で降りるか、そのときの状況しだいだ。アレックスの長男がアクア大四本とビスケットを買ってきてくれた。これで、すこしはなんとかなるだろう。チケットには九時出航と書いてあるが、一〇時をすぎるだろう。

隣の操舵室に、行き先とマイル数が書いてあった。Bitung – 60 miles – Tahulandang – 38 – Siau – 54 – Tahuna – 95 – Mangaran – 9 – Lirung – 5 – Melenguane – 30 – Esang – 14 – Gemeh – 21 – Karatung – 56 – Miangas – 82 – Marore – 5 – Kawio – 27 – Kawaluso – 42 – Tahuna – 134 – Bitung – 280 – General Santos – 280 – Bitung。この船の名前はスルヤ号（Km. Surya)、反りを含む船長五五・四〇メートル、直線五〇・五九、幅九・四二、高さ五・一四、一九五三年建造、九〇年改造、総トン数七六七、実質トン数三二五。

この行程で二週間ほどサンギへ–タラウド諸島全域を回ればいいのだが、その気力と体力がない。このあたりが研究者の自己満足というところだろう。すこし苦労して、すこし体験すればいいと。ほんとうのフィールド派ならば、徹底的にする必要があるのだが、そこまでする気がない。ナヌサ諸島やマロレ（Marore）島にも行ってみたいが、行くとしても、タラウド諸島まで飛行機で行って、乗船することになるだろう。

もう一〇時を一〇分ほどすぎたが、いっこうに出航する気配がない。一〇時二〇分ごろ操舵室にキャプテンらしき人物が現われたので期待したが、一一時一五分になっても、まだ出航しない。すでに、橋は取りはらわれているが、出航許可が出ていないらしい。見送りの人もいなくなり、売り子も手持ち無沙汰に数人残っているだけになった。乗り物が近代的になっても、近代的なシステムで動かなければ、これは近代化とはいえない。こんな近代と前近代の入り交じった現象が、インドネシアの地方では残っている。近代という意味を単純に考えるのではなく、その運用面と社会への影響を考える必要があるだろう。それにしても、動いていれば前にすすむが、動かなくてただ待つというのも苦痛だ。これも近代人の考え方だろうが。

階下は、一般客室になっている。二段になっていて、ひとつの升目に四、五人は寝ることができる。升目が六〇あるから、ぎっしり詰めこめば数百人は乗ることができる。二段ベッドのある個室も、二〇くらいあるだろう。船倉にはセメントが数百袋積みこまれていた。後ろには米もある、とアレックスが言っていた。鶏も、たくさん載っている。

一一時四五分に、ようやく船が出発した。それにしても遅い。一時間八マイルで走行していることを、操舵室で確認する。ということは、タグランダン島まで六〇マイルだから午後七時すぎ、タルナまで一三四マイルで翌朝五時ごろには着くことになる。二時半に、左にバンカ（Bangka）島とタリセイ（Talisei）島が見えた。正面には、ビアロ（Biaro）島がかすかに見えた［写真27］。二時間もすれば、ビアロ島を通過するはずだ。アレックスがバナナを買ってきた。一般客のところで、おばあさんが売っていた。

写真27　スラウェシ島北部の島じまが見えてきた。

アレックスによると、いつもこの船に乗っているモロンゲの人だという。海は、結構荒れている。昼間外を見ている分は、どうということはないが、夜は眠れそうにない。突然、右脇腹が痛くなった。どこかで筋をひねったのかもしれない。それから、かばんの鍵がないのに気がついた。宿に忘れたようだ。注意力が落ちているのかもしれない。気をつけよう。

四時半から五時にかけて、ビアロ島を右に見ながら通過した。ビアロ島は貧しい島に見える。海岸に茶色の地肌が見え、平らな島の上にまばらにしか椰子が生えていない。地図で見ても、集落は三つしかない。タグランダン島がだんだん近くなってくる。タグランダン島には三つの峰があるように見える。しかし、左側のいちばん高い峰は、ルアン（Ruang）火山島だろう。真ん中の峰がいちばん低く、しだいに左の峰に隠れていった。六時前に日没になり、左手奥にシアウ島の山頂部がかすかに見えてきた。タグランダダン島にうまく接岸できれば、寄港するという。それはいい。宿が問題なのだが、時間もまだ早い。なんとかなるだろう。七時前から、数度にわたって接岸を試みた。しかし、失敗に終わった。海は南風でかなり荒れている。岸に近づいても、いっこうに波がおさまらない。ということは、いい港ではないのだ。結局七時半にあきらめて、シアウ島に向かった。この後、波はさらに高くなった。

その波よりも困ったことが起きた。右脇腹が鎮痛剤のおかげでおさまったと思ったら、五時くらいになってまたひどくなった。アレックスにいうと、腎臓かもしれないという。困った。たんなる筋肉痛だと思って、六時に鎮痛剤を再び飲み、筋肉痛の薬も塗ったが、腎臓だと効果はほんの一時的だ。タグランダン島には病院もないだろうから、その点では寄港できなくてよかった。胃も荒れているので、胃薬を飲んでみた。これが効いたのか、鎮痛剤が効いたのか、一二時ごろまで大丈夫だった。鎮痛剤は五、六時間で切れる。また飲んだが、今度はすぐによくならない。困った。

八月七日（木）晴れ（↓シアウ島）

そうこうしているうちに、一二時すぎにトイレに行って、シアウ島を見て驚いた。島の頂上が、ぼんやりとだが、赤いのだ。噴煙をあげているのはわかっていたが、火口から溶岩が流れだしたのが見えているのだ。シアウ島に向かっているが、しばらくして船の人が部屋をノックし、接岸はできないので、タルナに向かうと言ってきた。がっかりである。ところが、それからしばらくして、船が突然揺れなくなった。すると、船は静かに岸に近づいていった。シアウ島の東側にあるパヘパ（Pahepa）島とグナテイン（Gunatin）島の北側を回って、入江に入ったのだ。風もおさまったのだろう。一時二〇分ごろ、無事接岸できた。上陸近くになって火山を見ると、八合目くらいのところに、はっきりとした赤い火がちらちら見えた。そこでも、マグマが吹きだしているのだろう。

右脇腹は、それほどひどくはないが、依然痛い。腹痛の薬を二時ごろ飲んでみた。これが効いた。胃炎なのかもしれない。ここ数年の調査旅行で、胃の調子が悪くなることはなかった。そのため、胃薬はほとんどもっていない。今日で切れてしまう。もし、よくならないようなら、薬を買わねばならない。

一時半ごろウル（Ulu）に上陸して、民宿モヘデ（Mohede）に行ってみる。真っ暗だ。しかたなく港に戻り、食堂でジャワティとココナツミルク餡入りの饅頭を二つ食べる。すると、船の連中が次々にやってきて、ビールを飲みだした。一本二本と追加しているうちに、結局一三本空けていった。外のベンチで横になっているうちに、スルヤ号はいなくなり、かわりに四隻の船が停泊していた。三隻はタグランダン島行き、一隻はタラウド諸島のカバルアン（Kabaruan）島行きだという。つぎのタグランダン島行きは、火曜日だ。マナドから週三便月水金に出る船は、マナド－タグランダン－シアウ－マナドと回航し、すべてがシアウ島からタグランダン島に行くわけではない。これで、いまのところは火曜日にタグランダン島に行き、金曜日にマナドに帰るという予定が考えられる。体調さえよければそれでもいいが、今日も含めて五日間この島ですることがあるのだろうか。

五時近くになったので、宿に行ってみる。明かりが点いていて、入れてもらえた。部屋には水まわりのものがなにもなく、扇風機もない。殺風景な部屋だが、清潔である。きのう苦しんで脂汗をかいているので、まずシャワーを浴びる。水は豊富だ。朝食にジャワティを頼むと、さっきと同じ饅頭が出てきた。また二つ食べる。昨夜ほとんど寝ていないのと、まだ頭がくらくら揺れているので、しばらく横になる。子どもたちが登校前で騒いでいる。六時ごろ横になったが、一時間おきに目が覚める。結局、八時すぎに起きて、日誌をつけはじめる。アレックスが友人のところに行って、ガソリン代だけで車を借りることになった。友人は四年前から教会関係でこの島に来ており、奥さんはアレックスの大学の教え子だという。地元の人間と行動すると、いろいろな面で便利だ。午後三時ごろから、島をとにかく一周してみよう。

九時半ごろに、この宿の屋上（四階部分に相当）に上がってみた。後ろに火山がよく見える。この火山も、朝方しかはっきり見えないはずだ。太陽が昇ると、すぐに雲で覆われてしまう。いまのうちに、写真を撮っておこう。西のほうにも、三角形をした小さな山がある。その西のほうに歩いていってみることにする。魚をぶら下げて歩いて来た人がいるので、市場があるのだろう。数百メートル先に、集会所、役所、ターミナル、市場があった。モスクもあり、一〇〇年ほど前のラジャの墓もあった。ということは、クラジャアン（王宮）もこの近くにあったに違いない。

道路脇にはナツメグ、コプラが干してある。チェンケ（丁字）も見かけた。野菜、果物も豊富だ。鰹、マグロは小さく、小振りのサバやアジくらいの大きさしかない。きれいな熱帯魚もすこしいた。鰹などは、薫製も多かった。［このあたりは、戦前に日本人が鰹節の作り方を教えており、地元では木のように堅いので木魚という。柔らかい生節は、以前からあったようだ。］食生活は豊かなようだ。それなのになぜ人びとは島を離れて、ここより豊かには見えないハルマヘラ島などに行くのだろうか。食生活の一端は、一一時前に早くも出された昼食でわかった。掌より大きな石鯛のような魚、二〇センチくらいのサバの煮たもの、つみれの揚げたもの、ナスのココナツミルク煮で、魚が基本だ。バナナは、食卓にずっと置いてある。自由に食べていい。氷と冷たい水が出てきたのは、ありがたかった。宿の女将は無愛想だが、親切で、いい人のようだ。いまのところ、胃のほうも大丈夫だ。食後に最後の胃薬をのむ。午後二時半に車が来るまで、休息。

一時に大音響で目が覚める。せっかく二時間近く寝ていたのに、前の店で突然大音響でかけたかと思うと、突然止まる。これの繰り返しだ。今回の旅行では、ハルマヘラ島でもサギール人が多かったせいか、車の中でもうるさいほど音楽をかけていた。冗談でわたしは、「フィリピン人を殺すには刃物はいらない、音楽を止めればいい」と言っているが、言語的にもサギール語やミナハサ地方のことばはフィリピン語族だ。音楽を聞いていると、一瞬フィリピンの音楽ではないかと錯覚するときがある。それほど音楽が似ている。イスラームの音楽の影響は、どのくらいあるのだろうか。一時半だというのに、涼しい風が吹いていて気持ちがいい。これなら、二時半といわず、もっと早く島を回りに出かけてもよかった。

二時すぎになったので、アレックスの友人のヨーチェ（Joutje Rawung）さんのところに行く。かれ自身が運転をして、奥さんもついてきてくれるという。かれの家はオフィスの隣で、側には王宮があり、王家の墓地もあった。火山のほうを見ると、雲で覆われて山がまったく見えない。やはり、午前中の早い時間でないと、山を背景にした写真は撮れない。まず、宿の前にあるというサンタ・ロサ砦（Benteng Santa Rosa）に行く。ベンテン（砦）は、山か海岸のどちらかにあるが、ここは海岸で、近くで十数メートルの船を建造していた。古い壁のようなものがあるだけで、修復した後もある。港近くの海岸なので、後々も人びとに利用されたのだろう。言われなければわからなくなっている。

つぎに山越えをして西海岸の中心地オンドン（Ondong）に向かう。谷底を見ながらの険しい山道だ。一〇キロほどだというが、数キロしかないだろう。途中にすごい溶岩流があった。一九七四年のものだという。その後も南西岸の一部を除いて、巨大な溶岩がごろごろしていた。こんな土地だと、なにをしようとしても、この溶岩が邪魔をして嫌になることだろう。

オンドンにあるというベンテン・グリタ（Gurita）を訊ねたが、だれも知らない。デサ・パセン（Paseng）にベンテン（砦）があるというので行ってみる。途中、デサ・パニキ（Paniki）を通過した。山の上にあるというスペインの砦に登る。数百メートルの山道を一五分ほどで登ったが、ヨーチェ氏が脱落、アレックスもだいぶ遅れて到着した［写真28］。近くの溶岩と海岸からもって上がったサンゴで、築城していた。幅二〇〇メートルにもなるという。後ろは険しい山だから、攻めるのは海岸からだけになる。守りのための砦だ。この島には、一六七七年までスペイン兵が駐屯し、イエズス会の宣教師が布教にあたっていた。シアウの王族のなかには、マニラのカレッジで学んだ者がいた。オランダと与したイスラーム王国のテルナテに攻められ、キリスト教徒のなかにはマニラに移住した者もいた。ウルにあったものは、港を管理するためのものだ。山の砦から、マナド方面の海がよく臨めた。この砦の名はベンテン・カトゥトゥガン（Benteng Katutugan）という。ベンテン・グリタとは、違うのか。近くに最初のラジャ・ラナメヌサ（Ranamenusa）の墓もあったというが、もうどこかわからなくなっている。帰って調べてみると、第三代ラジャで、一六八〇～一七一七年の統治とある。ウルが、いつも中心であったわけではなさそうだ。

写真28　シアウ島西岸のスペインの砦跡から見る。

この後、南の海岸線沿いに車を走らせる。といっても、山がちの道では時速二〇キロほどしか出せず、実にゆっくり景色が楽しめる。地図どおりのデサ（村）名が次々に出てきた。Peling、Lagaeng、Talawid、山を横断して東海岸に出て北上して、Biau、Sawang、Mala、Bahu、そしてウルに帰ってきた。六時前になっていた。三〇キロほどの道を、二時間くらいかけて走ったことになる。道はアスファルトが敷いてあったが、車一台が通るのがやっとの道だった。おまけに大きな溶岩が、あちこちで邪魔をしていた。途中二台しかすれ違わなかったが、交通量が増えると、どうしようもない道だ。しかし、よく考えてみると、よくアスファルトで舗装してあると思う。この島は思ったより貧しくない。電気も数十年前からついているし、パラボラ・アンテナの数も多い。ナツメグやチェンケ（丁字）で当たったときもあったのだろう。移住した家族がもたらしたものもあるかもしれない。あの嫌になるほどごろごろしている溶岩を除けば、そんなに悪いところではないような気もする。ヨーチェ氏によると、ここの人はサギール人（Orang Sangir）と呼ばれるのを嫌い、シアウ人（Orang Siau）と呼ばれるのを好むという。また、フィリピンに行って、帰ってきた人もいるという。

ヨーチェ氏のところで、お茶とお菓子をご馳走になり、宿に帰ってシャワーを浴び、ミヌム・ソレでお茶を飲む。七時に夕食が出た。昼とほとんど同じで、カンコンが加わった。アレックスが、このカンコンはマナドからきたものだと言っている。沼地がないから、そうかもしれない。島にいるかぎり、基本は魚だ。昨夜寝ていないので、今日は早目に寝ることにする。明朝六時にヨーチェ氏が迎えに来て、火山に登ることになっている。

八時四五分に就寝。

八月八日（金）晴れ（シアウ島）

夜中の一時すぎに、目が覚める。屋上に出て、山を見る。頂上からも溶岩が流れているのがちらちら見える。写真を撮ろうとしたが、シャッターが下りない。マニュアルで調整しなければならないが、説明書がないので、あきらめてパノラマ専用で撮る。うまく撮れたかどうか自信がない。昨夜、アレックスが蚊がいると言って、蚊取り線香をもっていったが、その後蚊に少々悩まされる。五時前に起床しようとしたが起きられず、五時二〇分ごろ起床。洗面、体操、朝食をしているうちに、五時五〇分にヨーチェ氏が来る。

新車のキジャンで五キロほど山に入り、デサ・ダメ（Desa Dame）に到着した。そこまでずっとアスファルトが敷いてあるのは驚きだ。アレックスによると、タルナにいる政治家の力だという。そこから、山道を登っていく。途中で案内をひとり頼み、さらにもうひとり加わった。一キロほど行ったところで、ヨーチェ氏が脱落。アレックスも遅れ気味になる。さらに一キロほど行ったところで、溶岩流にぶつかった。溶岩流を登るのは、危険そうだった。まだ、安定していない。一九七四年から二三年たっているのに、実際に登ってみると、溶岩流はまだ生きていた。

黒っぽい色をした岩は硬いが、赤灰色っぽい色をしたのはボロボロだ。その理由はすぐにわかった。岩でも熱いものがあり、下から熱が吹いているところがあった。それが、溶岩の端っこから二、三メートル行ったところにあるのだ。つまり、この溶岩流はまだ活動をしていて、動いているのだ。登ろうとすると、すぐに崩れるし、手をかけた岩の表面はやすりよりひどく、すぐに掌に傷がつく。それでも一〇メートルほど登ると、山の頂上と眼下の海が見えるようになった。そこから、動くのは危険だ。火山性のガスが吹いている。玄人でも危険だ。アレックスが、頂上から溶岩が流れているのが見えると興奮している。気をつけながら下りたが、それでも三カ所ほどかすり傷をしていた。アメリカ人の旅行者はもっと先まで行ったというが、もうここでいいだろう。下りることにする。

七時半にヨーチェ氏が待っているところに戻り、八時ごろ宿に帰った。アレックスは汗びっしょりの服を着ていると病気になると言って、着替えた。わたしは、どっちみちもうひと汗かくのだからと言って、そのままもうひとがんばり、写真を撮るために歩く。朝のうちに撮らなければ、この活火山のカラゲタン(Karangetang)だけでなく、タマタ(Tamata)休火山も雲に覆われてしまう。

まず、サンタ・ロサ砦を山を背景に撮る[写真29]。木が植わっていて、なかなかいいアングルで撮れない。つぎに、王宮を撮る［写真30］。ここでは山を背景にいい写真が撮れた。このシアウ島でも、王宮は火山の南にある。そして、近くに墓地がある［写真31］。しかし、ここで問題となるのが、カラゲタン山ではなく、タマタ山の方だろう。伝承でも、このタマタ山が出てくる。この山のほうが、この島では重要なのかもしれない。墓地は二カ所にあった。宮殿のすぐ南にあるものと、海岸の市場の端にあるものとで形が違う。シアウの王宮は、一八九〇年代にオンドンからウルに移っており、ここには一九世紀末に亡くなった者の墓しかない。昨日、オンドンは素通りしただけだが、もう一度ゆっくり訪れる必要があるかもしれない。ベンテン・グリタの謎も残っている。

九時ごろ宿を素通りして、船会社のオフィスを訪ねる。三カ所すべて閉まっていて、なんの情報も得られなかった。明日タグランダン島行きの船が利用できなかったら、舟で島を一周してみよう。帰りに、かき氷の苺ミルクを食べる。七五〇ルピア。胃薬を買おうとしたが、薬局がないとわかってあきらめた。まだ胃にすこし違和感があるが、大丈夫だろう。一〇時に宿に帰って、シャワー、洗濯、休息。

一一時半に昼食。白身の魚と小さいマグロに辛いリチャリチャ・ソースがのったもの、焼きサバ、木の葉を炒めたもので、ほとんど変化なし。白身の魚は、高いらしい。必ずひとつ白身の魚が付くのは、ご馳走の意味だろう。それにしても、イカもエビもないのかと言いたくなる。モロタイ島では、貝があった。カオでは、エビもカニもあった。あの椰子蟹は、マナドのバハリ・レストランでは二万五〇〇〇ルピアもしていた。それがフルボードの一食として、二人に一匹出てきた。たいへんなご馳走だったのに、ありがたがらずにたくさん残した。

食後休息していると、ヨーチェ氏が一二時半ごろ夕食の招待を言いに来た。六時にどうぞ、というこ

写真**29**　上：シアウ島東岸ウルのサンタ・ロサ砦跡。
写真**30**　下：シアウ島の王宮。
写真**31**　左：シアウ島の王墓。

とだ。ただし、焼き魚しかないが、とのこと。ご馳走になることにする。こういうときにかぎって、お土産をマナドに置いてきた。それからずっと、アレックスとしゃべっている。仕事はいいのだろうか。ここへ来て四年、退屈しているのだろう。

ＥＮＩ（オランダ領インドの百科事典）によると、オランダがシアウ島のウルを軍事占領して、ドルネンビュルフ（Doornenburg）要塞を占領し、一六九六年にこの拠点を廃止したとある。サンタ・ロサ砦のことだろうか。このシアウの最初の王国は、現在のパセン、昔の名でカトゥトゥガンにあった。つまり、昨日登ったスペインの砦があったところが中心だったのだ。

話していてよく訳がわからなくなるのは、このサンギヘ－タラウド諸島では、ササハラ（Sasahara）やササリリ（Sasalili）ということばが使われているからだ。ササハラは釈義語、棄損語、古い同義語というがよくわからない。かつては、海上で用いられた。海上では災いを招かないように、直截的に表現しないで、ササハラ表現で会話したのだ。名称が二つ出てくるのは、そのためだ。ササリリ表現は、詩の語調を整えるために使われる表現だという。イントネーションで響きをよくするためだろう。海洋民としての生活が、ことばや表現にも現われていることになる。たいへん高度な文化だ。三時になって、ヨーチェ氏が帰っていった。

四時ごろまで、桃山学院大学の深見純生さんが訳してくれたＥＮＩを読む。いまさらながら、深見さんに感謝する。年表に記録する。四時ごろから三〇分ほどジャランジャラン（散歩）する。まず、港で船の情報を手に入れようと思うが、なにも掲示板に出ていない。一日おきに、船の出入りが激しくなるようだ。明日に期待しよう。ここでの仕事は、一応終わった。いつでもタグランダン島に行ける。しかし、こういうなにもしていないときの雑談から、ひじょうに重要なことがわかったりする。今日の二重言語も、そのひとつだ。海洋民の特色が、ことばに表われていた。ササハラは地名だけでなく、木や動物にも及んでいて、そのリストはすでに集めた黄色い表紙の冊子にある。日本に帰って確認しよう。

宿の近くまで戻り、宿の横の道を行けるところまで行ってみる。アスファルトの道は一〇〇メートルもするとなくなったが、その後数百メートル、コンクリートで舗装した道がつづいた。アスファルトとの境目で二カ所階段があるため、車はあがってこれない。それにかなり急な坂だ。帰りに、水をかついだ人やマンディ（水浴）をしてきた人に出会った。水がないのだ。きのう車で回っても、泥流の痕はあっても、水は見なかった。竹筒で山から水を引いているところは、何カ所か見かけた。ここでも山から水が引けないのだろうか。宿の近くに、泉が出ているところがあり、朝は洗濯で賑わっていた。この宿の水は豊富だ。どこかの水源か井戸から水を引いているのだろう。朝につづいての一日に二度の山登りは、少々こたえた。汗がどっと出てきた。四時四五分に、宿に帰って水を浴びる。

六時にヨーチェ氏が迎えに来た。自宅で食事をした後、ビールが出た。食事は魚二種に、チキンの煮込み、ビーフン、マカロニ、生のキュウリが添えてあった。ビールにはピーナッツが、ここでは常識だそうだ。テレビを観ていると、オーストラリアのチャネル・テンになった。白豪主義者のポーリン・ハンソンが出ていた。ここでもかの女のことは知られていた。かの女を止められないのが、オーストラリアの悩みで問題だ。パラボラ・アンテナがあるので、世界中のテレビが観える。東ティモールの虐殺についても、よく知っていた。アンテナを共同にすればいいと思うが、ステイタスシンボルでそうもいかないようだ。暑いトタン屋根も、そうだ。八時すぎまで談笑し、宿に帰る。アレックスにとって、ヨーチェ氏夫妻は同じ教会活動している人たちで、気兼ねはいらないという。

九時前に就寝。

八月九日（土）晴れ（シアウ島→タグランダン島）

いつものことで一時すぎに目が覚めてから、断続的に目が覚める。二時四〇分に最初の汽笛がなった。今日はたくさんの船が着く日だ。それから四時ごろまでに四度鳴った。五時半に起床して、体操、洗面。六時に港の様子を見に行ったアレックスが、タグランダン島行きの船が七時に出ると言って帰ってきた。急いで準備をしなければならなくなった。昨夜干した洗濯ものも、乾いていない。夜は湿気が多いようだ。部屋の中のほうが熱いので、乾きがよかったかもしれない。急いで朝食をとる。シナモン入りケーキにパンの実を揚げたもの、それにバナナ。充分にとる。六時半に、チェックアウトする。合計で五万五〇〇〇ルピア。なんと安いことか。

港に行く前に、船会社のオフィスに行く。閉まっていた。港では船が、四隻停泊している。船の名前はサルバドール二号（Salvador II）。一階と二階に分かれている。キャビンもあるが、午前中の数時間の旅なので、二階の二段ベッドのいちばん前の上を占める。二階だけで八二のマットがある。下にその半分ぐらいのマットがあるが、床にもマットがあるので一五〇人ぐらい乗ることができるかもしれない。この船に乗っていると早くも酔ってしまいそうなので、陸に上がって日誌をつける。

七時に出発と言っているが、九時ごろになるかもしれない。あてにはならない。いまちょうど七時になった。シアウ－タグランダン間だから乗客も少ないのだろう。しばらくブラブラして、時間をすごすしかなさそうだ。それにしても、マナドにいったん帰って、タグランダン島に出直すということは、しないでもすみそうだ。それに、昼間シアウ－タグランダン間が見えるのもなによりだ。この船はビトゥンから来て、卵などの食料品を積んでいた。シアウ島の食糧の多くは、昔から外から運ばれてきている。タラウド諸島のカバルアン島からも、昔から運んでいる、とアレックスが言っている。海域世界では、自給することが重要だと思っていない。必要なものは、どこかからもってくればいいし、もってこられなければ、自分たちがあるところに行けばいい。サギール人が、ディアスポラになったのも、こんな考えからだろう。

七時二〇分に、火山が噴火した［写真32］。頂上ではなく、七、八合目のところにある新しい火口から噴火した。朝から茶色っぽい煙をはいていると思ったら、真っ黒い煙になった。音もなにもしない一発だけで、後は薄茶色の煙を時折はいているだけだ。七時四〇分、無事に船は出航した。客は十数人しかいない。一時間もたたないうちに外海に出た。波がかなり高くなってきた。一〇時にタグランダン島の北のブラガン（Bulangan）という集落に着いた。桟橋はなく、一〇メートルほどの船が二隻横付けしてきた。受けとっている積み荷は木材だ。船から数十軒の家が見えるが、その中心の教会が建設中だ。この教会用の木材かもしれない。たとえ木材があっても、製材所がないと近代建築はできない。訊いてみると、この船と同じ大きさの船を建造するための木材だという。こんなところで、こんな大きな船を造っているとは驚きだ。昔からいい船大工でもいるのだろうか。近代的工法ではない造船技術が生きているのだろう。一一時になろうとしている。すでにシアウ島は霞んでしか見えない。積み荷もだいぶ運びだしたように思うが。島に近づくと波も静かで、ワープロも打てる。

写真32　シアウ島の火山の噴火。

運びだしていた木材が、大きなものから薄っぺらいものに変わった。そして、そこからがたいへんだった。鉄板が一枚ずつ、もたつきながら出てきた。一、二、三の掛け声が何度も聞こえる。幅二〇センチ、長さ一〇メートルくらいのものが数十枚運びだされた。最後に、二メートル×三メートルくらいの鉄板が四枚出てきた。一時四〇分になっていた。なんと三時間四〇分もかかった。この間に、すこし波も出てきた。一一時半に、昼食が出た。ご飯は自分でよそって食べ放題。みんないっぱいに盛っている。その上に、魚の切り身を揚げて、甘辛く煮た二、三センチ大のものが、一かけらのせられた。これが、おいしかった。船の料理では、信じられないくらいおいしいものが出てくることがある。しかし、こんなに揺れていたのでは食べられない。ほんのすこししか食べられなかった。アレックスが、宿からバナナ一房をもらってきていた。それをデザートにした。

三時間四〇分も待ったのに、港のあるバホイ（Bahoi）には三五分後の二時一五分に到着した。右手にルアン火山島を見ながら、そして左手に美しいサンゴの乳緑色の海を見ながら、船は港に入った。砂州と島のあいだが数十メートルはゆうにあり、そのあいだで海草のアガルアガルの養殖をやっている。アガルアガルは、歯磨き粉の練りに使われたりする。子どもが銛で魚をついたと見せてくれた。浅瀬が広いので、魚は結構とれるのかもしれない。ここで石魚（Ikan Batu）と呼ばれているのは、日本でいう石鯛のことだ。鰹、マグロ、サバなどではない、白身のおいしい魚が食べられるかもしれない。

上陸して、船会社のオフィス兼食堂兼雑貨店、要するに一軒でなんでもやっているよろず屋に入る。宿はないかと訊くと、この店の女主人のお母さんが店の前に住んでおり、そこに泊められるという。よかった。これで三晩泊まれるところができた。マナド行きの船は火木土の夜七時半しかなく、マナドに着くのは夜中の一時半だという。この町には、電話がかけられるワルテルがある。マナドのミナハサ・ホテルには、連絡がとれそうだ。電気も一九七九年から通っている。ただし、最初は夜六時から一〇時までで、いまも夜六時から朝六時までだそうだ。水も充分あるようだ。温泉も最初に停泊した集落にあると言っていた。この町は、明るくきれいで、気持ちがいい。それにしても、宿を頼んでから一時間半になるが、いまだに部屋に入れてもらえない。どうなっているのだろうか。この店には、かき氷もあることがわかった。コカ・コーラとかき氷で、一二〇〇ルピアだった。

ようやく部屋に案内してくれたが、奥さんが帰ってくるまで自由にならないようだ。表札には、Tampilang Bawole と書いてある。とりあえず、マンディをさせてもらう。マンディとトイレは別で、両方とも戸外にある。少々不便だ。とにかくチャマ（郡長）のところに行かないと、ジャランジャラン

（散歩）もできないので行ってみる。ホテルに泊まるときは、パスポートのコピーを提出するが、一般の家に泊まるので、自分から挨拶に行ったほうがいい。どっちみち、すぐに知れ渡ることになる。フィリピンではこんなことは必要ないが、インドネシアでは必要だ。そのかわり、便宜を図ってくれることもある。しかし、チャマはタルナに行って、水曜日まで帰ってこないという。しかたがないので、警察署に行く。途中の球技場でサッカーの試合をやっていた［写真33］。これだけの人がこの島にいるのかと思うほど、数百人の人が観戦していた。普通警察署というのは、港の近くや役所、郵便局の近くにあるのに、ここでは街外れにあった。警察署の地図を見ると、島の三分の二はアスファルトの舗装道路が走っている。山越えの道もある。こんなに発達しているとは思わなかった。それも、前のブパティ（県長）が、この島の出身であったことと関係している。明日は、日曜日で車がチャーターできないだろうから、月曜日に島中を走ってみよう。警察署の裏には、日本軍が掘ったトンネルが三つあるという。

警察署の付近は井戸を掘ると海水が出るが、宿のほうは山からのいい真水が出る。水脈の違いだ。宿の井戸には、船の人も水汲みにやってくる。五時ごろから、港の入り口に店が立ちはじめた。屋台三台、パンやお菓子を売っている者、サラック（Salak）という果物を売っている者などがいる。アレックスが、サラックはマナドの数分の一の値段だと言って買ってきた。丸っこい三角形の小さな刺の付いた皮を剥くと、すこし黄色がかった白い果実が出てきた。三つに分かれていて、大きな種の回りに甘い果肉が付いている。後でここの主人に訊くと、バホイのがいちばんいいという。ここからマナドに行くのは、バナナ、鶏、サラック、コプラ、ナンカ（波羅蜜）、パラ（ナツメグ）、チェンケ（丁字）などだそうだ。水田はまったくないから、米は当然外から入ってくる。シアウ島のパラは、一九六〇年代ごろまでボル

写真33　タグランダン島でサッカーを楽しむ人びと。

ネオ島北部サバのタワオや、直接シンガポールに輸出されていたが、いまはスラバヤに送られる。タラウド諸島からのコプラは、フィリピンのミンダナオ島に送られた。

この部屋のカレンダーを見ると、この島の名はマンドロカン（Mandolokang）になっている。ササハラ表現だ。バホイの古名はブヒアス（Buhias）で、カブパテン（県）の看板もこの古名のままになっている。どうも、ササハラというのは厄介だ。名前が混同して困る。

七時に夕食になった。焼き魚、インゲン、インスタントラーメン、それに犬。久しぶりに犬を食べたが、牛肉と同じように香辛料で煮込んでいたので、なんの肉かわからなくなっていた。食事より、この家の庭にあるナンカがおいしかった。アレックスもおいしいと、たくさん食べていた。熱帯ではどうしても野菜が不足しがちなので、果物を食べるようにしているが、たしかにここのナンカはおいしい。

五時ごろから、電気が点きだした。この島でも、パラボラ・アンテナが目立つ。どこでもテレビが一斉につきはじめる。食後、日誌をつける。疲れている。インドネシア語でしゃべり、わかった振りをして聞いている。疲れないわけがない。インドネシア語をここで一所懸命勉強すればいいのだろうが、記憶力が落ちてきている。どんどん書き留めておかなければ、頭の中で消えていく感じだ。旅行日程の半ばぐらいがいちばんだれる。事故も起きやすい。もう三日なので、気を引き締めてかかろう。

八時四五分に就寝。

八月一〇日（日）晴れ（タグランダン島）
たぶん一時ごろ目が覚めたのだろうが、すぐにまた寝る。四時にトイレに起きてから、ゴロゴロする。五時すぎに、ここの人も起きだしたので起床する。港まで散歩、風がひじょうに強い。こんな日に海に出るのはごめんだ。体操、洗面。お茶とパンを二切れ食べる。魚を買って帰ってくる人がいるので、市場に行ってみる。サバがすべてかと思っていたら、同じくらいの二〇センチ強のいいサヨリが一カ所だけ、数十尾売られていた。野菜などは、日曜日とあってあまりない。ゆっくり見ようとしたが、ここでトイレに行きたくなったので、急いで帰る。
宿に帰ると、朝食が用意されていた。サバと野菜だけだが、お茶とパンですんでいたと思っていたので、ありがたい。今日はこれからすこし歩くので、しっかり食べておいたほうがいい。用便もすませた。七時に、島の東四キロのところにあるという、ラジャの墓に向かって出発した。キロメートル表示があるので、距離感がついていいし、四キロというのはほんとうに四キロだと安心する。インドネシアでもフィリピンでも、土地の人がいう距離と実際の距離、あるいはわれわれが感じる距離が違っていて、信用してひどい目に何度もあっている。［インドネシアやフィリピンでは、地図が読めない人が多い。しかし、地図を指さして「ここは、日があたらない」と言われたのには参った。かれらに必要なのは、距離ではなく、生活情報なのだ。近代的な地図に毒されている自分が恥ずかしくなった。］熱帯の炎天下では、一キロ歩くことがたいへんなことになる。砂漠で人がほんの数十メートルさえ、たいへんな距離だと感じて、歩けなくなるのがよくわかる。はじめの一キロはあっという間に過ぎたが、そのあたりから直射日光をもろに浴びるようになり、だんだんしんどくなった。

二キロ付近のところで、宿の主人が歴史に詳しい人だと言って、人を連れてきてくれた。一昨年、サンギへ島のタルナの役所で手に入れた「タグランダンの歴史」の著者で、文化担当のビンク（Bingku）氏だ。四キロのところに来ると、すこし飛びだした岬があり、大きな木のあるところに、スペインのベンテン・アラム（Benteng Alam）があったという。その下に、初代ラジャ（Raja Puteri Lohoraung）（一五七〇～一六〇九年）の記念碑があった［写真34］。そこから数十メートル行ったところに、初代と第二代のラジャ（Raja Walango）（一六〇九～五〇年）の時代に、ミンダナオかどこかから来た海賊を撃退した英雄（Kulano Walandungo）の墓があった［写真35］。デサ・トゥルサン（Tulusan）の道路から、十数メートル山に入ったところだ。墓標には、Pangindulēng / Bahaning Banua / Kulano Walandungo と書いてあった。

すこし戻って、ベンテンに登ることにする。アレックスは膝が悪いから待っていると言う。一昨日の

写真34　上：タググランダン島の初代ラジャの墓。
写真35　左：海賊を撃退した英雄の墓。

山登りがきいているのだ。わたしも、すこし疲労感が膝や腰に残っている。アレックスをおいて、土地の人とビンク氏と三人で登る。かなり急で、キャッサバが植わっていないところは、草や蔦が何重にも重なって、クッションのようになっている。この靴は底がだめだ。すべる。しかし、このような調査旅行で、トレッキング・シューズをもってくる余裕はない。今回は何度ももってきたほうがよかったと思ったが。最後は崖を滑り落ちるようなかたちになった。それだけ苦労して登った甲斐はあった。この砦からは、パシゲ（Pasige）、ルアン、ビアロの島じまがよく見えた［写真36］。戦略的に南海岸ではいちばんの場所だろう。ここから、半キロ先に墓があるというが、今日はもうやめにしておこう。アレックスの膝も悪いようだ。明日、車で行けばいい。

Panginduleng
Bahaning Banua
KULANO
"WALONDUNGO"

写真36　タグランダン島の砦跡から見るルアン火山。

今朝は、それ以上行動しないでよかった。帰りの四キロは長かった。九時から教会でミサがはじまるため、人びとは着飾ってぞろぞろ歩きをしている。なかには、履き慣れていない靴をはいて、窮屈そうに歩いている人もいる。週に一回のおしゃれを楽しみにしている女性も多いことだろう。とくに服を新調したときなどは。電気も日曜日一日だけは、終日使える。宿に帰ると、ここの主人と娘も教会に行くところだった。われわれ三人は、向かいの店でコカ・コーラを飲むことにする。一本一〇〇〇に、氷代一〇〇ルピア。

ビンク氏によると、第七代のラジャまでトゥルサン（Tulusan）に王宮があったが、第八代（一八二五～五〇年）のときにマナドの植民政府の命令で、バホイに遷されたという。このほかミンダナオやテルナテとの関係を語った伝承が、かれのオフィスにあるという。明日も、朝から一緒についていってくれる。シアウのほうが重要なのに、シアウの人は歴史に興味がなくなっている。ラジャの子孫がジャカルタなどに行って、地元にいないことが関係しているようだ。ビンク氏のような人は、シアウにはいなかった。シアウの歴史だと言って見せてくれたのは、なんとアレックスが書いたものだった。見せてくれた人に、アレックスは自分が書いたと言わなかった。

タグランダン島の道は一本に繋がっていない。東の海岸道一〇キロほどと、北の山越えが一〇キロほどで、分かれている。明日は、無駄に同じ道を二度ずつ通らなければならない。すこし時間がかかるかもしれない。

一〇時半ごろ、ビンク氏と別れ、シャワー、洗濯。一一時に主人と娘が帰ってきた。奥さんは早く行って、遅く帰ってくるようだ。一二時前に昼食。マグロのような大きな魚の固まりが出た。後は、カンコンと同じ魚、サバの三種類の料理。熱帯のサバは、脂がのっていなくて、パサパサしている。デザートのナンカが、やはりおいしかった。ここの庭のマンゴは、普通年に一回しか実を付けないのに、二回付けるという。土地が果物にあっているのだろう。トタンの屋根の下は暑いが、庭の木の下は適度な風があって涼しい。主人が、四時ごろココナツ・ジュースを飲ませてくれると言っている。こういう民宿は、ことばができなくても会話につきあわなければならないので困ることもあるが、土地のものを味わったり、接することができる。その点はありがたい。午後はすこしゆっくり休もう。いま一二時三五分、数十人の人が港に着いた。ビアロ島からサッカーの試合に来た人とその応援団だ。島の絵が描かれた旗を掲げて、昨日サッカーをしていたスタジアムに向かった。明日はボートレースがあると、先ほど公報車が伝えていた。ここは、社会的活動がさかんだ。

一時間ほど横になって、外に出た。アレックスは相変わらず、宿の主人と話をしている。しばらく横でインドネシア語の勉強をしていたら、クラパ・ムダ（ヤングココナツ）が一〇個ほど、二種類もってきてくれた。最初に飲んだほうがおいしかった。しかし、後で同じ種類のを飲んだが、最初のほどおいしくなかった。種類より、個々で味が違うようだ。果肉と併せて二つほど飲んで、食べると、おなかいっぱいになった。インドネシアでもフィリピンでもどこにでもあるが、都市ではなかなかお目にかからなくなっている。その点、フィリピンでブコ・ジュース（ヤングココナツ果汁）が市販されるようになったのはいいことだ。東南アジアの飛行機でも、なぜパイナップル・ジュースではなく、オレンジ・ジュースが出てくるのか理解できない。試験的にでも両方を出して、客に選ばしたことがあるのだろうか。

四時になって、西のほうにあるという墓地に行く。二キロほど行ったところにあったが、途中、偶然今朝案内してくれたビンク氏の家の前の老人に案内を頼むことになった。この老人は、アレックスのお父さんをよく知っている人だった。一九四二年一月一一日に死亡したポント（Ponto）の墓や一九世紀に亡くなったドイツ人の墓などがあり、墓地の北側は中国人墓地だった。福建から来た人ばかりだった。

帰りは、海岸を歩いた。まず、ひとりで十数メートルの船を造っている人の話を聞く。はじめて造る船だという。流木を利用している。シアウ、タグランダン、マカレヒ（Makalehi）の島じまでは、優れた船大工が昔から多くいると、アレックスが教えてくれた。宿に帰るまでの海岸で、二カ所二〇、三〇メートルの大型船を建造していた。あちこちで立派な流木を見かける。大型船の建造にも、流木を利用している。良い流木が打ちあがるところで、造船をおこなっているのだ。船を造ることも、特別なことではなく、日曜大工のようにだれでもがやっている。船大工と話していると、アガルアガルをかついだ

写真37　アガルアガル（海藻）を運ぶ親子

夫婦が海からあがってきた〔写真37〕。四日間乾かして、一キロ一〇〇〇ルピアで売れるという。マナドでは一二五〇だ。薄茶色から乾いてくると赤紫と白の混じったような色になる〔写真38〕。

海岸をブラブラ歩いていると、結構きれいな貝殻があった。灰皿にできるものを数個と宝貝の大きなのをひとつ拾った。売っているような貝を、自分で拾ったのははじめてだ。ここまで来ると観光客用に拾う地元の人もいないのだろう。貝を拾っている途中、時折スタジアムのほうから歓声があがった。いまのブパティもタグランダン島出身だから、この島は近々もっとよくなるだろう、とアレックスが言っている。アレックスもはじめて来て、思ったより発展しているのでびっくりしているようだ。五時四五分に日没。シャワーを浴び、日誌をつける。

七時に夕食。市場が開いていないせいか、魚

写真38　乾燥中のアガルアガル。トタン屋根とパラボラ・アンテナはステータスシンボル。

三品で終わり。こういうときバナナとナンカがあるので、ありがたい。主人がカナリ・ナッツを出してくれた。さかんに勧めるが、たくさん食べるものでもない。おなかをこわしてしまう。食後のんびりテレビニュースを見ていると、ビンク氏がやって来た。チャマがいるので挨拶に行き、明日の車を借りればいい、と宿の主人に言っている。挨拶はともかく、車は民間のをお金で借りあげたほうがいい。よくわからないのだが、結局チャマから借りることになった。もう九時だが、挨拶に行った。あっさり車は貸してくれたが、ドライバーがいないという。ドライバーは、明日調達することになる。どうなるのかよくわからないが、成り行きに任せるしかないだろう。

九時半に宿に帰り、すぐに就寝。

八月一一日（月）晴れ（タグランダン島）

今日は昨日より穏やかだ。タグランダン島のほうにも、昨日のように黒い雲はない。ルアン島の雲は少ない。風もそれほど強くない。昨夜は二、三度目が覚めたが、一応眠れた。疲れが腰にきているのか、少々つらい。後二日なので、がんばろう。散歩して、体操、洗面、お茶、六時半に朝食。朝食前に、アレックスが海岸に写真を撮りに行った。すこし大型の漁船はマナドからきたブギス人のもので、パシゲ島は無人島で椰子もなく、地面もないが、いい漁場だという。このあたりで漁をして、ここですこし売って、マナドの市場に出す。

七時に来るという車を待つ。来ないので、宿の主人がビンク氏のところに行く。やがてビンク氏を連れて戻ってきた。運転手もすぐに来たが、朝ごはんを食べていないというので、宿の主人が用意してくれた。七時四〇分、無事に出発することができた。それにしても、朝からしんどい。かなり疲れている。

まず、ガソリンを一万ルピア入れる。つぎに、ビンク氏の職場の社会文化課に行く。歴史伝承とシルシラが手書きしてあるノートを見せてもらう。全部で七〇頁ほどで、すこし使えそうだ。今朝、ビンク氏は「タグランダンの歴史」の一九九四年改訂版をもってきた。これも、このノートとともにコピーしてもらうことにする。しかし、朝六時前から電気が止まっている。夕方五時ごろには、電気がつくはずだ。コピーは一枚一〇〇ルピアとのこと。

八時にバホイを出発する。まず山道を通って、ミナンガス（Minangas）に向かう。しばらくして、デサ・レサ（Lesah）にある第一七代ラジャ（Cornelius Tamaleroh）（一九一二～一七年）の墓があった。その後、かなり険しい山道で、道も所々、石がゴロゴロしていて、最徐行を強いられた。ミナンガスまでの一〇キロほどの道のりを二〇分かかった。ミナンガスに着くと、教会の裏にある五〇センチほどの石に案内された。昔、この石を信仰の対象とし、雨ごいなどをしたという。ミナンガスには、きれいな水が流れる川があり、このデサに降りてくる途中でも、道路脇に水が滲みだしていた。水の心配はないようだ。その川の橋のすこし上にベンテン（Benteng）と書いてあるポールがあった。訊いてみるとポルトガルの砦があったという。ミナンガスからは、シアウ島がよく見える。水の心配もなく、入り江になっているので、砦があったとしても不思議はない。ポルトガルの砦というだけで、名前は知られていない。ここにジョググ（地元の支配者称号）がいたのも頷ける土地だ。

ミナンガスの隣のデサ・バオレウ（Bawoleu）の家は、やけに立派だった。理由を尋ねると、サラックだという。バホイにもあったので見たが、実のなっているところは見ていない。写真を撮るために、サラック林に入ってみる。根元に近いところで房になって二〇個ぐらい三、四センチくらいのがなっている［写真39］。多いものは、数房つけている。持ち主の奥さんが食べごろと言ったのを食べてみた。そんなにおいしいというわけではないが、季節の果物としてはいいのだろう。冷やしたほうがおいしい気もする。帰りに一籠お土産にもらった。こういうのも、調査旅行の楽しみだ。このデサ周辺では、プランテーションでサラックが植えられている。チェンケ（丁字）の値が下がったので、植え替えたという。

最後の一キロほどを除いて、同じ道を帰り、東海岸の道を走る。昨日行ったトゥルサンをすこし行ったところに、初代ラジャ（Puteri Lohoraung）（一五七〇〜一六〇九年）の墓があった。墓標はない。ミンダナオの墓のそばによく植えられているカラチュチも、植わっていなかった。近くに一七五七年の年

写真39　トゲトゲのなかにサラックの実と花が見える。

号が入った墓標があった。第七代までここに王宮があったのだから、このあたりに歴代ラジャの墓があったのだろう。近くに宣教師の墓があった。ラジャのに比べて、なんと立派なことか。墓の上には、王冠のようなものさえ乗っている。この先を、車で行けるところまで行ってみる。一〇キロ先のデサ・キシハン（Kisihang）まで行くことができた。すこし歩くと、岬が見えた。ここからは、ルアン火山がまったく見えない。もう一一時だ。引き返すことにする。この海岸道のほうがいい道だが、それでも三〇分ほどかかった。

一一時半に宿に戻り、昨日と同じように前の店で四人でコカ・コーラを飲んでいたら、店にいた宿の娘が入り口で倒れた父親を見つけて騒ぎだした。びっくりして、駆けつけてみると、酔っぱらって椅子から転げ落ちていた。昨夜も、いい調子で酒を飲んでいた。どうもアル中らしい。人はよいのだが。サギール人はこれだから、イスラーム教徒の多い地域に行くと嫌われる。無理はない。運転手に一万ルピア払ったらいい顔をした。ビンク氏には二万を渡して、コピーを頼む。役所には、三時に帰ればいいようだ。

一二時に昼食。マグロと魚肉のミートボールを揚げたもので、すこし変化があった。バナナとナンカで野菜不足を補う。宿の主人が鼾をかいて、外で寝ている。小学校の先生をしている奥さんが恥ずかしそうだ。シャワー、そして昼寝。でも、三〇分もしないうちに起きて、日誌をつける。

アクア（水）が切れた。前の店では大がないので、市場の近くまで行く。中国人だと思われて、店の人にいろいろ訊かれた。二〇〇〇ルピア。前の店で小が七五〇だから高い。四時からボートレースがあると聞いていたが、三時すぎから人が集まりはじめ、三時半にはかなりの人になった。そうこうしているうちに、二人乗りのボートが四艘スタートラインに並んだ。港まで五〇〇メートルほど、一分もかからないうちに勝負はついた。まだ四時に五分前だった。一レースで終わり、二、三〇〇人がこのために港や海岸に集まっていた。

レースの後、ビンク氏の案内でチャマの家の裏の第一五代ラジャ（Salmon Takaliuang Bawole）（一八八九〜一九一二年）の墓に行く。外枠しか残っていない。王宮跡は、この宿の隣にもあるし、チャマの家の隣にもある。いずれもトタン屋根の西洋スタイルの家だ。あまり価値はないように見える。

四時半に、お茶とお菓子。シャワーを浴び、洗濯を終えると、アレックスが一〇キロ以上のサラックをかかえて、ビンク氏と帰ってきた。山のほうに行って、わずか一万ルピアで買ってきたという。お墓を見た後、土産のナンカを探してくるはずだったのだが。ナンカは、明日にするという。両手にサラックとナンカを下げて帰るつもりだ。うれしそうにしている。電気も五時ごろから点いた。家の裏には、四人の若者が来て歌っている。この家の娘が目当てか。

ジャランジャラン（散歩）して、六時半に宿に帰ってみると、宿の前の店でアレックスと宿の主人がビールを飲もうとしているところだった。今日酔っぱらって転けたのにいいのかと思ったが、アレックス流にやめろというよりはすこし飲ませたほうがいいということになった。二人で飲むはずが、三人になって、ちょうどコップ一杯分になった。隣で奥さんはあきらめ顔、警察官をしている既婚の娘は渋い顔をしている。

七時に夕食。昼のおかずに、掌を一まわり大きくした石鯛系の魚が一匹とスープが加わった。ニンジン、ジャガイモが入っているのが、なんだか新鮮だ。八時にコピーをとり終えてくるといったビンク氏が、九時になってやってきた。MITAのコピーはそれほどよくなかったが、まぁ読める。「タグランダンの歴史」のほうはいいが、シルシラのほうはページが混乱している。ビンク氏が整理して、また明日朝もってくると言っている。それに、今年書いたという歴史的モニュメントについてのコピーもくれた。昨日、今日とまわったところの説明だ。ありがたい。シルシラのほうは、どれだけ役に立つかわからない。

ビンク氏を待っているあいだに、アレックスがマナドに電話してきた。自宅のほうは、ずっと話中でかからなかったが、ホテル・ミナハサのほうはOKだそうだ。午前二時に着くと伝えた。ビンク氏が帰って、九時半に就寝。

八月一二日（火）晴れ（タグランダン島↓）

四時ごろから目が覚めてゴロゴロしていたが、時計を見るほどはっきり目が覚めていたわけではない。旅行中は眠りたいのに眠れない状態がつづく。しかし、夜中に着いたはずの船で目が覚めなかったところをみると、よく寝ていたようだ。五時半に起床、港まで散歩、体操、洗面。朝焼けがきれいだ。今晩、穏やかなことを祈る。船は二隻着いていた。カラマンド（Karamando）号はこれからシアウ島に行き、帰ってきて夜七時半にマナドに向けて出航する。われわれが乗る船だ。もう一隻のグロリアナ（Gloriana）号は、これからシアウ島、そしてサンギヘ島のタルナに行く。五時ごろから、シアウ島行きの人たちだろう、港に集まりだした。六時二〇分に、バナナの葉にくるんで蒸したケーキを食べる。バナナを潰して、コンデンスミルクと混ぜて練ったものだ。

写真40　色鮮やかな魚。蝶々魚の値は安かった。

七時に朝食。今日は船も着くし、市場も賑やかだろうと行ってみる。予想通り人でごった返していた。魚も各種熱帯魚で色鮮やかだった［写真40］。蝶々魚もいた。きれいな熱帯魚は安い。数匹で数百ルピア。アラカブも一匹だけいた。アレックスもいい魚だと知っていた。マナドではいい値だという。タコも、生と茹でたのと両方売っていた。タコは、インドネシア語でグリタ（gurita）という。ベンテン・グリタはどこだか結局わからなかったが、オクタゴンかそれに近いものだったのだろう。山の稜線を利用したベンテン・カトゥトゥガンという気もするが。ダツを切って売っていた。昨日食べたのもダツだろう。大きな魚は、あまりない。野菜も豊富だ。キャベツの立派なのがあった。ドリアンもある。一個二〇〇〇。ナンカは大きいのが五〇〇〇。食生活は豊かなように思える。それが、この宿の食事に反映しないのは、週末という最悪のときに着いたからだろう。今日の昼に期待したい。もっとも、日本人であれば、醤油でかなり味が違ってくる。カラマンシー（沖縄のシークワーサー）があるのだから、それを搾ってもおいしいだろう。ここの人は、サンバル（トウガラシのソース）があるからいらないと言うだろうが。

帰りは海岸を歩く。妻が前で、夫婦で漕いでいる舟が見えた。女性もここではたくましいものだと思って見ていたら、アレックスがタラウド諸島ではありえないと言った。女性は座っているだけだ。タラウド諸島では、男性と女性の分業がはっきりしている、と強い調子で言った。海岸で灰皿になりそうな貝を数個拾った。いくらでも拾えるが、重くてたくさんもって帰れない。

朝、昨日手に入れたコピーを見ながら話していると、アレックスが、マゼラン隊が聞いたタグランダン島かもしれない島名は、タラウド諸島のカバルアン島にあるパンゲラン（Pangerang）のことかもしれないという。どちらか、もうすこし考えてみよう。一一時に、またボートレースがあった［写真41］。三隻ずつ二度レースがおこなわれた。勝手にやっているのかもしれない。観客も昨日と違って、近くにいる人たちだけだ。することがなく、昼間から酒を飲んでいる漁師もいる。それよりは、ボートレースをするほうが健康的だ。ここの宿の主人もだが、ここでは暇をもてあそんで、酒を飲むしかないようだ。宿の主人も奥さん同様学校の先生だったが、退職後することがなくて困っている。昨日同様、宿の前では子どもたちが行進の練習をしている［写真42］。毎年、八月には独立当時を思いだすために、行進をする。それにしても、炎天下で一時間以上やっている。日本なら、熱射病になる子が出ること間違いない。

一二時に昼食。一〇時ごろ子どもたちが鶏を追いかけまわしていたので期待していたが、やはりチキンだ。煮込み、カレー、スープの三品。地鶏（ayam kampong）は、堅く、食べにくいが、味がある。食後、シャワーを浴び、小休止。木陰で、コピーを見る（読む）。英雄ワロンドゥンゴ（Walondungo）の説明では、ミンダナオ、テルナテのほか、マカンサヒ（Makansahi）（ビンク氏の説明ではマカッサル）などの地名が見える。タリセイ、バンカ、レンベ（Lembeh）の島じまもある。二〇世紀になって作られたという歌には、ポルトガル、スペイン、ミンダナオとの関係が歌われている。歴史的世界が、現在まで生きている。しかし、その関係は、いまはもうない。

港に出てみた。風は、桟橋に出たとたんに強くなる。小魚が、飛びあがって逃げている。よく見ると、ダツだ。こいつがいると危ない。青色の掌大の魚が見える。泳ぎながら見ると、きれいだろう。しかし、サンゴで足を切る危険があるし、ダツがいるなら、なおさら危険だ。ここで泳ぐのは、あきらめよう。三時に、カラマンドニ号がシアウ島から到着した。客は二〇人くらいしか乗っていない。ここからマナドまで乗る人も、それほど多くないだろう。ビンク氏によると、最初の三時間は揺れが激しいが、後の三時間、つまりタリセイ島やミナハサ半島の陰になると、波は静かになるという。八時から一一時までなら、まず眠れないし、立ったり座ったりしていたほうが酔わない。客がそれほど多くないなら、キャビンはいらない。普通の客室でいいだろう。前の代理店でチケットを買う。一人、八〇〇〇ルピア。来たときに比べてずいぶん高い。来たときの船は、離島便で政府が援助しているのだという。ナヌサ諸島やマロレ島のほうは、商業ベースにのらないのだろう。宿に帰って、荷造り。

五時前にお茶とお菓子。お菓子は日本の餡と同じようなものが入った大福だった。ただし、真っ赤に着色してある。六時に夕食。昼食とまったく同じチキン料理。昔の日本の田舎と同じだ。同じ食事や同

写真41　上：ボートレース。ゴールしたところ。
写真42　左：８月17日の独立記念日前の行進の練習。

じ材料ばかりになる。若者は嫌になるだろう。昨日から、宿の主人はもう家族同然だからいつ来ても、部屋を空けるから、真夜中でもノックしなさい、と言ってくれている。残念ながら、もう来ることはないだろう。宿代を奥さんに訊くと、ご自由にといってくれたほうが、こちらは楽だ。きちんと言ってくれたほうが、こちらは楽だ。シアウ島の例から、一日一万五〇〇〇ルピアだろう。宿の主人には、九万プラス一万で一〇万支払った。宿の主人には、恰好の暇潰しだったのだろうが、いろいろ親切にしてくれた。飲み水は、いつも沸かした水で気を使ってくれた。アレックスは、ここの家のナンカがほんとうに気にいっていた。お土産に、ひとつもらうことになった。ほかに二つ、小さいの、と言って注文したら、中ぶりのをくれた。サラック一箱とナンカ二袋、もうひとりでは

持てない。手伝ってやりたいが、腰のことを考えると無理だ。

六時四五分、宿を後にする。主人が、桟橋まで見送ってくれる。カラマンド二号だと思っていたら、それはビトゥン行きで、マナド行きはカラマンド一号だった。見ると、シアウ島方面から船が近づいてきている。ファジャル・バル（Fajar Baru）号という同じくマナド行きのひとまわり小さな船が、横付けした。乗りこむとビンク氏がいた。別れの挨拶にわざわざ来てくれたのだ。かれも、自分の仕事をわかってくれる人が来てくれて、うれしかったようだ。われわれも、かれのおかげでいい史料を手に入れることができた。感謝する。横付けした船とのあいだに小型船が入ってきて、ファジャル・バル号の荷物を積みこんでいる。ということは、二メートルほど間隔ができたということで、その間を頼りない二本の渡し木でつないでいた。その橋を乗客は恐る恐る、荷役人夫は事もなげに渡っている。事故がないのが不思議だ。サラックがおもな荷だが、魚の入った数十センチ四方の木箱が一〇個ぐらい積みこまれていた。明日の朝、マナドの市場に出るのだろう。

八時二〇分に、やっと出航した。出航前にトラブルが発生した。わたしのベッドに別の人がいるのだ。シアウ島からマナドに行く人だ。チケットを買うときに、四一番はシアウ島からの人がいると言っていた。アレックスはタグランダン島で降りると理解したが、わたしは気になっていた。やはりダブルブッキングだった。ベッドは、二人でひとつしかない。ほかのベッドも埋まっている。どっちみち眠らないのだから交代で使えばいいと、軽い気持ちで考えていたのが間違いだった。

しばらくはルアン島に隠れて波は静かだったが、三〇分もしないうちに荒くなり、ベッドに横になったきり動けなくなった。近くでゲーゲー吐いている人もいる。これから六時間どうするんだと、他人事ながら心配になる。しかし、こちらも余裕はない。フラフラだ。アレックスはどこかへ行ったが、探しに行くこともできない。ほんとうは代わってやらなければいけないのだが、どうしようもできなくなった。ビンク氏の言った、三時間をすぎれば波は静かになる、ということばを信じよう。時計を三〇分から一〇分おきに見るようになる。確証はないのに、時間だけを気にして我慢している。そのうち、トイレにも行きたくなった。さすがに二時間も大きく揺れつづけていたので、慣れたのかあるいはすこし波がおさまったのか、なんとか起きだしてトイレに行くことができた。アレックスを探さなければならないが、まだそれだけの余裕はない。アレックス、ごめんなさい。

八月一三日（水）晴れ、夕方曇り（↓マナド）

すこし居眠りをしたようだ。時計を見ると一二時前になっている。時折激しい揺れはあるが、以前より揺れは小さくなった。ビンク氏の言ったとおりだ。とすると二時すぎには、マナドに到着するのか。しかし、一時をすぎてから時々外に出てみるが、マナドらしい灯りはいっこうに見えない。二時に検札にきた。やっとアレックスを探しに行く余裕ができた。後ろだろうと思って見たがいない。下の客室を見ると、なんと空壜の上に船の人たちと一緒に眠っていた。それほどもう時間はないだろうが、すこし柔らかいところで眠ってください、と交代する。一時間ほどで着くだろうと、デッキにいたが、着く様子はない。からだがどんどん冷えていく。トイレに何度も行く。といって、寝るようなところはないし、床に座ってうとうとする。しかし、このデッキでの一時間余は無駄ではなかった。数分おきに流れ星が見えた。「星が降る」という表現を理解したのは、はじめてではない。西オーストラリアの沙漠のなかの集落キュー（Cue）や森のなかの集落ペンバートン（Pemberton）では、星が間近に迫ってくるように見えた。ここでは、流れ星になって降ってきた。一二時をすぎて半月が地平に沈んだので、星がさらによく見えるようになった。船の光があって邪魔だったが、それでも数十の流れ星を見て楽しかった。赤道直下に近いのに、からだは芯まで冷えた。

　船はようやく四時半にマナドの港に接岸した。結局八時間かかった。逆風ということもあったのだろう。早速タクシーでホテル・ミナハサに向かう。到着すると小太りの人のいいお兄さんが出迎えてくれた。ずっと寝ずに待っていてくれたのだろうか。ありがたい。少ないが、チップを渡す。部屋は三一四で、高いほうの二階だ。いい部屋だ。とりあえず、シャワーを浴び、休む。しかし、まだ頭は揺れているし、すぐに起きてしまう。おなかもすいている。六時半に起きて、食堂に行く。出迎えてくれたお兄さんが働いている。わたしを待っていたために、寝すごしたのだろうか、準備ができていない。まず甘いミルクティを飲んで待つ。パンでもなんでもいいと思っていたら、ナシ・ゴレンが先に出てきた。おばちゃんが、作ったのだろう。デザートのパパイヤも久しぶりだ。おいしい。食事を終えて、出ようとしたとき、おばちゃんとあのお兄さんがけんかをはじめた。お兄さんが、テーブルにナイフとフォーク、スプーンを並べていなかったので、おばちゃんが文句を言ったようだ。わたしのおかげで、準備が遅れたのなら気の毒なことをした。

　部屋に帰って寝ようとするが、また一時間もしないうちに目が覚めた。預けておいた荷物を取りに下りる。支配人のサミに二七日までいたいと言ったら、団体が入っていると言う。部屋を代わるからとお願いする。今日もオランダ人の客でいっぱいだ。白人も下の部屋にあふれている。流行っていることはいいことだが、わたしの部屋は確保したい。九月二三〜二六日の会議のときに、団体が入っているかどうか確認したほうがよさそうだ。でないと、何部屋確保できるかわからない。忘れた鍵についてサミに訊いたが知らないという。がっかりして部屋に帰ると、ボーイのひとりが鍵をもってきてくれた。よかった。

無理に寝てもしかたがないので、起きて荷物の整理をする。共通経費の残額は八五万八五〇〇ルピア。かなり余った。忘れないうちに、せっせと日誌をつける。この部屋からは海がよく見えて、気持ちがいい。

一一時半にファクスを送りにテレコムに行こうとしたところに、アレックスがナンカとサラックをもってきた。同じ方向なので、テレコムまでタクシーで送ってもらう。お土産を方々に配っていて楽しそうだ。今朝帰宅した後、長男の友だちの電話四本などでなかなか眠れなかったというのに、こんなに楽しそうだ。一緒に旅行していろいろなことを教えてもらった。お互いに収穫があり、楽しい旅ができた。アレックスは若いときサッカーでやった膝の古傷が痛くなったり、わたしは胃炎になったり、船旅も決して楽しめたわけではなかったが、たいした事故もなく、無事終えることができた。アレックスに感謝しよう。それにしても、わたしのほうはかなり疲れている。

テレコムでファクスを送った後、ジュンボの二階で食事。汁そば、ガドガド（ピーナッツ・ソースをかけた茹で野菜）、豆ミルクかき氷。豆は、日本の金時豆のような感じで、おかずを食べているようだった。宿に帰って、シャワー、昼寝。一時間あまりで二時ごろ目が覚めた。もっとゆっくり眠りたいのに、目が覚めてしまう。二時半すぎに起きだし、昨日ビンク氏から受けとったコピーの整理をする。一四世紀にアラブ人がシアウ島に来たことが書かれている。おもしろいものが手に入った。一九世紀以降は、オランダの文献でいろいろ確認でき、勘違いも多いので史料的価値はいまひとつだが、それ以前のものはオリジナルな貴重なローカル史料だ。間違った記述も、それで価値がないわけではない。近代的な意味での実証的資料ではなく、当時の人びとの世界観が反映されているものだから、それを汲みとらなければいけない。欲しい情報だけでなく、当時の人びとの価値観を理解したうえで、総合的に史料的価値を見極める必要がある。それにしても、疲れた。三時すぎからちょっと横になっていたら四時になっていた。一時間はすぐに眠れるのだが、それ以上つづかない。お茶とお菓子を取りに下りる。

七時に夕食。コースはバイキングで団体といっしょの八時になるというので、ナシ・チャンプルとガドガドを注文した。ナシ・チャンプルは魚とチキンの小さいのとキュウリが三切れ、ちょっとひどい。ガドガドは昼のとは違って、カンコンなど緑の野菜が豊富だ。あわせてちょうどだ。デザートにバナナ二本。部屋に帰ってすぐに寝る。

八月一四日（木）晴れ（マナド）

三時すぎに目が覚める。さすがに疲れていたのか、六時間ぐっすり眠る。その後一時間余は眠られず、シャワーを浴びる。六時に起床。体操。六時四五分に朝食。疲れがとれない。今日はゆっくりしよう。

午前中は本を読んでいても、あまり頭に入らなかった。昼寝を一時間ほど気持ち良くしたら、だいぶボーとしていたのがとれた。それでも、まだ揺れているような気がするときがある。夜もすこしは本が読めた。夕食にジュンボの二階に行ったが、七時の閉店間際で、食べるものも汁そばとガドガドしかなく、しかも急いで食べることになった。あそこは夜食べるところではなかった。電気スタンドはやっぱりだめで、新しいのをゴールデンで五万七五〇〇で買ったが、これがまた調子が悪い。どうなっているんだ。

九時四五分に就寝。

八月一五日（金）晴れ（マナド）

夜、数度目が覚めるが、六時すぎに起床。洗面、体操。六時四五分に朝食。シャワー。

九時にアレックスが来る。五二周年の独立記念式典についての情報を頼む。シアウ島とタグランダン島へのお礼の手紙を船長に託す。来週の火曜日にビトゥン、ケマ（Kema）に行き、木曜日にマナド・トゥア島に行くことにする。一一時半にテレコムに行く。その後、昼食。バクミ・シンガプラの下の店に行く。外国人客が多い。

今日は朝から風が強いと思ったら、夕方裏山が火事になった。もう何日も雨が降っていない。わたしが来た七月二一日以来としても、もう三週間以上降っていないことになる。火はあっという間に広がったが、ボーイさんたちの働きで、事なきを得た。朝はすぐ点いたスタンドが、昼は少々てこずり、夕方は点いてくれない。ほんとうに嫌になる。

六時半に夕食から帰ってきたら、スタンドが点いていた。よく理解できない。わかっていることは、点いて欲しいときに点いてくれないことだ。今日は八月一五日、日本では「終戦記念日」という。インドネシアでは八月一七日が独立記念日だ。集落の入り口にあるアーチに書かれた五一周年という文字を、なかなか五二周年に書きかえないと思っていたが、ここにきてやっと幟が立ちはじめ、メラプティ（赤白）の国旗が大小いたるところで見られるようになった。車も小旗を付けて走っている。昼間マタハリの前で、子どもがこの小旗を売っていた。夜には、街中の役所などでもイルミネーションが点灯しだした。式典を見ることができるといいのだが。一昨年は、五〇周年記念をサンギヘ島のタルナで迎えた。

この宿の欠点は、テレビが見られないことだ。食堂にテレビがあったのに、客が増えて隣の従業員の部屋に来ている。なぜ、二階の奥の部屋が従業員の部屋になったのかよくわからないが、従業員にしてみればいい部屋だ。よく客と同じような顔をしてベランダから海を眺めてゆっくりしている。隣になったので、サラックをたった四個だけだが差しいれた。サラックは、はじめ食べたときに、それほどおいしいとは思わなかったが、だんだんおいしさを感じるようになった。不思議だ。

一〇時前に就寝。

八月一六日（土）晴れ（マナド）

夜一度目が覚めただけで、六時に起床。まだ、頭もからだもすっきりしない。船旅はこたえる。洗面、体操、朝食。朝六時前から行進でガヤガヤしていた。タグランダン島で見た行進も、下級生のほうがしっかりしていた。今朝の行進もダラダラ、ガヤガヤやっていて、緊まりのないものだった。今朝は昨日ほどではないが、やはり風が強い。雲ひとつないとはいえないが、快晴だ。

昼食後、すこし街を歩いてみた。これまで疲れていて、その余裕がなかった。ジュンボの向こうに屋台が並んでいたのを、すっかり忘れていた。そこには、イカやらエビやら魚も並んでいた。衛生面はともかく、いろんなものが食べられる。国旗を売っている店で呼び止められた。大きいのが五〇〇〇ルピアと言っていた。国家英雄の一覧が、現在の閣僚の一覧と同じようにカラー印刷で売られていた。一五〇〇で買う。

夕方に、アレックスの長男が、コピー一四六枚を届けてくれた。全部で四四〇〇ルピアだから、一枚三〇だ。タグランダン島では一〇〇でなんと高かったことか。インドネシアのコピーは、フィリピンのに比べて、安くて印刷もきれいで、紙の質もいい。明日の独立記念式典は、この近くのスタジアムで、朝七時からおこなわれるという。六時半に行ったほうが無難だとも言っていた。

夕食前に、海岸通りを歩いていて驚いた。数カ所堤防が壊されていた。街中に近づくにしたがって、その意味がわかった。埋め立てているのだ。ジュンボの二階の食堂から埋め立てているのが見えていたが、このあたり一帯を埋め立て、メガマス（Megamas）大ショッピングセンターになるのだ。マタハリの裏は、高級ホテルのノボテル（Novotel）になっていた。ウォーターフロントとして、大開発されることがわかった。海岸通りのシーフード・レストランが立ち並ぶ屋台もなくなるのだろうか。なんだか、いまのマナドではなくなるような気がして、寂しい気持ちになった。このホテル・ミナハサも生き残りをかけて、この新館の一六室をつくったのかもしれない。巨大資本に抵抗してがんばっている。

バクミ・シンガプラの下のバクリ・バタビア（Bakeri Batavia）で食事。帰りは、宿に近づくにしたがって、騒がしくなった。車は左の坂のほうに迂回させられていた。見ると、鼓笛隊が近づいてきた。軍の鼓笛隊だ。これを先頭に軍人が数百人行進し、その後をスカウト、高校生の集団が松明を手に手にもってつづいた。百人くらいずつの団体が、二〇ほどつづいた。スカウトはともかく、高校生になると烏合の衆としかいいようがない。わいわいガヤガヤの行進だ。今朝の練習と同じだ。今日は、独立記念日イブだ。宿のボーイに訊くと、記念式典は遠いほうのスタジアムですると言っている。とにかく明朝六時半に近いほうのスタジアムに行ってみよう。

だいぶ疲れはとれたようだが、まだ本調子ではない。一日中本を読むとかえって疲れるので、すこし散歩など動きながら仕事をしよう。

九時半に就寝。

八月一七日（日）快晴（マナド）

雲ひとつないが、マナド・トゥア島が霞んで見える。夜何度か目が覚める。五時すぎに起床。六時前に、ティカラ・スタジアム（Tikala Stasium）の位置を確かめに、下りてみる。下には、街の大きな地図がある。朝食の用意がしてあった。いつもより早い。これ幸いと、食パン二枚を食べる。宿の近くのスタジアムで、式典をする気配がない。ティカラは歩くと三〇分くらいかかりそうなので、ジュンボの近くまでミクロレットで行き、それから歩く。学生や公務員の制服を着た人たちが、逆方向に行くので不安になるが、まったく迷わず会場に六時半に到着した。すでに一〇〇〇人くらいの人が集まっている。それから、ダラダラ人が集まってくる。定刻の七時になってからも、遅れてくる人がいる。会場のベンチに座っていたら、外に出るよう言われた。写真を撮ってもいいかどうか、少々不安になる。

七時すぎに式典がはじまった。会場には全部で二〇〇〇人くらいの人がいる。半分は制服を着た公務員。公務員の服装は上は揃いのバティックで、下は黒だが、若い女性のなかにはミニをはいている人も

写真43　マナド市の独立記念式典。

いる。軍人は一〇〇人足らず。中学生の合唱隊一〇〇人余、そのほかスカウト、十字のマークを付けた人たち、ベールを被ったイスラームの少女の団体、などなど。スカウトの制服にベールといった少女もいる。会場には行かずに、役所の入り口のところに屯している人たちもいる。一般の人は、数人の物売りを除いて皆無といっていいくらいいない。一般の人びとにとって無縁の世界だ。

式典は国旗掲揚からはじまった［写真43］。会場の中央では、知事か市長か、とにかくいちばんえらい人が侍従を連れて立っている。六時半にはすでに整列して待っていた白い制服組、警察官四〇人ほど、うち半数以上が女性、が国旗を携えて凛々しく行進しながら会場に入り、国歌斉唱のもと国旗を掲揚した。つぎにパンチャシラ（国是の五原則）を中央の人に合わせて、斉唱。中央の人の挨拶の後、二つ合唱、そしていかにもジャワの王族といった感じの人が挨拶をした。八時すぎに式典は終了した。一時間のプログラムを予定通り終わったという感じだ。

写真を数枚撮ることができた。いいアングルで撮ろうとウロチョロしていると、行ってはいけないと、正面からの写真だけは撮れなかった。救急隊が控えていたが、わたしの見たかぎり中学生の合唱隊のひとりの少女と白い制服組の女性ひとりが気分が悪くなって、会場から出ていった。かわいそうだったのは白い制服組の女性で、倒れても凛々とした態度をとろうと懸命だった。ここで倒れることは、ほんとうに恥ずかしいことなのだろう。日ごろの鍛錬といえばそれまでだが、早朝から極度の緊張のうえに体調不良で、不運としかいえない場合もある。かの女にとって、忘れられない日になったことだろう。それにしても、かの女の同僚の二人がかの女のことを気遣って、見舞ったのは式典が終わってから二〇分後のことだった。かの女の同僚にしても、かの女のことを気遣う余裕などなかったのだろう。終わってから、整列場所での写真撮影、来賓の人たちとの挨拶、極度の緊張から解放されて笑みが浮かんでいた。そして、中央での記念写真撮影。ここでやっと、倒れた同僚のことを思いだしたのだろう。

来賓同士の握手、挨拶、夫人たちの談笑。式典終了後は、この地域のVIPたちの社交場になっていた。夫人たちの記念撮影もおこなわれていた。そのほかの動員組は、解散後たちまちいなくなった。八時半に会場を後にする。三〇分以上歩きながらわかったことだが、それぞれの学校、役所でも式典をおこなっていたようだ。今年は日曜日と重なって、教会も人びとで賑わっていた。宿の近くの食堂は、公務員の人たちでいっぱいだった。九時すぎに宿に帰って、シャワーを浴び、二度目の朝食。ナシ・ゴレンを食べる。のども乾いた。忘れないうちに、日誌をつける。宿のボーイが、わたしが行ったのは市

(Kotamadia) の催しで、近くのスタジアムでは州の式典があったと教えてくれた。

昼食は、いつもよりすこし遅く、近くでチョト・マカッサルにする。牛モツの煮込みスープを、米を椰子の葉で包んでゆでたものといっしょに食べる。持ってきた本を二冊ともすべて読んで、年表に記載した。少々疲れた。明日もう一度、収集した口述史料の整理をしよう。水曜日にアレックスと打ちあわせができればいいが。今日一日、前の小学校のうるさかったこと。先生のマイクの声が、おそらく校内より大きく響いてきた。ここは高台なので、下のいろいろな物音がひじょうによく聞こえる。景色はいいが、午後は日が当たりすぎるのが難点だ。夕方涼しくなっても、壁が熱をもっていて、室内は暑い。

街に出て夕食。食べすぎか、おなか一杯になる。パレード帰りの若者にたくさん出会った。夕方もどこかで催し物があったようだ。パトカーの先導で、ＶＩＰが宿の前の道を往き来していたのは、そのためだったようだ。

九時四五分に就寝。

八月一八日（月）晴れ（マナド）

昨夜は暑く、寝苦しかった。エアコンのタイマーを一時間ではなく、二時間か三時間に設定したほうがいいかもしれない。五時半に起床。洗面、体操、六時にお茶を取りに下り、七時に朝食。今日はすこしまとまった仕事をしなければならない。

九時になって、表の通りが騒がしくなった。パレードのはじまりだ。昨夜、街に出たときに山車を見かけたし、今朝も海岸通りを船の形をしたものが車に乗せられて走っていた。国旗を掲げて行進する集団もいた。先頭は、きのうの式典で国旗を掲揚した白い制服の人たちだ。その後、一〇組ほどの鼓笛隊を適度に配しながら、各種団体の山車が百数十つづいた。民族衣装を着た団体もあれば、農産物や海産物を積んだもの、政府の標語を掲げたもの、企業のものなどがあった。宿の前では、オランダ人観光客が、無邪気に写真を撮っている。すぐに終わると思ったら、延々とつづくので、三〇分ほど見て部屋に帰り、その後は日誌をつけながらベランダから見た。一〇時一五分に、ようやく終わった。

午前中に、論文の「序論」を書く。日本語で五枚くらい。これを要約して、英文にしよう。プリントアウトできないのが、難点だ。昼食のために街中に出ると、朝の行進の参加者でごった返していた。ジユンボの食堂もいっぱいだった。

昼食後、宿に帰り、休息。二時から三時半まで仕事をする。早めのお茶にして、仕事をしようとするが、集中力が働かない。結局、五時ごろまで仕事にならなかった。こういうところで仕事をするのはいいが、単調なのと集中した後は疲れて長続きしない。仕事を数種類、同時平行でやるのが効果的なようだ。夜は、近くのチョト・マカッサルですませる。

九時半に就寝。

八月一九日（火）晴れ（ケマ、レンベ、アイルマディディ）

四時半のコーランの朗誦の時間まで、一気に眠ることができた。でもまだ眠い。五時一五分に起床、洗面、体操。六時に朝食。

七時前にアレックスが宿に到着、車もつづいて到着。まず、ケマ（Kema）に向かう。マナドからビトゥンまで四六キロの途中、二七キロすぎで海岸のほうに向かい、五キロつまりマナドから三二キロ地点がケマだ。村外れのエビなどの養殖池を過ぎたところの海岸で、ポルトガルの砦跡を訊ねる。海岸では、造船や網の手入れをしていた。海岸の右手の崖の上が、砦跡だという。後ろにまわるとリゾートと漁船の船着き場があった。その手前の急な坂を登っていくと、ケマの海岸と村が一望できる崖の上に出た。後ろにはクラバット（Klabat）山がきれいに見える。右手にはタンコン（Tangkong）山も見える。景勝の地であり、戦略的にもいい土地だ。頂上には、砦に使ったと思われる石が転がっていた。これで終わりだと思い、降りようとすると、下にいる人が、北にまわれと合図している。登るときかなり急な坂で、降りるときが危ないと思っていたので、迂回してなだらかな道をとれという意味だと思った。ところが、稜線つまり崖沿いに歩いてみると、そこも石がごろごろしていた。このあたり一帯が砦だったのだ。砦の名は、ベンテン・ロプラン（Loprang）といった。一辺、一〇〇メートルはないが、数十メートルはあった。その北の端にすこしまとまって大きな石があった。見ると、ワルガ（墓）だった。中には頭蓋骨と大腿骨があった。すこし下にも、ひとつあった。砦の下は、水も豊富だという［写真44］。

村の中には、ポルトガルの刑務所跡があった。住宅に取りかこまれて、押しこまれたように、立派なコンクリート造りの数メートル四方の正立方体のような建物だった。すでに教育省によって、指定されていて、修復、維持されている。しかし、とても数百年前のものには見えない。

先ほど砦のところでワルガを見たので、ケマのワルガ群を見ずにビトゥンに向かう。もうすでに九時になろうとしていた。ビトゥンのレンベ島行きの港は、先日シアウ島行きの船に乗った港を過ぎて、市場の奥にあった。一〇隻を超える小船が停泊していた。車を残して、そのうちの一隻に乗る。二〇人ほ

写真44　高台の壊れたワルガ（墓）から見えるケマの街とクラバット山。

どしか、乗ることができない。乗客のほとんどは制服姿の公務員だ。アレックスに訊くと、家族計画の指導などに行く人だという。学校の先生なども、ビトゥンやマナドに住んで通っている。船は対岸のパプスガン（Papusungan, Kec. Bitung Selatan）に到着した。一人三〇〇ルピアだった。降りたのは、われわれを含めて四人だけだった。島内を順番にまわる各集落停船なのだろう。

降りると学校があり、モスクがあった。サギール人が多いと聞いていたので、モスクは意外だった。村外れの役所に行くと、役所は移っていて、その建物は宗務関係の事務所になっていた。集落の反対側のほうまで一〇分ほど歩くと役所があった。行政区がデサではなく、クルラハン（Kelurahan）になっている。アレックスに訊くと同じだという。デサ長は選挙で選ばれ無給だが、クルラハン長は公務員で給料をもら

写真45　レンベ島から見たクラバット山。

っているという。これは大きな違いだ。人口の九〇%はサギール人で、先ほど見たモスクはボラアン（Balaang）人のものだという。このあたりでは、マワリ（Mawali）の小学校の先生で、ウラエンという人が歴史に詳しいという。なんとアレックスの親戚ではないか。マワリには、タラウド諸島から来ている人が多い。二キロほどだというので、歩いて行く。

山をひとつ越えると集落という繰り返しを数度して、やっとマワリに到着した［写真45］。四キロはあった。一時間ほどかかった。毎度のことで、またやられたという感じだ。でも、歩くということは、それほど悪いことではない。素通りでは見えないことも見えてくるし、考えながら見ることもできる。アレックスとおしゃべりしながら、見ることもできる。あいにく、ウラエンさんはビトゥンに行っていなかった。アレックスは、出直して二、三泊すると言っている。

一二時前にビトゥンに帰るために、波止場に行く。船は出るところだったが、つぎの船に乗れという。すぐに六人の乗客になったが、その後だれも来ない。人数分のお金を払って行かせることもできるのだが、急ぐわけでもないのでじっと待つ。三〇分ほどして、一〇人になったところで出発になった。来たときより小さな船で、一〇人になると出発することにしているようだ。待っているあいだに南の海岸を見ると、フィリピン製のパンプボート（pumpboat）が数隻あった。契約で魚を獲りに来ている。インドネシアの国旗をはためかせているのが妙だ。一時フィリピンの漁船が拿捕された話があったが、そのあたりの取り決めはどうなっているのかよくわからない。船は、ビトゥンの市場の前の港に直行した。わずか十数分だった。

港では、車の運転手ジェミイ（Jemy）が出迎えてくれた。昼食をどこでしようかというと、そこの店でという。チキンと野菜のチャンプルで三人分とアクア小で五七〇〇ルピア。もっといい店でと思ったが、かれらがいいのなら、それでいいだろうと従う。

食事を終え、一時にアイルマディディ（Airmadidi）に向かう。先ほど、このワープロを落としたせいか、画面が消えることがある。大事にならなければいいが……。アイルマディディの中心を左に入ってしばらく行ったところに、ワルガ群があった［写真46］。全部で一五三ある。横一〇縦一五で並んでいる。一番前のはこの集落の創設者のもので、修復されていた。ここのは、屋根が高い。サワガン（Sawangan）のワルガ群には二度行った。数ではサワガンのワルガは一四四とガイドブックに書いてあるので少ないが、敷地ではサワガンのほうが広いだろう。形はすべて同じかと思っていたら、すこし違

写真46　ワルガ群（アイルマディディ）。

うものがあった。その隣に泉があった。コンコンと湧きでているという表現がぴったりの泉で、コンクリートで囲われていた。その横に男女の水浴場があり、洗濯でもしているのだろうか、女性のおしゃべりの声が聞こえる。来たときはワルガを正面から見たが、逆方向から見るとクラバット山がきれいに見える。この泉も火山の賜物だ。水はひんやりしていて、温泉ではない。

帰り道に沿って、つぎにデサ・マウムビ（Maumbi）で停車した。幹線道から右に入ってすぐのところに、ワルガ一九が二列に並んでいた。いちばん手前の右の屋根の四隅にある人物像は、ヨーロッパ風の服装をしている。これらのワルガは一九世紀のもので、それほど古いものではない。以前はそれぞれの家の庭先にあったのが、一八一七年以来衛生上の理由と墓荒らし対策のために共同墓地に埋葬されるようになった、と本に書いてあった。アレックスが、コレラの流行で土葬できなくなって、ワルガの風習はなくなった、と説明してくれた。以前は、祖先崇拝の意味で、住居と場所を同じにしていた。キリスト教徒となったいまも、地方では、お墓は家の近くにある。昔は、それがワルガだったのだろう。

アレックスたちの話だと、海岸通りができたのは、一九九四年だという。また、スルヤ号の前は、カタリーナ号がサンギへ－タラウド諸島を運航していたという。それも十数年前からで、ミンダナオ島のヘネラル・サントス市に行くようになったのは、去年か今年からだという。離島振興策というのも、国民統合のプログラムのひとつだろうが、住民にとってはひじょうに大きな影響があるようだ。

二時半に宿に帰る。車の使用料、八時間で八万ルピア、ガソリン代込み。アレックスとビール一本を飲む。一本が六〇〇〇だから、昼の三人分の食事代より高い。四時にお茶をしていると、名古屋商科大学でインドネシア語を教えていると言って、ジャワナイ（Stephanus Djawanai）先生がインドネシア語で話しかけてきた。インドネシア語の勉強にはなるが、こちらは長く会話ができるほどの語学力が無い。でも話し相手ができたことはいいことだ。ワープロの画面がしばしば消えるようになった。困った。五時四五分に、日没。

七時に宿で夕食。眠い。八時半に就寝。

八月二〇日（水）晴れ（マナド）

三時半に目が覚め、四時すぎに起床。こういうときにぐっすり眠られないので、旅行中は疲れがたまる。洗面、体操、六時半に朝食。まったく雨が降らないせいか、晴れていても、景色が霞んではっきり見えない。マナド・トゥア島もだんだん霞んで見えるようになった。[それがスマトラ島の泥炭地の火災のための煙害のせいだということを、このときはまだ知らなかった。] 明日は早朝から、マナド・トゥア島に登るつもりだが、登っても期待するような景色は見えないかもしれない。今朝からもう二、三時間ワープロを打っているが、昨夜のように画面が突然消えるということはない。なんともなくてよかった。この日誌も、二二二〇行、二〇〇枚以上打ったことになる。だんだん重くなってきているが、ひとつの文書で入力できることはありがたい。

一二時前に、街中で昼食。帰りに、ジュンボで明日のための水とお土産用のキャンディを買う。出かけるときは、ポケットにキャンディを入れて、子どもにあげることにしている。レジで並んでいると、おばさん二人が割りこんできた。ひとりの人は横から移動してきたのでまだ許せるとして、もうひとりのおばさんは、言ってやろうかと思ったくらい厚かましかった。こういうことは、ほんとうに恥ずかしい。とくに外国人には見せたくない光景だ。日本にも、まだまだこういう人たちがいる。

夕食は、近くのチョト・マカッサルですませる。明日のことを考えると、消化のいいもののほうがいい。いつものようにアボガド・ジュースも飲む。仕事のほうも早く片づけたいので、夕食に時間をあまりとられたくない。昼は掃除のこともあるし、気分転換にもなるので、街に出てもいいが、夜ひとりの食事はどうでもよくなっている。

一〇時前に就寝。

八月二一日（木）晴れ（マナド・トゥア島）

四時にめざましの音で起きる。熟睡していたわけではないが、まだ早いと思っていたら、四時になっていた。洗面、体操。今回のアレックスは早めに来るので、五時一〇分前に降りる。早番のボーイさんが起きていたので、鍵を渡すことができた。五時二〇分にアレックスがやっと来た。車がつかまらなくて、歩いてきたという。二キロはゆうにあるだろう。ミクロレットで市場まで行き、それからタクシーで二六五〇ルピア、五時四〇分に舟に乗るところに到着した。すぐに出発。舟は新しい。一日で七万。湾内は波静かで波をかぶることもあまりなかった。六時ちょうどに、日が昇った。途中二度ほど波がすこし荒らくなったが、写真が撮れるくらいだからたいしたことはない。ちょうど一時間、六時四〇分にデサ・マナド・トゥアＩに到着した。まずは、デサ長のところに挨拶に行く。道案内の人をひとり頼む。舟の人も一緒に行くという。準備をしているあいだに、お茶と筒餅が出た。朝ごはんをほとんど食べていないのでありがたい。家の前では、一四日目の法要がおこなわれていた。アレックスが、デサ長との接点を探る。ここでの信頼関係は、親戚であること、つぎに出身地、親兄弟との関係があることだ。アレックスのお兄さんと、学生時代にウジュンパンダン（マカッサル）で関係があったことがわかった。

七時四〇分に案内の人が、カーキ色の上下に鉈をもってやってきた。出発前にアレックスがタバコを買えと言って、五〇〇〇ルピアを渡す。お釣りも、かれに渡す。これが道案内の謝礼だ。かれが勢いよく、山に向かって歩きだす。ちょっと早すぎると思ったら、一〇分もするとアレックスがハァハァ言いだした。その後は、もう牛歩だ。ここはアレックスに合わせていくしかない。

ココナツ小屋の近くに、マンゴの木が数本あった。これはだめだと思った案内人と舟のお兄さんは、先に着いてマンゴ拾いをしていた。木になっているマンゴは所有者のものだが、落ちたものはだれが拾っていい。少々傷んで落ちたものもあるが、なんで落ちたかわからないようないいものもある。すぐに一〇個ほど拾った。しばらくすると、数人のおばちゃんが倒れた木に座って休んでいた。やはりマンゴ拾いをしているのだ。食べろとナイフときれいそうなのを選んで、マンゴをひとつくれた。わたしはまけるので、アレックスに剥いてもらって、半分食べる。マンゴは、漆科だ。インドネシアのマンゴ・キャンディの味がきつすぎると思っていたが、ここのマンゴはそういう味なのだ。筋がすこしあって、歯にはさまったが、おいしかった。ここのは外から見ると緑色でまだ熟れていないように見えるが、中はちゃんと熟れている。フィリピンのもののように黄色くなるもの、ハワイやオーストラリアのもののように赤みを帯びるもの、マンゴもさまざまだ。アレックスは、杖を頼りにゆっくりゆっくり登っている。道は急傾斜の一本調子の道だ。つまり、ジグザグで傾斜を緩和していない。マンゴ拾いのおばちゃんたちも休憩しながらのんびりやっているのは、やはりしんどいからだ。これでは、頂上は無理で適当なところで切りあげるしかないだろう。だんだん平べったいマンテハゲ（Mantehage）島とその向こうのすこし山になっているナイン（Nain）島が、きれいに見えるようになってきた［写真47］。残念ながら、霞んで絶景とまではいかない。見通しのいいときは、ビアロ島からタグランダン島、シアウ島の火山まで見えるという。塩水しかでないナイン島の人は、マナド・トゥア島まで水を汲みに来るという。

それでも九時二〇分に、目的の墓があるところに到着した。平地に石を十数個並べてあるものがひとつ。そばに、墓に使われる麩入りの葉をもつ数十センチの木が植えられていた。ボホンテフ（Bo-hongtefu）人の墓だといわれているが、イスラーム教徒のものではない。もうひとつの墓は、斜面の下

写真47　マナド・トゥア島から見たブナケン島。

から二、三メートル上にあった。宿根のある大木の側にあり、その宿根で岩が掘り返されたようになっていた。これもイスラーム教徒のものではない。この平地に入る数百メートル手前からジャングルになっていたが、ここには少なくともココナツが数本、ナンカが二本、ドリアンが一本が植えられており、かつては人が住んでいたことがわかる。墓の主だろう。なぜ、このような山奥に住んでいたのかわからない。すこし低くなったところなので、水はあったのだろう。ボホンテフ人は、海岸ではロロダやモリ(Mori)の海賊に襲われるので、水のある山奥に住んだともいわれている。

ここからさらに頂上に行くのは、アレックスの状態から無理だろう。頂上までの道は急傾斜で、至る所に倒木があるという。あきらめよう。左のほうに行けば、マナド方面が見えるというので歩いていく。この高さのところを島をぐるりと回る道があった。途中には、直径数メートルはあろうかと思われる巨木もあったが、見晴らしのいい場所には出なかった。この巨木の高さは、どのくらいかさっぱりわからない〔写真48〕。数十メートル上でも、ほとんど太さが変わらないように見える。根元は宿根ではなく、何本か束になっているようにも見え、空洞もある。ひょっとしたら一〇〇メートルを超えているかもしれない。この道の先がどうなっているのかわからないので、十数分歩いて引き返す。

ジャングルに入る前から、色とりどり、大きさもさまざまな蝶が舞っていたが、ジャングルに入ると、いっそう多くなった。みな種類が違うように見える。熱帯の蝶は群舞しているわけではないが、種類が多いので収集家にとってはたまらないというのがよくわかる。鳥もさえずっているのから喚いているのまで、さまざまだ。蝉も鳴いているが、見つけることができなかった。しばしば熱帯に来ても、ジャングルに入ることはそれほどない。乾季なので、じめじめしていなくて歩きやすい。

先ほどの墓のところに戻ってみると、舟のお兄さんは寝ており、案内の人はバナナを探しに行っていなかった。案内人はなかなか戻ってこなかったが、戻ってくると左のほうに展望台があると教えてくれた。先ほどと逆の道だ。一〇分ほど行ったところの斜面の上に、数メートル幅の木造の展望台があった。なんでこんなところにこんなものがあるのだ、という疑問が出るようなしっかりした造りだった。びっしり落書きがあり、ここに登ってくる人もこんなにいるのだと、びっくりする。いちばん古い日付を探すと、九六年があり、九一年と読めそうなものもある。眼下にデサ・マナド・トゥアⅡが見え、ブナケン（Bunaken）島のサンゴ礁もよく見える。マナドの街やクラバット山は見えない。ブナケン島は、ダイバーのパラダイスといわれるリゾートの島だ。この島の沖合は崖になっていて、浅い海にいる熱帯魚

写真48　マナド・トゥア島の巨木。

から深いところにいるものまで見ることができる。上から見ると、崖に沿って花びらを散らしたように熱帯魚が見える。

墓のところまで戻り、一一時に下山開始。アレックスが休憩もとらずに、ゆっくり下山している。途中一度こけてからより慎重になっているが、足を前に出している。足を横に出しながらだと、いつでも滑りを止められるのだが、海で育ったかれは知らないのだろうか、それとも膝に応えるのだろうか。それでも、無事一二時すぎに海岸まで降りることができた。一時間でマナドに戻って、ビールを飲みながら昼食を、と思っていたら、とんだ計算違いが起こった。

二、三日前に満月だと気づいていたが、大潮で海水が引いて、舟が出せないのだ。船頭は二時には大丈夫だと言っている。ここは慌てず騒がず、じっと待つしかない。時間があるのなら、すこし泳ごう。ゴム草履を忘れてきたので、アレックスのを借りる。サンゴがあって、草履なしではとても歩けない。しかし、行けども行けども膝までしか水がない。二〇〇メートルほど行ったところで、コバルトブルーを数匹見つけた。水中眼鏡で覗いて見ると、サンゴのまわりを黄、緑、赤、黒、色とりどりの数センチの熱帯魚が泳いでいる。ちょうど水族館を覗いているようだ。数カ所、そのようなところを探して歩いて、覗いて楽しんだ。コバルトブルーが目立つので、容易に見つけることができる。シュノーケリングではないが、それでも充分に楽しめた。ただ、歩く度にサンゴの屑の上を歩くので、ザクザクという音がして、サンゴを破壊しているようで気になった。生きたサンゴは壊さないように気をつけたが、ここのサンゴはもうかなり死んでいるようにも見えた。緑、紫、黄色がかったサンゴはきれいだが、海が浅すぎる。ここは、熱帯魚やサンゴに加えて、ヒトデもカラフルだ。鮮やかな青色をしたものから緑、紫、赤ときれいだ。あまり長くいると、また日焼けがひどくなるのではないかと心配になり、ほどほどに切りあげる。

一時半に帰ると、アレックスは縁台でよく寝ていた。船頭の二時ということばがだんだん信じられなくなってきた。二時になったが、潮はまだ引いたままだ。三時になってようやく満ちてきた。案内人の家の前の縁台で待っていたら、奥さんがお茶とウビ・ゴレン（油で揚げたイモ）を出してくれた。これでおなかのほうは、おさまってくれた。アレックスとわたしが持ってきたビスケットとマンゴだけでは、頼りなかった。四時になって、やっとなんとか舟を出せるところまできた。沖合のエンジンがかけられるところまで一五分、サンゴの上をザクザクと歩いて、四時一五分に出発した。

これで一時間でマナドに帰ることができる、とホッしたのは甘かった。夕方になって風が出てきて、舟が揺れ、波しぶきをかぶる。それも湾に入れば大丈夫でほんの数分の我慢と思っていたが、湾に入っても、もうすぐそこが海岸というところまできても、依然波しぶきを浴びる。びしょ濡れだ。最後は、寒くなった。最初は、イルカがたくさんいたので、楽しく海を眺めていたが、後半は時計を何度も見ていた。とにかく時間的には、一時間ちょうどの五時一五分に到着した。

到着後、ゆっくりビールでも飲みながら食事というのは吹っ飛び、とにかく早く家に帰ろうということで、アレックスと意見が一致した。アレックスも島から舟を出すときに、ゴム草履が切れ、運動靴がびしょ濡れだった。あまりに気が急いていたせいか、車のなかにびしょ濡れのタオルを忘れた。六時前に宿に帰ると、七時の夕食を頼んで、シャワー、洗濯。小休止して、ビールを飲みながら夕食。隣で一四人のオランダ人の団体が賑やかだ。ビールで気持ちがよくなり、疲れていたので横になる。そのまま七時四五分に就寝。

八月二二日（金）晴れ（マナド）

途中、隣の話声などで目が覚めたが、四時半のコーランの朗誦まで眠る。五時に起床、洗面、体操、日誌つけ、六時三〇分に朝食。朝食後、日誌をつける。

やはり疲れているのか、午前中の仕事のすすみ具合は悪かった。一一時に食事に出て、一二時半に宿に帰って、シャワー、昼寝。一時半に起きてからは、順調に仕事がすすむ。四時半にお茶、ちょうど団体とかち合う。七時前に夕食に出る。インドネシア料理は辛いので、そうたびたび食べるわけにはいかない。帰りにゴールデンで、土産のナンカとパイナップルのチップスを買う。キャンディは重く、チップスはかさばる。

一〇時に就寝。

八月二三日（土）晴れ（マナド）

旅行中は、熟睡できない。ついつい目が覚めてしまう。疲れが完全にとれない原因だ。後二週間になった。仕事は一応順調だ。準備はできたし、今日から本格的にペーパーの執筆に取りかかれる。

五時半に起床、洗面、体操、六時にコーヒーを取りに下り、仕事。朝食は七時すぎになり、団体とかち合う。午前中に、フィリピンのセブで読むペーパーのサンギへ－タラウド史の紹介の部分、五枚ほどを書きあげる。これでセブでの準備はだいたいできた。

一一時半に、昼食に出る。午後から、「サンギヘ－タラウドの歴史地理的世界」の執筆に取りかかる。書きだしと構成をどうするか、考える必要がある。四時すぎにお茶に下り、そろそろ切りあげようとした四時半に、アレックスが来た。一時間半ほど、ディスカッションする。全部で三四の系譜と伝説を集めた。A四で一頁四〇～四二行にすると、三〇〇頁ほどになる。六時すぎに宿を出て本屋に行くが、アレックスが教えてくれたマナドの歴史の本はなかったり、本屋が閉まっていたりで、手に入れることができなかった。

アレックス夫妻が夕食に招待してくれた。七時前にクラパ競技場近くの海鮮レストランで食事をする。焼きイカ、グルパのスープ、鯉の揚げたもの、カンコン炒め。グルパは深海魚で、鮟鱇みたいでおいしかった。とくに皮のゼラチンの部分がおいしかった。八時すぎに宿に帰る。ビール一本を飲んだせいか、眠くなる。九時半に就寝。

八月二四日（日）晴れ（マナド）

毎日天気を書く必要がない。もう五月から雨が降っていないそうだ。九月になると、多くの雨が降るという。乾季で、一応ここでは「夏」という。季節はともかく、夕方五時くらいになると一気に涼しくなる。最低気温は二〇度強、湿度は低い。快適に眠れるはずなのに、眠れない。昨夜も何度も目が覚め、実際には寝ているのだが、ずっとうとうとしていたような気がする。六時前に起床、洗面、体操。

ここにいると、ここの一日の生活リズムがだんだんわかってくる。朝は夜明け前から起きるのは当たり前で、シャワー、朝食後、明るくなってきたときには本格的に動けるようになっている。日が直接あたるとかなり暑いが、一〇時くらいまでなら日陰では快適に仕事ができる。このころまでをパギ(pagi)という。一一時ごろまで仕事して昼食、その後昼寝と休息、これが四時ごろまで。このころからソレ(sore)だ。ミヌム・ソレ(夕方のお茶とおやつ)をとってから一仕事。このころには涼しくなっている。ミヌム・ソレが四時から五時というのも、ここでの気温を考えればよくわかる。八時ごろ夕食をとり、九時ごろには寝る。わたしはこのリズムからすると、夕方からが一時間ずつ早い。日本の時差との関係か。朝(pagi)、昼(siang)、夕(sore)の挨拶の時間が曖昧で、はじめわかりにくかったが、一日の生活のリズムで使い分けができることがわかる。

六時四〇分に朝食。九月二三〜二六日のマナドでのセミナー用の原稿をせっせと書く。あまりすすまない。知的仕事は早くすすまない。作業ならひとつひとつやっていけば、いずれまとまった仕事になるのだが、発想や考えをまとめるのは別の意味がある。一生懸命やればいいというものでもないし、時間をかければいいというものでもない。たんなる能力の問題とも違う。一字も書けないときがあるのだから、一日三枚もいけば上出来とすべきか。一一時すぎに昼食に出て、一二時半に宿に帰り、シャワー、昼寝、一時半から仕事、四時にお茶。このお茶の後が、結構仕事が捗る。もっとも二時間ぐらいが、持続的に集中力の働く限度かもしれない。それ以上すると、そのときはいいが後でこたえる。夕方すこし雲が出る。ひょっとしたら、山では雨が降ったかもしれない。アレックスも、そろそろ雨のにおいがしてきた、と言っていた。湿気を含んだ風のにおいは、違うのだろう。

昼食時にマタハリの本屋で日本語―インドネシア語双方向辞典二冊を四万九〇〇〇ルピア(約一〇〇〇円)で買う。日本では日本語―インドネシア語だけで送料込み一万二五〇〇円、と書かれている。インドネシア語を読まなければならない必要に迫られている。この一カ月、とくに調査中はかなりインドネシア語が上達した。この宿にいて仕事をしているだけではだめだが、シアウ島やタグランダン島のようなホーム・ステイとインタビュー調査なら、めきめき上達する。この一カ月の上達は、帰国すればまた無に近くなるだろう。半年でもいれば、すこしはものになるのだが。

七時に宿でコースの夕食。今日は九時前から眠くて、九時半に就寝。

八月二五日（月）晴れ（マナド）

コーランの朗誦の前に目が覚めた。ということは四時半前だ。しばらくぐずぐずしてから五時半に起床。洗面、体操、六時半にミルクティを取りに下り、七時すぎに朝食。朝食後、せっせとワープロを打つ。ペーパーも一通り書けた。後はディスカッションをどうするかだ。まだすこし時間がある。ゆっくり考えてみよう。マナドも、今日と明日だけになった。

一〇時すぎに宿を出て、ボラック航空のオフィスに行って、飛行機の確認をする。やはりダバオ－セブ便は、夜八時前のしかないという。ここではフィリピン航空の予約しかできない。ダバオでほかの航空会社と交渉しても、無駄かもしれない。あきらめてダバオで映画でも見て時間をつぶすか。二本は見られそうだ。本屋でマナドの歴史の本を探すが、見つからなかった。一一時ですこし早いが、昼食。その後、BCAでT／C三〇〇ドルを換金する。一ドル二五四〇ルピアになっていた。一カ月で一〇〇ルピア、約四％、ドルが上がったことになる。ルピアが下がったと言ったほうがいいかもしれない。タイのバーツの変動性への移行でASEANの通貨が軒並み下がっている。日本円は、二一ルピアだった。

[クレジットカードで購入した航空券をキャンセルして、数カ月後に返金があったが、数分の一の金額になっていた。ルピアは、五分の一に下落した。]帰りに本屋(Toko Buku Borobudur)でサンギヘ－タラウド諸島と北スラウェシの民話の本を買う。一二時すぎに宿に帰り、シャワー、昼寝。

一時半に起きて、仕事、四時にお茶、民話のなかにタグランダンのラジャがテルナテに行く話があった。これはいただきかもしれない。タラウド諸島の話もあるが、これはいただけない感じだ。発表用の二本のペーパーは、だいたいできた。これで一安心だ。七時に宿でコースの食事。九時半に就寝。

八月二六日(火)晴れ(マナド)

三時すぎに目が覚めてしまった。すっきり熟睡したいものだ。五時半に起床。洗面、体操、六時すぎにコーヒーを取りに下り、六時四〇分に朝食。

九時すぎにアレックスが来て、サム・ラトゥラギ大学に行く。まず、エディを探すが、タリセイ島に行っていないという。五年前に行ったことがあるキャンパス裏の自宅に行って奥さんに訊いてみたが、明日にならないと帰ってこないらしい。つぎに、図書館を訪ねる。サンギヘ－タラウド諸島の歴史にかんするものが二冊ほどあったので、コピーを頼む。一枚四〇ルピアで、全部で四三〇〇。リサーチ・センターにも行って探すが、動向分析ばかりで人文科学系の報告書はなかった。インドネシアの地方の歴史は、ここでもほとんど研究されていないことが確認できた。明日の飛行機の確認に行くというアレックスと、テレコムに行く。まずミンダナオのドミンゴ・ノンに電話する。通じたが、授業で不在、伝言を頼む。きっと明日ダバオまで迎えに来てくれるだろう。食事をして、マタハリですこし買い物をする。

一二時に宿に帰って、宿代の清算をする。七五万七〇〇〇ルピア。部屋代は約一割の七万七〇〇〇引いてくれた。五万をチップ入れに入れる。シャワー、ズボンを洗濯、休息。一時半に起きて、コピーしたものを読む。ミンダナオの海賊をタグランダン島で撃退した話があった。歴史の本も信頼がおけそうだ。サンギヘ－タラウド諸島の歴史からは、ミンダナオとの関係だけでなく、世界が見えてくる。四時にお茶。五時すぎアレックスが下の二人の子どもと現われる。五キロほどの荷物を、九月二〇日まで預かってもらう。

六時半に近くのチョト・マカッサルで夕食。シャワー、荷物の整理、読書。九時に就寝。

八月二七日（水）晴れ（マナド↓ダバオ）

三時前にいったん目が覚める。五時前に起床。洗面、体操、シャワー。こう毎日晴れの天気がつづくと、雨というものがないのではないかと思ってしまう。日本は台風シーズンだ。これからの旅行で、台風に会わないことを祈る。六時に下りて、朝食を食べようとしたら、アレックスが来たところだった。なんと早く来たことか。かれも興奮しているのだろうか。六時半前に空港に着き、七時のチェックインまでなにもすることもなく待つ。チェックインが終わっても、税関が開くまでさらに一時間近くかかった。ビザをもっていると別室に案内される。別に問題はないのだが、ひとつ上の係官でないと決済できないようだ。八時三〇分に搭乗。四五分ごろ離陸する。三〇人くらいの乗客だ。週二便から三便に増えてもやっていけるようだ。台湾からの乗客が数人いた。家族連れのようだ。マナドでもシンガポールの資本がメガマスに入るらしいし、ホテル・ミナハサにもシンガポールから来たビジネスマンがいた。東南アジアの巨大ショッピングセンターなどにも、台湾の資本がからんでいるのだろうか。これから行くセブでも、台湾の資本は巨大だという。

飛行機は定刻通り、一〇時四〇分にダバオ国際空港に到着した。ダバオのターミナルは国際線用が新たにできていた。税関を通過すると、ダバオとフィリピンの地図、新しくダバオにオープンしたホテルのパンフレットをくれた。やっと観光に力を入れはじめたようだ。下に降りるとドミンゴが外にいるのが見えた。かれは、ほんとうに信用できる。荷物のないアレックスに先に出てもらう。外に出たわたしは、一二時一〇分のセブ・パシフィック航空（CP）のセブ行きに乗るためにいろいろ訊いてまわる。フィリピン航空（RP）のチケットを変更することはできなかった。マナドのボラックのオフィスでしか払い戻ししてくれそうにない。PRをオープンにして、CPのチケットを買うことにする。一〇九九ペソだった。幸い空席があった。チェックインして、ボーディングが一一時四五分。

ドミンゴと二〇分ほど話す時間があった。フロッピーディスク三枚をもってきてくれた。二枚はフィリピンの王統系譜（タルシラ）のワードとワードのテキストファイル、もう一枚はフィリピンのサギール人の町別人口分布。残念ながら、バリオ別は手に入らなかったという。プリントアウトしたもののなかには、新たなものも二、三入っていた。アレックスのことをドミンゴに頼んで、空港待合室に一一時四〇分に入る。しばらくすると、CPの飛行機が到着した。三〇分ほど遅れる。一二時四〇分に離陸する。DC9は百数十人乗りだ。CPはコンピュータ管理をしていない。セブ経由マニラ行きのこの飛行機は、セブから乗ってくる人用に前方と後方を分けている。前方にはセブ行きの人が乗っている。後方はマニラ行きの人のようだ。しばらくすると新聞が配られた。座席は一一Bだったが、かろうんじて最後の新聞を手に入れる。もう一カ月以上、新聞を読んでいない。七月二一日以来の新聞だ。シートベルトのサインが消えると、ビスケットとコーンチップス、飴二個の入った袋と7UP一缶をくれた。これを食べているうちに、一時二五分にセブに到着した。

フィリピンとインドネシアの大学教師の交流はそれほどない。とくに地方大学同士の交流はほとんどない。アレックスとドミンゴが相互交流する機会を設けた。以前、ドミンゴがスラウェシ島を訪れたので、今度はアレックスがミンダナオ島を訪ねた。わたしは、八月二九～三〇日にセブで開催された日比ワークショップに参加・発表した後、三一日にマニラに到着。マニラでいつもの通り、文書館、図書館で調査し、本屋巡りをしてフィリピン関係図書を購入した。フィリピンの書籍は、流通網が整っていないため、本屋巡りや出版社を直接訪ねて購入する。ミンダナオ関係の出版物も、同じようにミンダナオで足で収集しなければならない。九月六日に無事帰国した。

いったん帰国してゆっくり休む間もなく、九月一四日に出国して、マニラ、ヘネラル・サントス経由でマナドに帰ってきた。マナドでは、国際ワークショップに参加・発表した。逆のルートで一〇月五日に帰国した。このように、たびたびマナドやヘネラル・サントスを訪れたのは、フィリピンとインドネシアの国境周辺の歴史的交流を、系譜や伝承から辿ろうとしたからであった。文献史料に乏しい地域の歴史の再構築のためには、口述資料の収集は不可欠である。また、近代国民国家を前提とする歴史の見直しも、視野にあった。マナドで開催された国際ワークショップ（International Seminar on Maritime Communities in a Changing World）での発表は、翌朝の『マナド・ポスト（*Manado Post*）』でも、

“Shinzo Hayase: Satal-Minahasa-Mindanao itu Satu”（早瀬晋三がサンギヘ－タラウド諸島、ミナハサ、ミンダナオはひとつと語る）というヘッドラインで、大きく取りあげられた。ボーダーレス時代にのったようだ。収集した口述資料は、つぎの出版物としてまとめた——Shinzo Hayase, Domingo Non and Alex J. Ulaen, comps., *Silsilas/Tarsilas*（*Genealogies*）*and Historical Narratives in Sarangani Bay and Davao Gulf Regions, South Mindanao, Philippines, and Sangihe-Talaud Islands, North Sulawesi, Indonesia*, Kyoto: Kyoto University, Center for Southeast Asian Studies, 1999, 391p.

Ⅱ　書評空間

一　臨床の知を考える

◇中村雄二郎『臨床の知とは何か』（岩波新書、一九九二年）

「臨床」ということばを、『広辞苑』（岩波書店、第五版、一九九八年）で引くと「病床に臨むこと」とあり、【臨床医学】基礎医学に対して、病人を実地に診察・治療する医学」とつづいている。二〇〇五年一二月二七日のこの書評ブログで述べたとおり、近年この「臨床」ということばが、「情報」「環境」「地域」などのキーワードとともに、近代科学の上に付くようになった。医学に端を発した「臨床」ということばが、なぜ医学以外にも使われるようになったのか、その源を知りたくて本書を開いた。

著者、中村雄二郎が「臨床の知」ということをいいだしたのは、一九八三年のことだという。著者を「その提唱へと」「促したのは、近代の学問や科学があまりに〈機械論〉モデルに囚われているのを痛感するようになったことであり、また、近代の学問や科学そのものが脱皮しようとして、在来捨象されてきた場や相互作用などを取り込もうとする動きが見られるようになった」からである。そして、「人類の運命を大きく変えた人間の所産はほかに例がない」ほど影響力のあった近代科学が、「あまりにつよい説得力をもち、この二、三百年来文句なしに人間の役に立ってきたために、私たち人間は逆に、ほとんどそれを通さずに〈現実〉を見ることができなくな」り、「文明の危機、地球の危機」をもたらしているという。

「臨床の知の考え方が批判の対象とするのは、なんといっても近代的な〈科学の知〉」であり、著者は「科学の知が、達成されるに応じてどのような点で不都合になったか、を明らかに」していく。科学の知は「(1)普遍主義、(2)論理主義、(3)客観主義」の三つの構成原理からなっており、それらに対応して「臨床の知」は著者が「(1)コスモロジー、(2)シンボリズム、(3)パフォーマンス」とよぶ構成原理からなっている。そして、「科学の知は、抽象的な普遍性によって、分析的に因果律に従う現実にかかわり、それを操作的に対象化するが、それに対して、臨床の知は、個々の場合や場所を重視して深層の現実にかかわり、世界や他者がわれわれに示す隠された意味を相互行為のうちに読み取り、捉える働きをする」とまとめている。

最後に著者は、脳死や臓器移植などの医学的臨床の問題を取りあげ、具体的に「臨床の知」の有効性を語り、「あとがき」で本書は「医学的な臨床に限らず、もっと広い範囲で現代の新しい知のあり方を探り、新しい知のモデルの構想をめざしたものである」と結んでいる。

同じく医学関係者である養老孟司も『毒にも薬にもなる話』（中公文庫、二〇〇〇年）で、臨床諸学について語っている。初出は一九九一～九三年だから、本書の初版と同じ時期だ。養老は、「「臨床学」は、私の造語である。「人間の考えることとは、いずれにせよ脳の機能である」。そういう観点から諸学を見れば、学問はどう見えるのか。この作業を一般化して、臨床学と呼ぼう」と書きだして、「臨床時間学、臨床歴史学、臨床経済学、臨床哲学、臨床生物学的歴史学、臨床中国学、臨床歴史学的実在学、臨床政治学」について論じている。

どうもこの二人が考えている「臨床」の意味は、違うようだ。今日、人文・社会科学で考えられている「臨床」は、本書の著者の考えに近い。著者は、「序文」で「文化人類学と比較行動学という二つの領域と関係づけて、〈フィールドワークの知〉と名づけてもいいのである」ともいっている。フィールドワークは、「臨地研究」とも訳される。理論から入っていく演繹法より、まず現場を見てから考察する臨床・臨地的帰納法の手法が、重視されるようになってきていることは理解できる。しかし、元祖の臨床医学と基礎医学のバランスがとれて、患者にたいして有効な診察・治療ができるように、臨床学（臨床人間学）も基礎諸科学とのバランスのなかで成り立つ学問であろう。たとえば、わたしの専門とする歴史学では、従来の歴史学を「基礎歴史学」とよぶなら、『基礎歴史学』の充分な知識のうえに「臨床歴史学」という新しい学問を考える必要がある。いっぽう、「基礎歴史学」は「臨床歴史学」を意識し、理解したうえで研究をすすめる必要がある。そうでないと、従来の歴史学は、学問として無用視されることになる。

（二〇〇六年一月二一日）

◇宮内　洋『体験と経験のフィールドワーク』（北大路書房、二〇〇五年）

文献史料に乏しく、あっても研究対象を主体的に語っているとはかぎらない、海域東南アジアの民族史を専門にしているわたしにとって、フィールドワークは文献史料を補うだけでなく、まったく別次元の歴史観を教えてくれる、もうひとつの「史料」収集手法である。しかし、生態系の観察だけでなく、ときには価値観も考え方もまったく違う人びとと真っ正面から向きあうこともあり、それがトラブルの原因になることがある。外国での調査では、その土地の人びとや社会的状況を充分にわきまえている、良き助言者をみつけることが第一の仕事になる。このことを怠ると、フィリピン南部ミンダナオのような紛争地域の調査では、文字通り命取りになる。わたしのように文献史学に逃げる術をもっている者はまだいいが、臨地研究（フィールドワーク）を中心に調査・研究をおこなっている地域研究者は、どのようにしてこの問題に対処しているのだろうか、あまり知らない。少なくとも、文章になって公表されたものは、あまりお目にかからない。

著者、宮内洋は臨床発達心理士である。近年、従来の研究分野に「臨床」という文字を加えたものが、目につくようになってきた。臨床医学に加えて、臨床工学、臨床心理学、臨床社会学、臨床哲学、臨床人類学、臨床政治学に、臨床経済学と……。これらすべてを統合すると、臨床人間学になるという。かつては、「客観的・根源的立場」を基本として、調査対象者と一定の距離をおいて観察するのが、調査方法の主流であった。それが、いまや観察者として参加する参与観察から、「主観的・操作的立場」で積極的に調査対象者のなかに入って、社会の「病根」を治療するための提言をするようになっている。専門知識をいかしての提言は大いに意味があるが、それがうまくいかなったときには調査として取り返しのつかない致命傷になるだけでなく、調査対象者に多大の迷惑をかけることになる。調査がうまくいったとしても、研究者が作為的に結果を導きだしたという非難を浴びることも、容易に想像される。「臨床」という新たな学問の試みには、まだまだたくさんの問題があるようだ。

著者は、その数々の問題にすでにぶつかり、本書でその経験を愚直に語っている。本書は、「私は、三つの異なる修士論文を書くという体験をしている」からはじまる。普通ひとつで、たまにふたつという人は知っているが、三つははじめて聞いた。このことは、フィールドワークの成果が、すんなり論文として発表できない難しい問題を孕んでいることを物語っている。このような「貴重な」体験を最初にした著者は、その後も「社会調査」「フィールドワーク」で、いろいろな疑問に直面する。たとえば、調査対象者を「どのように呼べば良いのだろうか?」「もしフィールドワーカーが、フィールドワークで生じる人間関係において、恋愛の当事者になった場合はどうすればいいのだろうか」などが、第二章と第三章で取りあげられる。第四章では、自ら補助教員として教育活動の一端を担いながら、小型ビデオカメラをまわし、「録音・録画機器を用いた」「幼児同士の「トラブル」に見る説明の妥当性について」考える。繰り返し見ることができるために、通常では気づかないことに気づいてしまったのである。そして、最後の第五章「フィールドワーカーと時間」では、「フィールドワーカーとしての寿命」を考える。その答えとして、著者は「フィールドワークにおいて様々な体験や経験を経ることによって文脈を理解する力を高めながら、一方で、初めてのフィールドワークの際に感じた恐れ、脅威、敬意などの感情を忘れることなく保持し続けることが、フィールドワーカーとしての「寿命」を延ばすことに繋がるように思える」と記している。

「臨床」という手法をとることは、調査者自身が調査対象の一部になるということである。そうなると、「研究者にプライバシーなどない」という「驚くべき主張」にもなる。著者は、それには賛成しないが、「社会調査やフィールドワーク当時の人間関係の痕跡を、どこかに忍ばせておくことは、読者の読解のためにも必要なのではないだろうか」と述べている。本書を読んでいると、「臨床」手法が、考古学の発掘調査と同じく、二度と同じ状況で調査できない「破壊活動」でもあると感じた。「臨床」は人間関係であるだけに、考古学の発掘調査よりも怖いとも感じた。

個々人の関係が重視される時代になって、「臨床」という研究手法が有効になったことはよくわかる。しかし、その危険性も充分に考える必要があるだろう。研究手法の確立のためには、本書のような具体的で、愚直な問いかけが必要だと感じた。失敗を自分だけの秘密にしないで、公表する勇気も必要だ。

（二〇〇五年一二月二七日）

二　海域世界を考える

◇早瀬晋三『海域イスラーム社会の歴史――ミンダナオ・エスノヒストリー』（岩波書店、二〇〇三年）

二〇〇五年五月二七日の朝刊第一面に、「ミンダナオ島に日本兵」の記事が掲載されて以来、しばらくマスコミの対応に追われた。イスラーム教徒の居住地区ではない地名が出て、イスラーム教徒ゲリラと一緒に住んでいるなど、情報が不確かで錯綜していたため、そしてなにより、研究者として責任ある発言をするための基本であるオリジナルなデータをわたし自身がもっていないために、マスコミの要望には応えることができなかった。それでも、ミンダナオ島についての歴史や社会についても訊かれたため、何度も長電話でレクチャーする羽目になった。そのとき、ほんとうは「この本を読んでください」

と一言だけ言いたかった。

なぜ、キリスト教徒が支配的なフィリピンで、ミンダナオ島にイスラーム教徒が多く居住し、反政府ゲリラ活動がさかんなのか。本書から、つぎのような答えを導きだすことができる。一六世紀にヨーロッパ人が東南アジアにやってくる前後に、この地域はイスラーム化がすすんだ。フィリピン諸島南部のスールー諸島やミンダナオ島にはイスラーム王国が成立して、現在のインドネシアやマレーシアとともにマレー海域イスラーム世界を形成した。それにたいして、フィリピン諸島北部のルソン島やビサヤ諸島の低地では、スペイン人による植民地化とカトリック化が一体となってすすんだ。その後、一八九八年に独立をめざすフィリピン革命に介入して、スペインからフィリピン諸島を譲渡されたアメリカ合衆国は、ミンダナオを「約束された土地」として開発に乗りだしたが、成功したのはダバオの日本人移民によるマニラ麻産業だけだった。戦後、北部から移住してきたキリスト教徒主体のミンダナオ開発が試みられたが、生活空間を失ったイスラーム教徒だけでなく、移住してきた一般キリスト教徒もあまり豊かにならなかった。キリスト教徒との経済格差、なにより政治的自律性を失ったイスラーム教徒は、キリスト教徒主導の政府にたいして、一九七〇年ころから本格的に反政府武力活動を展開した。さらに問題を複雑にしたのは、分類・分布がきわめて複雑な多くの小民族が高地山岳地域を中心に分散居住しており、そこに共産主義勢力が入ってきたことだった。ミンダナオは、「紛争の島」となった。

このような歴史的変遷を経ても、ミンダナオではマレー世界の「村落国家」、すなわち自然集落を基本とする自律した首長制社会が存続しており、中央集権的な構造が成立しなかった。同じことがゲリラ組織にもあって、コマンダーとよばれるリーダーを中心に、それぞれ独自の行動をとっている。情報も中央集権化されておらず、口コミ情報は早く正確なこともあれば、錯綜して訳がわからなくなることもある。異常に多いラジオ局も、その錯綜に拍車をかけることがある。サービス精神旺盛なフィリピン人が、日本人を見てお愛想で不確かな「日本兵」情報をもたらしたことも考えられる。日本のマスコミのなかには、この「騒動」を通して、フィリピンの国状やフィリピン人の民族性を悪く書くものもあった。本書を熟読し理解していれば、もっと違った目で今回の「騒動」を報道したことだろう。

本書の目的は、温帯の陸域、定着農耕民、男性エリート中心の近代の歴史観から脱却し、今日のグローバル化、多元文化社会の尊重にふさわしい新たな歴史観を模索することにあった。そのため、熱帯の海域、流動性の激しい海洋民が活躍する海域東南アジア東部という歴史的地理世界に注目した。中央集権化し合理的な近代的制度の下で、行動し考えることはわかりやすい。しかし、制度より個々の対人関係を重視する「海域イスラーム社会」に、それを求めることはできない。世界が流動化し、制度と個人との関係が逆転しつつある今日、「海域イスラーム社会」から学ぶことも多くなってきている。今回、マスコミがミンダナオで求めたものは、機能していない近代的制度がもたらしてくれる情報であり、それに翻弄されたといえるのではないだろうか。

それにしても不可解なのは、なぜこれだけの騒ぎになったのかである。「ミンダナオ島の日本兵」については、終戦直後から今日まで何度も情報がもたらされ、外務省の方でも充分承知していたはずだ。「現地化」し、本人が帰国を望んでいないともいわれていた。年老いて「日本兵」の心境の変化から、この騒ぎになったのならまだわかるが、「日本兵」の存在を利用してなにかを企んでいる日本人がいるとするなら話は別だ。これだけの騒ぎになったのだから、日本人に「愛国」をよびさますという効果は充分にあった、とほくそ笑んでいる人がいるかもしれない。

今回の「ミンダナオ島の日本兵」騒ぎについて、ミンダナオの歴史と社会から理解したいという人、近代の価値観から解放されてこれからの社会を考えるヒントを得たい人は、ぜひ読んでほしい。

本書は、第二〇回大平正芳記念賞受賞作（二〇〇四年）である。

（二〇〇五年六月一四日）

◇レオナルド・ブリュッセイ著、深見純生・藤田加代子・小池誠訳『竜とみつばち――中国海域のオランダ人四〇〇年史』（晃洋書房、二〇〇八年）

「VOC［オランダ東インド会社］の文書にのみ基づいて歴史を述べると、視点が一方的になりがちだ。そこに残されているのは多くが、戦争の遂行、狡猾な中国人、きりもない交渉、守られるかどうかわからないVOC職員への指示といった記事である。他方、当時の中国側の史料もやはり一面的だ。福建省当局は、現存する報告書をみると、オランダ人に手を焼いていることを北京の宮廷に報告するのに消極的だった。オランダ側の史料は、一六二八年から一六三四年の間、はなはだしい海賊の害をこうむっていると主張しているが、福建の官憲の方では、これが〈普通の〉海賊の枠組みにおさまらない異常事態であることをよく知っていた。したがって、じつはオランダ人の暴力的な行動こそがこの海賊行為を助長したのではないかという疑問が生じる。注目すべきは、一六三四年に正常な交易が実現すると、海賊がすっかり姿を消してしまったことだ。この問題を検討するためには、中国の史料とオランダの史料を突き合わせてみる必要がある」。

本書でもっとも読みごたえのある台湾にかんする章で、著者のブリュッセイはこのように述べている。この一文だけで、本書が超一流の文献史学者によって書かれたすばらしい本であることがよくわかる。

本書は、一九八九年に予定されていたオランダのベアトリックス女王夫妻の中国訪問にあわせて、わずか半年間で執筆するよう依頼された「オランダ・中国関係史の概説」である。オランダ語版とともに同時進行で翻訳された中国語版は、女王出発の一週間前にできあがったが、そのとき天安門事件が勃発し、女王の中国訪問は中止になった。両国の首脳が、本書を手に交流する姿を見る著者の楽しみは、九八年の女王の中国訪問まで延びることになった。本書の「オランダ語版と中国語版は、表紙の挿絵を含めてほぼ同一の装丁で製本された」。しかし、タイトルは同じではない。オランダ語版は『中国への表敬――オランダ・中国関係の四世紀』、中国語版は『中国・オランダ交流史――一六〇一―一九八九』である。この違いの意味がわかると、本書はもっと楽しめる。

本書は、依頼されたようなたんなる「オランダ・中国関係史の概説」ではない。著者は、「日本語版への序文」で、「普通の歴史を書く代わりに、中国のオランダとの関係が他の諸国との関係とどのように異なっているかという問題を取り上げるほうがはるかに興味深いと、私はすぐに決断した。また、なぜオランダ人がしばしば「ヨーロッパの中国人」と呼ばれ、そして、中国とその数千年の歴史を誇る文明に魅せられたか、明らかにしようと決めた」と述べている。

一九八九年には、まだ近代の歴史学の名残が強く、二国間関係の制度史で書く者が多いなかで、二国間関係史を多国間関係のなかで相対的に書くことができるだけの力量のある研究者はそれほどいなかった。本書のすばらしさは、「一国主義・国民国家史観やヨーロッパ中心主義を問い直す」などと、お題目を唱えるのはそれほどむつかしいことではないが、それを単著にまとめて例示することがむつかしい中国海域の歴史を、短期間にみごとに書いたことだ。本書は、東・東南アジア史を海域世界を中心に書いた地域史としても、海洋国家オランダを中心とした世界史としても読むことができる。また、文化史としても優れていることは、つぎの台湾にかんする一節からわかる。「オランダの教育の成果は、これまで想像されていたよりも、じつはずっと浸透していた。一九世紀初頭まで、フォルモサの言葉が一七世紀のオランダのカールした筆記体で書かれ続けていたことを示す文書が、たくさん発見されている。土地の売買の際には、漢字とフォルモサ語の文章を併記した二言語の証書が作成されていた。こうしたことがらが、元来の住民が円滑に福建からの移民に同化するのに役立ったのは確実である」。

実証主義的文献史学を重視する著者は、レイデン大学ヨーロッパ拡張史研究所において、長年にわたって若手研究者や大学院生らとともに、『ゼーランディア城日誌』など一次史料を翻刻し、訳注を付して刊行する作業にも精力を注いできた。そのいっぽうで、「書かれていることより書かれていないことの方がはるかに大事」であることを充分承知していて、文献ではわからない歴史叙述に挑戦している。

著者の人柄や業績については、「訳者による解説」に詳しい。その業績のなかで、『おてんばコルネリアの闘い　17世紀バタヴィアの日蘭混血女性の生涯』(栗原福也訳、平凡社、一九八八年)が注目される。本書評ブログ(二〇〇八年一月一日)で紹介した羽田正『東インド会社とアジアの海』(講談社、二〇〇七年)でも、重要な参照文献になっている。訳者は、「歴史家ブリュッセイの真骨頂は、大量の史料に依拠した文の集積の背後から、主人公の人となりや集合心性や特定の時代状況がふわりと、しかし鮮やかに立ち上がるところにある」と評している。

著者のように「最もおもしろいミクロ・ヒストリーの本」を書ける歴史研究者は、そういない。なぜ、書けるのか？　それは、著者がどん欲に学び、正確に書こうと努力し、読者に時代や社会、人の生きざまを真摯に伝えようとしているからだろう。学ぶことの多い本である。

（二〇〇八年五月六日）

◇青山和佳『貧困の民族誌――フィリピン・ダバオ市のサマの生活』（東京大学出版会、二〇〇六年）

かつての人文・社会科学系の研究者は、「読むこと」を中心に研究した。それが、メディアの発達、交通の発達、研究費の増加などによって、研究手法に「観ること」が加わり、文献資料の少ない途上国を中心に臨地研究（フィールドワーク）が発達してきた。しかし、その臨地研究の手法が充分に確立しないうちに、つぎの「共に生きること」を研究の前提としなければならない時代に突入してしまった。

かつて民族誌のための人類学的調査は、調査者の生活とは無縁の異文化を客観的に観察し、考察・分析すればよかった。それが、本書では、驚くべきことが、つぎのようにサラリと書かれている。出産後に出血が止まらず母親を亡くした赤ん坊が、乳のないままに「極端に痩せて明らかに脱水症状」に陥っていた。「調査助手やサマの近隣の人びとがあれこれと相談しているのを眺めているうちに――おそらく福祉に任せるのだろうと思いながら――、どういうわけか、わたしたちが預かって育てることに決まってしまった。断りようもなく、結局、半年間ほど――あらゆる友人と隣人に協力してもらいながら――赤ん坊が死んでしまわないように手を尽くすしかなかった」。

このグローバル化の時代に、もはや自分の生活とまったく無縁な世界は存在しない。世界中のあらゆる人びとの日常生活が、なんらかのかたちで自分の日常生活と結びついている。著者の青山和佳は、調査対象としての社会ではなく、「共に生きること」を前提として調査しているからこそ、赤ん坊をひきとって育てるということも、戸惑いながらも実行し、書くこともできたのだろう。この書評ブログでは、わたしにはとてもできない研究手法で調査している若い人たちを、積極的に取りあげて、応援したいと思っている。それは、第一にわたし自身が学ぶことが多いからである。

本書の目的は、「はじめに」の冒頭でつぎのように書かれている。「本書では、経済的な意味での「貧困」が人びとの暮らしぶり──「生きる営みの総体」、つまり文化［略］──に、どのように関わっているのかという問題について、いま一度、現場に身を置き、人びととの話をききながら論考した成果を伝えたい。研究の主題は、この作業を通じて、貧困の実体的理解に資する見方を探すことである」と。そして、「日々の暮らしのなかにおいて、他者との関わりのなかで絶えず生成、変化するエスニック・アイデンティティ［略］をひとつの鍵概念」とする「テーマにより、既存の開発経済学的な枠組みではとらえきれない、「貧困」を生きる人びとの「生活の質」を可能な限り包括的に把握することをめざす。同時に、その暮らしぶりをマイノリティと他者との関係──包囲社会を構成するさまざまなエスニック集団との非対称な経済的・政治的関係──の下に、より深く理解しようと試みることも本書の目的である」とし、さらに、著者は「貧困者を個別社会の価値観や文化を担った主体としてとらえることの必要性を訴え」、「開発経済学における貧困研究と人類学的な民族誌の手法とを橋渡ししよう」という大きな目的意識ももっている。

著者は、「結果的には、価値前提を含む分析の枠組みが揺れ続けたことと、途中から一次資料の分析に没入してしまったことから、文献渉猟とそれに基づく論考が不徹底になってしまった。それぞれのディシプリンの可能性と限界を踏まえた上での学融合的な研究には到底至ることはかなわなかった」と反省するが、著者のなによりの強みは、調査対象者との人間関係のなかで収集した豊富な基礎データをもっていることだ。巻末の付録だけでも、本書が優れた研究書であることを証明している。ただし、このデータを研究にほんとうにいかせるのは、収集し整理してまとめた著者本人しかいないだろう。

著者が本書冒頭であげた目的は、ひとまず達成されたといっていいだろう。開発経済学のように、普遍化するだけの合理的な論旨がなく、課題が多く残されているが、それが本研究の特色でもある。こういう学融合的研究で、従来のディシプリンをもちだして、不備を指摘することは生産的な議論にならない。この研究成果をどう発展させていくかを、考えていくべきだ。そういうことを踏まえて本書の難点をあげるとすれば、地図がフィリピン全体とミンダナオ島の大まかなものしかないことだ。本書を読むと、調査対象としたダバオ市のサマについて、マクロ的にもミクロ的にも、その行動範囲と人間関係が、もうひとつの鍵概念になるように思える。マクロ的には、フィリピンという国民国家を越えた枠組みがあると同時に、国民国家の枠内でしか考察できない課題もある。ミクロ的には、教会や市場・商店など日常生活に深くかかわる施設との位置関係、五つのグループの住み分けなど、プライバシーを考慮するならデフォルメしたかたちでも、図式化するとわかりやすかっただろう。ほかの研究者が、議論に参加できる「設定」がほしかった。これも指摘するのは簡単だが、自分自身がからだ全体で理解したことを、他人に説明することはたやすいことではない。そして、自分自身の調査対象社会での位置づけと、調査者が入ったことの影響についても、吐露してくれると、読者はより身近に感じることができただろう。

それにしても、「謝辞」をみると、調査のために多くの研究助成金を得ていることがわかる。受賞もあり、研究成果を刊行するための助成金も得ている。それだけ本研究が、期待され、評価されつづけてきた、ということができる。研究環境がよくなってきたことが、本書のような斬新な研究を後押ししたことも事実だ。しかし、著者と同じような調査が、だれにでもできるかというと、それは無理だろう。また、著者自身も、今後調査対象を拡大したいと述べているが、同じ手法でうまくいくとはかぎらないだろう。調査者自身も調査対象も、絶えず変化している。ミクロなレベルでは、その変化も激しく、急速なことがある。「共に生きること」を前提とした研究には、まだまだ多くの課題がある。その克服のためには、問題を整理し、本書のような優れた事例をたくさん公開することだ。著者と同じように多くの研究費を得ながら、研究手法や成果の公表のしかたが充分に確立していないために、まとまったかたちで発表できないままでいる若手研究者は少なくない。それだけに、本書は光る。

本書は、第二三回大平正芳記念賞受賞作（二〇〇七年）である。

（二〇〇六年三月二一日）

◇田和正孝『東南アジアの魚《うお》とる人びと』（ナカニシヤ出版、二〇〇六年）

近代になって、流動性の激しい海洋民や遊牧民の世界が侵されつづけている。行動範囲が狭まるだけでなく、生活そのものが成り立たなくなってきている。その変化を利用して、一部の者が一時的に富むことはあるようだが、全体的にはあまり展望は開けていないように思える。しかし、その実態はあまりわかっていない。

著者の田和正孝は、「長さがあれば長さを測る、重さがあれば重さを量る、数があるなら数えてみる」という基本的な方法のもとに、「ここ十数年、毎年のように島嶼東南アジアの海辺を歩いてきた」。なぜ、歩く必要があるのか、著者はつぎのように語っている。「近年、東南アジアの各国において漁業統計類の整備が進み、漁業をとりまく情報量は格段に増してきている。しかし、小規模漁業を調査していると、統計には反映されない漁獲と取引が多いことに気づかされる。統計の分析だけでは明らかにできないことが非常に多い。したがって、フィールドワークを通じて聞き取りをしたり、人びとの活動を観察したり、様々な測定をおこなったりすることが沿岸漁業を理解するための重要な調査方法となる」。いまだ、近代に侵されていない海の世界の領域が存在しており、それを明らかにしようというのだ。

本書の構成と内容の要約は、「まえがき」でつぎのように簡潔にまとめられている。「本書は序論とそれに続く三部から構成される。序論では、東南アジアの沿岸漁業を読みとくために「漁業環境」、「漁業地域」、「資源管理」、「漁業技術」などのキーワードについて考えておきたい。第I部は資源管理にかかわる問題を扱う。マラッカ海峡における漁業の背後に潜む「越境」という問題、そして南タイを事例に漁業者の地域固有の知識に基づいた資源管理の実態について分析する。第II部は水産物がグローバリゼーションとローカライゼーションのはざまでいかにして動いているのか、そのことを、近年ブームになっている活魚流通と、半島マレーシアの塩干魚生産を通じて考えてみる。第III部は変わる東南アジアの海辺を、半島マレーシアの華人漁業地区とフィリピンの内海漁村の変容過程からながめてみたい」。

「フィールドノートとボールペン、メジャーとばねばかりを携え」た著者とともに歩む「東南アジアの魚とる人びと」に出会う旅は、たんなる局地的なものの発見だけではない。地球規模の現代の問題がみえる旅でもある。環境、資源、国境、グルメなど、プチブル的思考（今風にいえば、セレブ的嗜好か）で日常生活している者が気づかない問題が、次々に目の前に展開される。そして、それらにたいする「漁業者の知恵」に驚かされる。しかし、それも市場論理や資源開発の前に、押しつぶされていく。「これまで調査した沿岸漁業地域の実情を報告した」本書から、著者はつぎのような結論を導きだしている。「生産者と消費者との関係を一本の川にたとえてみた時、川下で消費生活をしている人びとと川上で生産をになう人びととは互いに影響を及ぼしあうはずである。そのことを認識し、川下の者が生産に直接関わる人びとの社会や生活様式を知ることは、地域を理解する糸口となる。それのみならず、様々なポジションで漁業に関わる人びとが、漁業に対して責任ある行動をおこすことにもつながるはずである」。

「漁師と一緒に汗をかいてみないか」という生産者の求めに、著者はいまだ応じていないが、机上の学問を越えた生産者の声が聞こえてきたことは確かである。その声がどこまで消費者に届くか、どこまで先進国の消費者が日常生活を越えて考えることができるかが、問われている。

（二〇〇六年三月二八日）

◇森崎和江『語りべの海』（岩波書店、二〇〇六年）

学生のときに読んだ本から感銘を受け、その本の著者の密かなファンになった経験は、だれにでもあるのではないだろうか。そして、後になって読み返して、がっかりすることもあったのではないだろうか。自分自身が進歩したからである。ところが、本書の著者は違う。一九七〇年代の学生のとき、『からゆきさん』を読んでホンモノだと思った。当時は、フェミニズム運動がさかんで、戦前に東南アジアに渡り、老齢期を迎えた日本人売春婦「からゆきさん」のことを取りあげたノンフィクションが話題になり、映画化もされた。しかし、本書の著者は、地道に地方新聞などを読みあさり、地元の人の日常生活のなかで「からゆきさん」を語り、話題性を越えたものを感じさせた。それから三〇年たっても、『からゆきさん』は読みごたえがある。そして、この新刊を読んで、この三〇年間の自分の進歩のなさを思い知らされた。

二〇〇六年三月二一日のこの書評ブログで、「読むこと」「観ること」「共に生きること」の重要性を書いた。著者の森崎和江は、それをずっと実践して、書いている。「観ること」は「読むこと」を確認することでもなければ、補足するものでもない。「観ること」は「共に生きる」ために必要なことであり、「共に生きること」のために「観ること」をしようとすると「読むこと」の重要性に気づく。この三つの相関関係がわかって実践することは生やさしいことではないが、本書の三つの章のタイトル「漁民の声」「潮風に吹かれて」「交流の海へ」を見ただけで、それが実践されていることがうかがえる。

本書の内容をもっともよく表わしているのは、つぎの一節だろう。「私は海沿いの旅をしつつ民俗研究者の書を読みあさっていた。そして、波津や鐘崎の海女舟の人びとと出会い、漁業の生ま身が放つ実相を靄の彼方に感じるかに思った。が、その出会いから間もなくだった。海女唄が消え、海も陸も一変した。溢れ出す情報の中で消えてゆく森林。里山。開かれる居住地。移住する市民とゴミの山。私も移り住む。しかし、移りゆく時代の中で人びとは生きる。個々に新たな旅立ちに直面しながら。苦しみを乗り越え、試練の海に向かう。二十一世紀の海を、陸地を」。宗像に移り住んでから著者は、「それぞれの浦を、そして内陸を、散策してたのしんで来た。宗像大社や神宝館をはじめとして、各地の社や海の神や田の神、そして民間伝承の神々に合掌して暮らす地元の声に耳を傾けては海を眺め空を仰ぎ、今日に到っ」ている。

「福岡県北部地方の玄界灘を川向うに渡った中学校長の長女として十代後半」まで朝鮮で育ち、終戦の前年に帰国した著者には、九州北部から朝鮮半島にかけての海の世界が、ひとつの空間としてみえている。宗像大社の秋季大祭のみあれ祭には、宗像七浦の漁船約四〇〇艘が巡行する。宗像三女神、沖ノ島の沖津宮の田心《たごり》姫神、大島の中津宮の湍津《たぎつ》姫神、田島の辺津《へつ》宮、つまり宗像大社の市杵《いちき》姫神が、年に一度集う。大漁旗をなびかせた漁船は、前二女神が海を越えて大社にやってくるのを警護する。これらの漁船は、宗像七浦にかぎられていない。この海上パレードは、写真で見ても、ビデオで見ても圧巻である。もともとこの地を地盤としていた海人・海士の阿曇族の世界が、再現されているかにみえる。著者は、この文献ではなかなかわからない朝鮮半島につながる海の世界を、からだ全体で感じ、ひとつひとつのことばに凝縮して、詩で表現している。

そんな著者のことを、逆に漁民はしっかり観ていた。家族船に招かれて海を眺めていた著者に、船長はつぎのように声をかける。「ほら、海の中。見えるやろ、はつしろ。あんた、よう書いとった。何回も何回も読んでね、あの波津の人の話はよかったな。なかなかあそこまで書いてあるとは、なか。そのはつしろがここ。この海の底」。

本書を読むと、学者ぶって、「臨地研究」だの「空間論」だのといっていることが、恥ずかしくなってくる。

本書を読んですぐに、たまたま対馬に行く機会があった。一日早く出発して、二時間ほどしかなかったが、著者の住む高台の下をバスで通って宗像大社に行った。宗像も対馬も、歴史と文化が少なくとも三度書き換えられたと感じた。古代大和朝廷の誕生とともに天皇家の神話に組みこまれ、明治政府の成立とともに国家神道と結びつけられた。そして、近年、観光産業に利用されている。文書として重要なことを残さないのが、海洋民や遊牧民の世界の共通点である。モンゴル帝国も漢化して元王朝を築くまでは、文書を重視しなかった。現代のアルカイダもそうだという。文書として記録を残さない海人にかわって、大和朝廷も明治政府も、そして市町村の「観光開発課」も、海の世界を理解しないままに勝手に歴史や文化を文書として記録していった。海人の歴史や文化は、文字では表現されなかった。だから、耳をすませて聞くだけの知識と能力を身につけなければ、わからない。

本書は、つぎのようなことばで終わっている。「私には鐘崎海女との出会いは救いの船だった。終戦直後に志賀島で志賀海神社の宮司に聞いた阿曇族は男海人、海士であった。当時の女性蔑視の国内状況から、どのような形で女性界を解き放てばいいのか、私は父母の対応する家庭の延長が日本だと思っていたのだ。日本探しはわが道探しである。生き直しの旅であった。海。その海を交流の海へと、わが老後を生きる」。

「語りべの海」から、学ぶことは実に多い。

（二〇〇六年四月四日）

◇小川徹太郎『越境と抵抗――海のフィールドワーク再考』(新評論、二〇〇六年)

国民国家の枠組みやそれを支えた近代の制度・イデオロギーに縛られない人びとや社会に目を向けたのが、四四歳で急逝した著者、小川徹太郎であった。その反骨心は、つぎの一節にもっともよくあらわれている。「過去のイメージや諸々の価値観や観念は、常に権力構造を通じて産出されるため、支配者や勝利者の安定状態に都合のよいイメージや観念が支配的になる傾向があるが、そこには必然的に弱い立場に立たされるものの声や記憶の抑圧や無視が伴う。このような支配と不均衡の構造のなかで、歴史記述者や知識人は相対的に弱い立場に立たされるものの側に立とうとするべきであり、そこから支配的なイメージや観念をこばみ、それを産出する構造を問題視し、無視され黙殺されがちなことを表象し、記憶に蘇らせる作業につくべきである」。

著者がこのように考えるようになった背景には、「現場の知」がある。その現場で、著者は「漁をする老漁師たち」との会話から、「帳面・図面・暦・字画・字等々といった「書かれたもの」を中軸として形成される、工場、学校、「経済連」といった組織、あるいはその具体的な動きとしての「免許」制度に主として社会的な圧迫のゆえんを見出す」。そして、かれらの日常生活を、「文字の権力に対する身体の抵抗」として捉えた。

著者の特色は、「現場の知」を時間や場所を越えて理解しようとしていることだ。「文字の権力」といいながらも、文字から得られる知識もどん欲に吸収している。著者にとって、「文献もまた民間伝承の一形態であって、しかもけっして固定的なものではない」からである。そこには、偉い学者の書いた研究書や役人の書いた公的な文書の優位性はない。それらも、「路上のたまり場」で語られる雑談と同等の「資料」である。著者にそれを気づかせたのは、「漁師や魚商のおじさん、おばさんたちとの付き合いを続ける中で」の「日々の生活を繰り返すことそのものから生ずると思われる迫力とか底力のようなもの」だった。

このような権力に立ち向かう生活者の観点から、社会構造全体との連関を理解しようとしていた著者に、フィリピンでの漁村調査は、その観点が間違っていなかったことを確信させた。フィリピンは日本よりはるかに国家権力が弱く、自律した生活と社会がある。著者を驚かせた極小コンビニ「サリサリストア」の存在は、けっして近代経済学や社会学では理解できないものであり、人びとの日常生活から理解する民俗学が扱うテーマだった。

著者が「民俗学」という学問に危機を感じ、「現代民俗学」運動の核として「歴史表象研究会」を立ちあげたのは、「この先、民俗学者はこのまま文部省、文化庁、電通の庇護のもとに、「大衆」と共にどこにもない「日本」を捏造しつつ、求め、さまよい続けるのであろうか。その行為そのものが「喪失感」の表出であることに気付くこともなく」と感じただけではないだろう。著者のように一九八〇年代に日本で調査をはじめた者は、民俗学の将来を考えると、絶望的な現実を知った。それは、わたしも同じだった。当時はまだ明治生まれの古老から、いろいろな話を聞くことができた。古老たちは祖父母の世代から聞いた話も、話してくれた。明治維新以前の話だ。ところが、学校教育を受け、新聞や雑誌を読んでいる村のインテリである大正生まれは、「文字に書かれたものを多く記憶し、口伝えの話を忘れてい」た。否、知らなかった。日本の国のことや世界のことは知っていても、身近な自分たちのムラのことがわからなくなっていた。宮本常一が明言したように、「古老たちの聞き書きを中心にして資料採集する時代は過ぎ去った」のである。著者は、口から聞くことができなくなった「民俗」を、身体から理解しようとした。漁師が身体で覚えた漁の活動は、著者の期待に反し、あっけなく終わってしまった。それは、漁師にとってごく普通の日常だったからである。

本書のタイトル「越境と抵抗」は、著者自らがつけたものではない。著者が「生み出した歴史表象研究会の五人の共同編集」のなかで、著者が「夢見ていた「現代民俗学」運動の核に据えうるシンボル」としてつけられたものである。著者自身の運動は、未完に終わった。しかし、本書の構成と「解説」から、著者の志は、同年代の仲間によって引き継がれていったことは確かである。そして、本書の章タイトルまわりに配された、リュックを背負った著者のフィールドでの姿を見るたびに、心新たに「運動」の行く末を考えることだろう。

（二〇〇六年九月一二日）

◇家島彦一『海域から見た歴史——インド洋と地中海を結ぶ交流史』（名古屋大学出版会、二〇〇六年）

「フー」、この本の読後感は、このなんとも言えぬため息に尽きる。読んでも読んでも終わらない本をやっと読み終えたという充足感と、その内容を共有できたというれしさと感謝の気持ち、そしてこの一〇〇〇頁近い「重さ」（もちろん物理的だけでなく、内容的に）からの解放等々、考えだしたら、この「フー」の意味がわからなくなってしまった。

すでに好著『イスラム世界の成立と国際商業』（岩波書店、一九九一年）と『海が創る文明』（朝日新聞社、一九九三年）を出版している著者、家島彦一が、この大部の本でなにをいおうとしているのか、最初はわからなかった。ただたんに、これまで書いてきたものを一冊にまとめただけなのかとも思った。あまりにも大部になったせいか、繰り返しも散見された。しかし、それはわたしの浅薄な考えだったことが、全部を読み終え、あらためて「はじめに」「序章」を読んでわかった。

本書は、歴史研究の基本を問い、海からみることの重要性を指摘し、そして、対象とする地域と時代を明確にしている。つまり、自分の研究テーマを相対化したうえで、本書をまとめているのである。既発表論文を、新たな大きな枠組みのなかにあてはめ、書き直すことは容易なことではない。だから、大抵の研究者は還暦記念だの、退任記念などといって、既発表論文をまとめただけの論文集を出版することになる。本書は、「採録するにあたっては、いずれも大幅な修正をおこない、新たな情報・史料を補足している」という。ということは、今後も著者の新たな成果が期待できるということだ。わたしが、読後感で「うれしくなった」のは、その期待が読みとれたからでもある。

歴史研究の基本を問うことについて、著者は「はじめに」でつぎのように書いている。「歴史研究は、あくまでも資史料を「読み」「解く」ことによる、具体的・実証的な個別研究にもとづいているが、同時にそうした研究による個々の国・地域やテーマの研究が、より広い視野から比較・検討されるなかで、時間と空間を貫く「共通枠」「関連性」や、ある種の「一体性」を取り出す使命を負っていると、私は考えている。そのためには、従来とは異なる新たな枠組み・視点を模索することが必要となるが、資史料を「読み」「解く」ときにも同様に、新たな枠組み・視点を用いることで、従来にない史実が描き出されてくるのである。この意味において、両者は共同作業のなかで進められるべきものであろう。私は、本書の研究において、とくに①新たな枠組み・視点を設定すること、②現地での調査・研究を重視すること、③これまでにない海域交流史の研究を進めるために、海域史研究に相応しい新しい資史料の発見に努めること、の三つの点に留意した」。

①の新たな枠組み・視点というのは、「陸域（陸の領域国家）を越えたところに形成される一つの全体として機能する歴史的世界、すなわち海域世界を設定し、さらにインド洋と地中海の二つの海域世界を一つに捉える「大海域世界」論の提唱を試みた」ということである。近年、「海域史」や「海洋史観」ということばが、高等学校世界史教科書にも見られるようになってきた。しかし、その意味がわかっている研究者は、それほど多くないだろう。著者は、そのあたりのことも充分承知で、つぎのように自らの立場を明確に述べている。「海（海域）の歴史を見る見方には、陸（陸域）から海を見る、陸と海との相互の関係を見る、海から陸を見る、海そのものを一つの歴史的世界として捉えたうえで、その世界のあり方（域内関係）、他との関係（海域外や陸域世界との関係）を見る、などのさまざまな立場が考えられる。私の研究上の立場は、それらのうちの最後にあげたように、陸（陸域）から海（海域）中心へと歴史の視点を移すことによって、海そのものを一つの歴史的世界として捉えること、そして海域世界の一体性とその自立的な機能に着目すること、さらには海域世界から陸域世界を逆照射（相対化）することにあるといえる」。海とのかかわりから、ちょっと目新しさを感じて書いた「ニセ海域史」とはまったく違う、ほんものの研究がここにある。

②の「現地での調査・研究を重視すること」について、著者は「あとがき」で「各地を旅し、イスラーム世界の自然・社会・文化の現場に身を置き、現場から考えるという「現地学」を心がけてきた」と述べている。本書から著者は優れたフィールドワーカーでもあることがよくわかり、本書は優れた「地

域研究」書でもある。このように優れた「地域研究」書が出ると、「地域研究」を専門としていると自負している研究者は、それを越えるために文書研究にも精をださなければならなくなるだろう。本書を越えるものが出なければ、新しい学問としての「地域研究」の存在意味が問われることになる。

③の「新しい資史料の発見に努める」については、本書の最後の第Ⅶ部第1~3章で、「これまで誰にも注目されてこなかった未刊行のアラビア語写本」が紹介されている。とともに、著者はたいへんな仕事をしている。「一四世紀前半の大旅行家イブン・バットゥータの旅の記録『大旅行記』の研究」に取りくみ、「新しい校訂本の作成と翻訳・注釈本」八巻本を刊行したことである(「東洋文庫」平凡社、二〇〇二年)。こういう仕事は、すぐに共同研究で、という発想が出てくるが、結局は個人でコツコツやることが基本となる。ほんとうに「すごい!」としか、いいようがない仕事である。

本書が考察の対象とした時代は、「大海域世界がその姿を具体的に現してきた七世紀後半にはじまるイスラーム世界の形成期から、西アジアを中間媒体としてダイナミックに機能していた大海域世界の全体が相互依存の形で交流する機能を徐々に失って、インド洋海域世界、さらにはそれぞれの小海域に分節する傾向を強める一方、西ヨーロッパ諸国を新たな軸心として、全世界の海域にまたがる西ヨーロッパの近代世界システム(陸域支配システム)が伸張していく一七世紀末まで」としている。本書では、陸域中心の時代区分や地域区分は消え失せ、断絶より連続した時代の流れ、地域のつながりが読みとれる。また、「インド洋と地中海を結ぶ」だけでなく、中国まで繋がる海域ネットワークがみえてくる。ただ、研究蓄積のある「インド洋研究」や「地中海研究」とは違い、蓄積の乏しい海域東南アジアとを結ぶ研究は弱い。「大海域世界」の研究のためには、周辺海域を含めさらなる具体的・実証的研究の積み重ねが必要となる。

本書では、最近はやりの「地域研究」や「空間」ということばは使わず、「歴史的世界」や「現地学」ということばが使われている。「地域研究」とはなにか、「空間」とはなにかが、具体的な研究成果を充分に示すことなく議論されて久しいが、議論よりこのような優れた「地域研究」書や「空間」論の書を出すことが先であろう。あるいは、具体的な成果を出すための議論をすべきだろう。「ニセ科学」が横行した結果、情報番組の捏造がおこった。「陸域に残る断片的な情報の糸をつなぎ合わせ、一枚の布を織り上げるように、一つの歴史現象としての姿を海域世界のなかに浮かび上がらせる」海域世界の歴史は、勝手な空想に基づく生半可な研究による「ニセ海域史」が横行する危険性がある。著者の研究は、「断片的な情報」をひとつひとつ基本から考察し、専門書を出版し、資料集を編纂するなど研究工具を充実させて、はじめて新たな研究に挑戦できることを如実に示している。


（二〇〇七年四月二四日）

◇森本　孝『舟と港のある風景——日本の漁村・あるくみるきく』（農山漁村文化協会、二〇〇六年）
盆地育ちで、山が見えないと落ち着かないわたしには、海は別世界のものである。著者、森本孝と同じく、わたしも一九八〇年代から九〇年代にかけて、瀬戸内やインドネシアなどの島じまを歩いた。日本の海辺は、近代になって騒がしくなった面影を残しながらも、また静かになっていた。本書でも、その様子がよく伝わってくる。

本書の内容の紹介は、帯に書かれた佐野眞一氏と赤坂憲雄氏の推薦の辞をあげれば、充分だろう。

「これは、民俗学者・宮本常一が主宰した伝説の雑誌『あるく　みる　きく』の常連執筆者だった若き日の森本孝による珠玉のエッセイ集である。森本は高度経済成長が本格的な軌道に入る直前の日本の漁村を、下北半島から沖縄の糸満まで歩き、見て、聞いた風景を抱きしめるように書きとめた。どのページからも潮風の懐かしい匂いと、われわれが忘れてしまったもののかけがえのなさが痛切に伝わってくる。本書を読む者は、それを身につまされる思いで感得することだろう。　佐野眞一」

「七〇年代半ばから、宮本常一の教えを受けた一人の若者が、列島の舟と港のある風景をもとめて、〈あるく・みる・きく〉を実践した。漁船と漁具の収集のための旅。こまやかな眼差しが、小さき者たちの豊饒なる世界をとらえた。多様な海の暮らしと生業。多様なルーツや歴史を抱いて、移動をくりかえす海の民。丸木舟による磯漁も、家舟の暮らしも、記憶のかなたに遠ざかる。痛ましい忘却を越えて、未来へとささやかな希望が託される。やがて、これは伝説の書へと成り上がる。　赤坂憲雄」

「あるくみるきく」というのは、だれにでもできそうで、できるものではない。「あるく」のは、どこをどのように歩くのかがポイントとなる。「みる」のは、いつ、どのような角度から見るのか、「きく」のはだれから、なにを聞くのか。経験を積めば積むほど、その難しさがわかってくる。訊かれた人がほんとうのことを話してくれるとは、かぎらない。その社会にはその社会の「掟」があり、簡単によそ者に話してくれないことがある。ほんとうのことを話してくれても、聞くほうが理解できないこともある。本書から、著者は「あるくみるきく」「術」をもっていたことがわかる。たとえば、著者は丁寧に舟のスケッチをしている。寸法をとり、材質など、細かくメモをとっている。それを見て、漁師のほうから声をかけてくる。「話がわかる人」だと、思われたのである。日常生活の苦労話は、なかなかよそ者にはわかってもらえない。だから、よそ者には話しても無駄だと思って、訊いても答えてくれないことがある。その漁師は、そういう「日常生活の苦労話」がわかってもらえることを、著者のスケッチから読みとったのである。

本書で書かれていることは、わたしが歩いた海域東南アジアとの共通点も多い。山のなかで舟を造っていたり、漂流物が生活のなかで重要な位置を占めていたりしているところは、同じである。しかし、大きな相違点は、陸にどれだけ頼っているかだろう。「海の民」といってもさまざまで、一般に語られるのは、陸に依存をしたり、陸と接点をもったときの姿である。「海の民」の自律性が語られることは、あまりない。とくに本書で語られている「失われつつあるもの」とは、その自律性だろう。そして、著者が一九七〇～八〇年代に見た日本の海辺の風景を、ある意味で海域東南アジアでは現在も見ることができる。海の文化は、日本だけでなく、世界中から失われつつある。本書で描かれた時間と空間を相対化することで、「風景」をもっと奥深く読みとっていけるだろう。

（二〇〇七年五月八日）

◇関　恒樹『海域世界の民族誌――フィリピン島嶼部における移動・生業・アイデンティティ』（世界思想社、二〇〇七年）

本書を読み終えて最初に感じたことは、著者、関恒樹の真摯で謙虚な研究姿勢と、その人柄によって「海に生きる人びとの日常的実践を描く」「語り」の民族誌が可能になったのだろう、ということだった。「本書の基本的な目的」は、「東南アジア多島海域において、その生活世界がいかなる論理を持ち、そこに住む人々によってどのように組み立てられ、構成されているのか、その点を微視的なエスノグラフィーに基づいて明らかにすること」であった。「より具体的には、海域世界において人々はいかなる生計戦略を展開し、同時に地域社会の秩序を構築しつつ、その中での自己の位置、あるいはアイデンティティを見出そうとしているのか、その点を日常的実践という概念をキー・ワードとして明らかにしてゆくこと」を試みている。さらに、「島嶼部東南アジアの他地域に関して議論されてきたような伝統的王権や国家などの絶大な権力に結び付いたことがなく、壮麗な儀礼や体系的コスモロジーを伴うこともないような力の観念にあえて注目し、そのような一見「非真正」かつ「文化深度の浅い」観念が、実際には人々の活発な相互交渉や積極的な日常的実践を触発し、支え、そこから人々のアイデンティティが形成される状況を描くことが可能であることを示す。その意味で本研究は、「文化の真正さ」という言説には取り込まれない視点から民族誌を書くことの一つの可能性とその方向性を提示する試みともいえる」という。

以上の著者の目的・試みから、近代という時代を超える民族誌を期待させる。この種のテーマで一九六八年生まれの著者と同世代にもっとも大きな影響を与えたであろう鶴見良行の著作は、参考文献一覧に見あたらず、著者と同世代の人類学者の成果が比較の対象としてあげられている。鶴見良行の業績は、ある意味で近代への異議申し立てであった。本書は、著者らの世代が、「近代」を意識しない新しい民族誌のあり方を問うた研究としても読むことができるだろう。

「本書は第I部と第II部によって構成され、本研究が取り組む二つの問題が各部において論じられる。すなわち、第I部においてはセブアノ漁民の生計戦略の実践としての島嶼間マイグレイションが論じられ、第II部ではそのようなマイグレイションの過程で構築される人々のアイデンティティ構築のための日常的実践がビサヤ民俗社会における力の観念との関連において論じられる」。そして、結論は終章で三つの論点にまとめて提示する、と「序章」でつぎのように述べている。「第一点目は、本書第I部において検討するセブアノ漁民の生計戦略の日常的実践が、従来の「移動ネットワーク社会」という島嶼部東南アジア社会を見る一つの枠組みに位置づけられた時に持つ意味についてである。第二点目は、本書第II部において明確化するビサヤ民俗社会における力の観念とアイデンティティ構築の様態を、先に説明した「実践コミュニティ」という概念が内包する分析枠組みに位置づけて検討する。最後に、第三点目としてアイデンティティ構築の実践に従事する行為主体の性格を、近年の人文・社会科学において議論されるエイジェンシー論を援用することで明確化し、さらにその視点が従来のフィリピン低地キリスト教徒社会における社会関係の議論に対して新たな可能性を示唆しうることを指摘する」。

本書は、二〇〇四年三月に提出した博士学位論文を加筆・修正したものであるだけに、整った形式のもとに議論がよく整理されている。通読して、「本書の基本的な目的」は、ひとまず達成されたことがわかる。しかし、課題も多く残されたようだ。まず、「フィリピン低地社会」と「ビサヤ海域社会」との「文化的差異」がよくわからなかった。また、その「差異」からなにを読み解き、どういう意味（だれのため、なにのため）をもつのかがわからなかった。たとえば、「サイド・ライン」とよばれる「漁場において漁獲が引き上げられる度に、漁師たちが各自持参したプラスチック・バッグに若干の魚を取り置く行為」は、「フィリピン低地社会」の農村での慣行である「落ち穂拾い」に似たものを感じる。「低地社会」や「海域社会」の基本的論理はなになのか、どの枠組みで議論するのかを明確にしないと、読者は混乱してしまう。

つぎに、「グローバル、ナショナル、そしてローカルの様々なレベル」というが、ローカル以外のレベルは漠然としていて、具体的記述はなかった。グローバルな影響も、ナショナルな影響も、具体的なことはわからずじまいだった。ローカルのレベルも「語り」が中心で、地方政府の文書や地方新聞などは、あまり利用されていない。フィリピンの地方に異常に多いラジオ局の情報も、重要な資料となるだろう。NGOの活動が活発なフィリピンで、なにか資料的価値のあるものはなかったのだろうか。「語り」は、意図的に語らないこと、無意識に忘却したこと、客観的に理解できないことなど、虚実ない交ぜの「資料」である。そのような「資料」を使って、学問的議論へと昇華させることが、どれほどむつかしいことか。その重要性を知っていればいるほど、使いにくくなるのが現実である。まさに研究者の力量が問われるからである。著者も、そのことを充分に知っているからこそ、時間をかけてじっくり研究対象に向きあっている。

新しい民族誌には、多くの困難がありそうだ。しかし、それを克服するだけの著者の地道な研究姿勢と、同世代の研究者の連帯があると感じられた。著者と著者の仲間の今後の研究に注目したい。

本書は、第二四回大平正芳記念賞受賞作（二〇〇八年）である。


（二〇〇七年五月二二日）

三　森を考える

◇関　良基『複雑適応系における熱帯林の再生――違法伐採から持続可能な林業へ』(御茶の水書房、二〇〇五年)

一九七八年以来、もう何回ルソン島を上空から見たことだろうか。見るたびに、森が消え、禿げ山化するのがよくわかった。消えていった森の木の多くが、日本に輸出されたことはフィリピン人も知っていた。かつて、日本をはじめて訪れたフィリピン人が、日本に豊かな森があることに驚いて、言ったことばが忘れられない。「日本には木がなくなったから、フィリピンから輸入したのだと思った」。その日本の木材は、阪神・淡路大震災後でさえ売れなかった。片や国土の大半の森を失い、洪水などの自然災害が発生しているフィリピン、片や森の手入れが行き届かず荒廃し、自然災害の原因になっている日本、なにか変だと感じるのが当たり前だろう。

著者、関良基は、森林資源が枯渇し、違法伐採から持続可能な森林管理へとシステムが変化するルソン島でフィールドワークをおこない、その「事例研究を通して、違法伐採問題を解決するための普遍性のある解決策を提起する」ために藻掻いている。そう、「藻掻いている」という表現が、本書にもっともふさわしいことばかもしれない。「まえがき」から「「私的管理か共同管理か」という二者択一を迫るような議論を乗り越え、「私」と「共」をアウフヘーベンすることを目指す」という、なにやらわけのわからない「アウフヘーベン」なることばが説明抜きで登場する。それを「止揚」といわれてもわからないし、ヘーゲルを思い浮かべて頷く人も少ないだろう。また、本文を読んでいくと、「ミーム」ということばがキーワードとして多用されている。これも、「自己複製子」といわれてもわからない。わからないながらも、著者が一所懸命理論武装して、政策提言までもっていこうとしていることはよくわかる。そして、そのためには、総合的アプローチと複雑適応系としての把握が重要であることもわかった。そして、その結論が、終章の「まとめと政策提言」である。

わたしは、林業のことはよくわからない。著者の提言が、「熱帯林の再生」のために有効であるのかどうか、判断するだけの知識はない。しかし、著者の「藻掻き」の意味は、すこしわかる。それは、著者自身が述べているつぎのことばからよくわかる。「私が商業伐採跡地の開拓コミュニティと向き合ってきた調査経験を通して帰納的にいえることは、地域住民は、地域社会を取り巻く多種多様な諸条件に対し、必至になって適応しようとしている。その中で、うまく適応できず「破壊的」と捉えられるような資源利用・土地利用を行うこともあるし、うまく適応できた場合には、十分に持続可能な利用を行うこともある。普遍法則は存在しないし、発展経路も、そのときどきの諸条件の作用の仕方に依存して大きく異なってくる。二次林と人間社会を含む系の挙動は、偶然性にも左右されつつ、流動的で複雑な軌跡を描くのである」。つまり、いくら理論武装しても、実際に現場で生活している人びとには、かなわないということだ。そのことを、フィールドワークを通して理解しているだけに、著者の提言には真実味があり、耳を傾けたくなる。しかし、住民は著者の想像をはるかに超えるたくましさで、現実に向きあっている。それが、著者が願っている「持続可能な林業」へとつながるといいのだが……。そのためには、本書のような地道な研究と、その研究成果を充分いかせるだけの「もっと大きな力」が必要だろう。

ところで、バージンパルプ一〇〇パーセントのトイレットペーパーが市場にあふれ、再生紙使用のものが片隅に追いやられていることは、この「持続可能な林業」と関係ないのだろうか。バージンパルプは、どこからきているのだろうか。再生紙の原料は、ほんとうに不足しているのだろうか。両者の価格差があまりないのは、どうにかならないのだろうか。市場原理を超えた「もっと大きな力」が必要なのではないだろうか。消費者が身近にできることはなにか、「もっと大きな力」をつくりだせる源はなにか、これからの持続可能な社会に生きる人、みんなが考えていかなければならないことだろう。

（二〇〇六年一月三日）

◇山田　勇『世界森林報告』（岩波新書、二〇〇六年）

フィールドワークをしていると、世界各地で観光開発を目の当たりにし、現代においていかに観光産業が大きな存在であるかを、否応なしに思い知らされる。なかでも、最近の流行が「エコツアー」だ。かつては冒険・探検家やその道の研究者しか入らなかったような場所にも、普通の観光客がいることがある。しかし、観光客の存在そのものが、「環境破壊」に繋がることだってある。生半可な「研究者」の調査も、同じく悪影響を与えることがある。いっぽう、本書のようなテーマでは、地球規模でできるだけ多くの土地を見てまわることがいかに重要であるかが、本書を読むとよくわかってくる。

著者の山田勇は、四〇年間にわたって「地球を縦横に歩いてきた生態学者」である。著者は、本書で、

「ごく最近、ごく身近に起こった森の変化を中心に、世界の森の現状がわかるように書いてみたい」という。その背景には、「今、世界中の生態系が劣化しているが、その中でも森の状況は際だって悪い。そして森が攪乱を受けると、その姿はもろに人目にさらされる。重金属汚染のように深く静かに潜行するのではなく、誰の目にも明らかな惨状が世界のあちこちで見られる」という状況がある。森の役割も変わってきている。「かつて森は木材という生産物を得る場であった。しかし最近は、森の価値が大きく変わり、人々にとって生産よりも憩いの場としての意味合いが強くなった。そしてエコツーリズムという新しい観光の形態が、世界中の森で見られるようになった」。著者は、読者が「世界の森が今どういう状況にあるかを知り、今後どのような方向を目指すべきかを考えるきっかけとなる」ことを期待している。

森の現状を理解する旅は、著者の専門である東南アジアにはじまり、北アフリカ、ラテンアメリカ、中国、さらにヨーロッパとアフリカを駆け足でめぐって終わる。本書の帯にあるとおり、「地球一周エコツアー」ができる。それぞれの国や地域の実情、人びとの考え方によって、守られている森もあれば、無惨な姿を晒している森もある。破壊の激しい東南アジアでは、「熱帯林が伐採の対象となったのは、第二次世界大戦後、熱帯圏の多くの国々が旧宗主国から独立し、自前で国家を運営していく必要が出てきて」、「もっともてっとり早く稼ぐ方法は、自分たちの国に普通に生えている木を伐って売ることだったという。そして、「莫大な量の木材が主に日本へ送られた」。著者は、「いま、東南アジアの大都市にある多くのこうしたビル群は、熱帯雨林の伐採と引き替えによって築かれたものだと言っても過言ではない」といい切る。そのことに、日本や東南アジアの都市に住む人のうち、どれだけの人が気づいているだろうか。

「この半世紀の間にズタズタになってしまった」東南アジアの熱帯雨林にたいして、石油を産する豊かな国であるベネズエラでは、「アマゾン地域に何重にも法のアミをかけてここを閉鎖した。国立公園や自然保護区、先住民地区など、さまざまな保護地域をつくって厳重に保護することにしたのである」というホッとすることも紹介されている。しかし、局地的な保護では、どうしようもない状況になってきていることが、本書からわかる。「二〇世紀の後半ほど森に住む人々の人権問題が世界の話題になった時代はな」く、著者が調査に行った先々で、「自分たちの生活を守ってくれと訴える人々がいた」。「そして今、二一世紀に入って問題は解決したかのように見えるが、どうしてどうして、何ひとつ解決はせず、ますます混迷を深めている」というのが著者の現状認識だ。

ボルネオ島のクチンから同島のインドネシア領のポンティアナクに向かう途中、豊かな熱帯雨林の向こうに雲の合間から山々が見えた。森の神様が住んでいるとしか思えない風景だった。タイ北部チエンマイからミャンマーとの国境に近いメーホーンソーンに飛んだとき、途中まったく森しか見えず、人が住んでいる形跡がまるでない景色がしばらくつづいた。森と共生できる人以外は、立ちいってはいけない世界があると感じた。著者のようにだれでもが、世界各地の森を見ることができるわけではない。また、森の存在意味がわかるわけでもない。本書によって、地球規模での問題がみえてくると、安易な「エコツアー」に参加できなくなる。「エコツアー」や生半可な「調査」を、どう自分自身の生活や調査に役立てるか、森の存在を日常的に感じることからはじまるだろう。

（二〇〇六年五月二一日）

四　政治・経済を考える

◇オスワルド・デ・リベロ著、梅原弘光訳『発展神話の仮面を剥ぐ——グローバル化は世界を豊かにするのか？』（古今書院、二〇〇五年）

豊かな原材料と労働力をもつ国ぐにが貧困に喘いでおり、「発展途上国」への展望はまったくみえない。この著者の結論は、一九六七年にペルー政府代表団の一員となって以来、ペルー国家のみならず低開発世界を代表して数々の重要ポストを歴任した外交官のものだけに、深刻に受けとめなければならないだろう。かつては豊かな原材料と安い労働力が先進国に搾取されただけまだましで、今日のグローバル経済は一段と洗練された商品とサービスを要求し、原材料と労働力をあまり使おうとしない。その結果、深刻な都市人口爆発に悩む国ぐにでは、生命維持資源である食糧・エネルギー・水の不足が大きな問題となっている。したがって、発展への展望が開けないこれらの国ぐにを「発展途上国」とよぶことは間違っており、事実過去五〇年間に発展に成功したのは、アジアの数カ国にすぎない、と著者は述べている。

こういう本を読むと、現在のイラクなどイスラーム世界とアメリカ合衆国との対立が、「文明の衝突」ではないことがあきらかになる。著者は、「グローバル市場と技術革命が最も適した人間、会社、国民経済の生存だけを認めるという、自然淘汰と同じ法則の適用され」た今日のメカニズムを、国際ダーウィニズムとよんでいる。多国籍企業が支配的なグローバル市場では技術革新が非効率なものをすべて淘汰し、脱物質化と労働節約的方向を目指す技術変化は豊富な天然資源と安価な労働力をかろうじて国の発展の拠り所としてきた低開発国に深刻な打撃を与えている、という。先進国と低開発国の搾取・被搾取という関係を含む持ちつ持たれつの関係が、グローバル化のなかで壊されている。そして、著者は、究極的には「化石燃料に依拠した非持続的消費パターン（文明）と環境（自然）との正面衝突」がおこるという。この地球崩壊へのシナリオは、絶対避けねばならない問題である。

本書は、一九九八年にペルーで出版され、ラテンアメリカで大評判になった本が基になっている。翌年には英訳されて、日本語訳は言語として七番目になる。訳者、梅原弘光は、著者とほぼ同じ時期に、フィリピンを中心に先進国の経済発展が「低開発世界に広がる人々の貧困と失業という大きな犠牲の上に成り立っている」ことを肌で感じて調査してきた研究者である。研究者として著者の主張の根拠となるものに不安をおぼえながらも、発展へと離陸しない国ぐにを長年みてきたことが、本書の翻訳の大きな動機になっている。それだけに訳文はわかりやすく、「訳者あとがき」の解説で、よりいっそう日本人読者に著者の主張を納得しやすいものにしている。

本書の最後の章「生き残り」で、著者は発展神話を捨て、「生き残りのための協定」を締結しようとよびかけている。「成長力欠如国民経済ＮＮＥｓ」に、いま必要なのは、「都市の人口成長を安定させ、水・エネルギー・食糧供給を増大させること」だという。ここで、この二月に訪れたミャンマーという国のことを思った。スローライフを実施しているようにみえたからである。しかし、著者は、この「生き残りのための協定」締結の基本的前提条件のひとつに、「真に民主的体制をもっていること」をあげている。
著者が指摘する「貧困化する低開発国」の現状を考えると、それは先進国をも徐々に蝕んでいくように思えてくる。先進国が早くその事実に気づき、グローバル経済に対応できるだけの、地球規模の平和と幸福のためのグローバル理論を構築する必要がある。

（二〇〇五年五月三一日）

◇見市　建『インドネシア――イスラーム主義のゆくえ』（平凡社、二〇〇四年）

オーストラリア政府は、今年［二〇〇五年］になってからも新たなテロ攻撃の可能性があるとして、インドネシアへの渡航を避けるように国民に警告をしている。二〇〇二年一〇月一二日、バリ島で大規模な爆弾テロ事件が起き、オーストラリア人八八人を含む二〇二人の死者が出た。この事件は、世界でもっともイスラーム教徒人口が多く、比較的「穏健」だと考えられていたインドネシアで起こっただけに、その衝撃も大きかった。とくに、人口が十数倍で仮想敵国のひとつである隣国で多数の犠牲者が出ただけに、オーストラリアでは動揺が広がった。

著者、見市建は、「『10・12』後の地点からインドネシアにおけるイスラームを見直してみたい」ということから出発して、国家とイスラームの関係をインドネシアという国家を基本単位として考察している。「具体的には、（一）国民と国家の統一と統合の論理の中におけるイスラームの位置づけ（イデオロギーと規範）、（二）政府とイスラーム諸運動の関係（政治的実践）、（三）警察・軍や裁判所などの国家機構の機能とイスラームの関係（秩序と正義）、という三つの問題群を」含んでいる。

著者は、「本書で最も主張したかったことは、イスラームないしはムスリムを動態的に把握する必要があるということである」とし、「独立後のインドネシア政治におけるイスラームをめぐる最大の変化は国民統合とイスラームとの関係であ」り、「イスラームは国民統合と対立し、脅威を与えるという考え方は後退し、「国民の一体性」と「イスラーム的市民社会」さらには「ウンマの一体性」が両立するものとして主張されるようになった」と結論している。本書でも、「左／右」や「イスラーム主義／ナショナリズム」という二項対立でとらえる近代の考え方の無意味さを明らかにしている。

本書で注目されるのは、「フーコーの構造的分析とグラムシの闘争理論をベースにした文化的闘争の運動理論であるカルチュラル・スタディーズも読まれ、大衆文化擁護の理論的根拠になっている」という記述である。文化の重要性について唱えられて久しいが、本書で述べられているように「イスラームの土着化」に実践的に使われていることが明らかになると、新たな時代が到来したことを感じざるをえない。

映画、テレビドラマ、アニメ、歌謡などが、国家プロジェクトとして重視されるようになった。その成功のひとつが「韓流」である。戦争になったとき、人びとが人気俳優の顔を思い浮かべ、戦争に反対するなら、文化政策もその役割を大いに果たすことになる。いっぽう、その文化にこだわりすぎて、戦争の原因になるなら考えものだ。多文化共生社会を、どう築いていくか、国際的にも国内的にもこれからの大きな課題だ。

インドネシアでは、国家という枠組みの基本のうえに、さまざまな地域の特殊性を考えていかなければならない。それが、著者に「あとがき」で「私はこの本を書くにあたり、むしろ過去のインドネシアの歴史やインドネシアの地方政治の論理に引き戻された」と書かせたのであろう。本書のなかで繰り返し語られる「地域の論理」は、「海域イスラーム社会の歴史」を考察してきたわたしにとっても、なじみのあるものである。問題は、歴史的にそれを充分実証できていないことである。著者が、「多様性のなかの統一」ということばにしばられて、あの広いインドネシアを実際に見て歩き実感しようとしているのにたいして、その成果を裏づけるだけの歴史研究は充分とはいえない。これまでの歴史研究は、ジャワ島を中心としたものが多く、そのほかの島じまの研究は、まったく手つかずのものも少なくない。著者のように現代の事象を主題に研究をすすめている若手が、歴史の重要性に気づいても、それに応えるだけの歴史研究者が少ないのが現実である。

学際的研究とか学融合的研究というのはたやすいが、それを生産性あるものにしていくためには、歴史研究のような基礎研究と著者のような行動力のある若手が実際に体感しながら社会を把握していく研究とのバランスのとれた専門性が必要となる。

（二〇〇五年八月二三日）

◇加納啓良『インドネシアを齧る——知識の幅をひろげる試み』（めこん、二〇〇三年）

わたしの研究室の机の横の書棚には、事典・辞典類が置いてある。椅子に座ったままか立てば、事典・辞典類が取りだせるようにである。歩いて書棚から取りだしたり、わざわざ図書館に行って調べなければならないと、結局は調べずじまいで、そのうち忘れてしまう。本書の副題「知識の幅をひろげる試み」のためには、疑問に思ったらいつでも調べることができるように、まずかたちから入る必要がある。

本書を読むと、著者、加納啓良の研究室や書斎が見たくなった。このどん欲な知識欲を支えている源はなになのか、覗いてみたくなった。とにかく、著者は、事典・辞典類をよくひいている。そのひき方も、半端ではない。いちばんよくひいているのは言語辞典のようだが、各種事典・統計書などをいつも小脇に抱えているような様子が浮かんでくる。しかも、情報を得ると、それをまとめて分析してしまう。

このような習癖は、著者が専門とする経済学から得たものだろう。それを、「知識の幅をひろげる」ために、大いに活用している。奥付の略歴には、「インドネシアを中心に東南アジアの経済・社会・歴史を研究」とあるが、本書でもインドネシアを相対化するために、ほかの東南アジア諸国の例が頻繁に出てくる。経済学だけが専門ではなく、社会や歴史にも造詣が深いこともすぐにわかる。そして、その社会や歴史の知識が、専門の経済学にいかされていることは、本書唯一の「学者らしい論考」である最後の「第35話　貿易統計から見た日本・インドネシア関係」からわかる。社会学や歴史学を専門にしていようが、あるいは言語学などのほかの分野を専門にしていようが、本書を楽しんで読むことのできるのは、著者の探求心と事実確認の手法が、ほかの学者の共感を得るからだろう。かつて、同じく東南アジア経済学を専門とする末廣昭『タイ――開発と民主主義』(岩波新書、一九九三年)を読んだとき、政治・経済の本でありながら、歴史の本としても楽しむことができた。それは、著者が自分の専門性をいかすための基本として、歴史的、社会的知識を充分にもちあわせており、周辺国・地域との比較も充分におこなっていたからだろう。本書も、インドネシアを例にしながら、もっと広がりと奥行きのある内容だった。

東南アジアのような流動性が激しく、制度化が必ずしも有効ではない社会では、事典・辞典類、統計資料は、制度化の発達した定着農耕民社会を基盤とした先進国のもののように正確ではない。したがって、著者は自分自身でもっと信頼のおけるものをつくろうとしている。そして、近代科学の理論が必ずしも役に立つわけではないことを、著者は知っているにもかかわらず、近代科学を基本にインドネシアを理解しようとしている。ひとつの分析視座から理解できないインドネシアを、合わせ技で、あるいはほかの国・地域との比較で把握しようとしている。理屈ではなく、肌で感じることも忘れてはいない。近代をリードした国ぐにの理論ではけっして理解できないインドネシアの研究には、「雑学」が必要なことを本書は教えてくれる。

本書を読んで考えさせられたのは、学際・学融合的分野である地域研究を専門とする「新しい」研究者に、本書のような「齧る」ものが書けるだろうか、ということだ。著者は、この「齧る」の意味を、「いろいろな角度から眺めて、多様な味わいをそのままに表現してみようと思ったにすぎない」としている。しかし、それは著者の謙遜であって、この「齧る」をできる者は、そういない。著者の経済学という専門性があって、それを基盤に「齧る」ことができたと、わたしには思えた。本書を超えるようなものが地域研究者から出たとき、新たな「齧る」切り口がみえてくるだろう。

最後に、「外島」ということばが出てきたとき、すこし首を傾げたことを申し添えておく。これまでも「インドネシア」が語られるとき、実際は「ジャワ」のことしか語られないことがままあった。著者は、けっしてジャワだけのことを語っているわけではない。それどころか、広大なる国土・多様な民族を、いかに「インドネシア」というタイトルの下に語るかに苦心している。にもかかわらず、オランダ植民地時代に使われたジャワ以外の島じまをあらわす「外島」ということばが出てくると、「ジャワ中心史観」かと思ってしまう。いまのインドネシアに、まだ「外島」ということばが通用するのか、そのあたりも知りたかった。

（二〇〇五年九月二〇日）

◇中島岳志『ナショナリズムと宗教――現代インドのヒンドゥー・ナショナリズム運動』（春風社、二〇〇五年）

ここに新しい時代の研究がある、そう感じた。著者、中島岳志の専門は、「南アジア地域研究」の枠にはおさまらないだろう。著者の新しさは、なによりも生身の人間と社会が大好きで、にもかかわらずその世界に埋没することなく、客観視することに努めていることだろう。途上国大好き人間のなかには、圧倒的な経済力を背景としていることを忘れ、「なにかしてあげましょう」という善意の安売りや「かわいそう」という同情の目でみて、対等な人間関係を見失い、優越感に浸っていることにも気づかず、はまってリピーターになっている者がいる。また、研究者のなかには、生身に触れることを恐れ、人間と社会を研究対象としてしかみていない者がいる。両者のバランスをとるのはほんとうに難しく、そのことに気づいても、どちらかに偏っていることを認識して、割り切って自分の「スタンス」とするのがせいぜいだろう。わたしも、そんなひとりでしょう。

著者は、「「文字化された対象」のみを研究の俎上に載せ」、「表舞台に現れる政治権力闘争やアイデンティティ・ポリティクスの側面のみが強調され、末端の民衆の生活戦略や宗教復興的心性などの主体性は完全に等閑視されてきた」先行研究を乗り越えるために、「ヒンドゥー・ナショナリズム運動が展開されている具体的な活動の場に注目し、末端活動員や民衆の主体をとり上げ」、その「多様な主体の多様な欲求が複合的に重なり合いながら運動を展開している」実態を描きだそうとしている。

本書は、考察の対象とする「現代インドのヒンドゥー・ナショナリズムを捉えるための理論的枠組みを提示する」ことからはじめ、つぎに「ヒンドゥー・ナショナリズムの歩みを近現代インド史のなかに位置づけることを試みる」。この多少「重く、鈍い」二章の後、著者のフィールドワークの成果が存分に活かされた「軽快な」四章がつづく。多様な「インド」を「ヒンドゥーであること」で一元化を図る試みも、現実のなかではいかに難しいかが、「末端の民衆の生活戦略や宗教復興的心性などの主体性」を具体的に語ることによってみえてくる。そして、「過激なヒンドゥー・ナショナリスト」の姿は、メディアという媒体との相互関係によって生成され、固定化されていっていることを指摘する。

読後感は、まずインドの「奥深さ、巨大さ、複雑さ」に圧倒されたことだ。著者は、それに怖じけず、真っ正面から向きあっている。それでも、なにか物足りなさを感じたのは、最初の「重く、鈍い」二章と後の「軽快な」四章が、最後で充分に結びつかなかったことだろうか。あるいは、「自己の為すべき役割り（ダルマ）を果たす」という思いが、いま経済発展で世界の注目を集めるインドで、これからも有効に機能するのだろうか、わたし自身が不安に思っているからなのだろうか。楽観的になれないものが残った。

もうひとつ疑問に思ったのは、四月に出版されたばかりの同著者の『中村屋のボース——インド独立運動と近代日本のアジア主義』（白水社）とどういうつながりがあるのだろうか、ということだった。

これがつながると、インドとはなにかが、もうすこしみえてくるような気がした。第二章の近現代史のなかの位置づけを、別の角度からみることによって、新たな「発見」もあるだろう。

「ときに激しく共感し大声で笑い合い、ときに激しい憤りを覚えながら、私は必死になってインドの人々と格闘してきた」という著者だけに、今後もインドの平和に貢献する執筆活動をつづけていくことだろう。あまりにも楽観的に「国際交流」する「インド好き」や机上の学問に満足している研究者に、刺激を与えるものを期待したい。

（二〇〇五年一一月八日）

◇栗田英幸『グローカルネットワーク――資源開発のディレンマと開発暴力からの脱却を目指して』（晃洋書房、二〇〇五年）

「グローカル」ということばを聞いて、一〇年以上になる。大学の授業でも、はじめは詳しく説明したものだ。それが、だんだん身近になってきて、学生にも説明しやすくなった。その理由は、グローカルネットワークが、「ローカル、ナショナル、グローバル、それぞれのレベルで相互に補完・強化し合いながら、急速に影響力を強めてき」た結果であることが、本書からよくわかった。

本書の目的は、「鉱業を事例として、開発主義が「持続可能な開発」制度の奥深くまで食い込み、制度を変質させていることを明らかにした上で、開発主義を克服するための具体的な変化としての新しいグローカルネットワークの可能性と課題について提示しようとするものである」という。しかし、林業資源などのように、鉱物資源が再生できるのだろうか。どのようにして「持続可能な開発」ができるのか、まず疑問に思ってしまった。

本書の構成は、著者、栗田英幸が「はじめに」で要約してくれているので、わかりやすい。四部からなり、Ⅰ部「分析のフレームワーク」では、「「持続可能な鉱業開発」に関する先行研究を、促進派、否定派の二つの立場からそれぞれ整理した上で、それぞれの分析ツールの問題点を明らかにし、本書で用いる分析ツールについて提示し」ている。Ⅱ部「グローバルネットワークと鉱業制度の変遷」では、「「南」鉱業国の時間差を含んだ同質の鉱業制度の展開過程に注目し、鉱業制度に対する多国籍企業、「南」政府、地域住民三主体間の影響力バランスのグローバルな変遷過程を描き出し」ている。Ⅲ部「フィリピン地域住民を取り巻くグローカルネットワーク」では、「Ⅱ部で描き出したグローバルな影響力バランスの変遷と、ナショナル、ローカルでの制度との連関について論じ」ている。そして、終章のみからなるⅣ部「グローカルネットワークの機能と開発主義克服への課題」では、「これまでの分析から、グローカルネットワークと鉱業制度との関係を描き出し、グローカルな史的変遷の中に現在の状況を位置づける。この作業を通して、「持続可能な開発」制度の問題点および問題を克服する上で必要とされるグローカルネットワークのあり方を提示」している。

「自然科学（工学）から社会科学」へ転換したという著者は、自然科学者らしい技術面にかんする考察がみられ、人文・社会科学を専門とする研究者にはみられない特徴がある。学際・学融合的研究には、いかに自然科学の基礎知識が必要であるかを具体的に示した好著といえよう。さらに、四つのグローカルネットワーク（メジャー独占、ナショナリズム、多国籍企業、NGO）と三つの制度（英米法、資源ナショナリズム、「持続可能な鉱業開発」）をバランスよく論じることによって、「開発主義を越えるグローカルネットワークの可能性」を探っている点は、説得力がある。そして、最後に「貧困故の妥協の克服」「社会不安定化の克服」「利害関係からの超越」をあげることによって、今後の課題としている。

本書の問題としては、人文・社会科学的な基本事項の確認の甘さをあげることができる。『諸蕃志』の「麻逸」はミンダナオ島ではなく一般にミンドロ島に比定されており（書名も間違っている）、フィリピン第一の国民英雄リサールのスペルも間違っている。日比友好通商航海条約の調印は一九六〇年、批准は七三年で、条約の名前も年も間違っている。このほか、著者の専門ではないフィリピンの基本的事柄についての間違いが散見される。地名・民族名なども、一般的なカタカナ表記とは違っているものがある。これらは、すべて『フィリピンの事典』（鈴木静夫・早瀬晋三編、同朋舎、一九九二年）で確認すれば、わかることである。このような明らかで単純な間違いは、本題ではないにもかかわらず、本書全体の不信感に繋がる。フィリピンを専門とする地域研究者からは、評価されないことにもなりかねない。残念だった。また、本書では、表が多用されているが、地図は一枚もない。学際・学融合的研究成果の発表の仕方も、そう簡単ではない。

ところで、本書で実例として取りあげられているWMC社のタムパカン・プロジェクトにかんして、わたしは一九九六年に西オーストラリア州都パースのWMC社で、当地の人類学者らとともに説明を受けている。映像など視聴覚資料での説明は、まだパワーポイントなど知らないときで、プレゼンテーションとはこういう風にするのかと感心したので、よく覚えている。鉱山開発によって、地元住民のバラ色の将来が約束されているような、素晴らしい説明だった。このように、地元住民にも説明しているのだろうと思った。同時に、WMC社には協力する人類学者もいたが、フィリピンのミンダナオ島の実情を知っているのだろうかと疑問に思った。案の定、この計画は、二〇〇二年一月にWMC社が撤退を表明したことで終わった。そして、いまWMC社は、買収される話で鉱業界に話題を振りまいている。

この計画の失敗の第一の原因は、ミンダナオに公平な社会正義がないことだ。本書で示されているとおり、ミンダナオでは三G（銃、私兵、金）がまかり通る社会で、富の分配が不公平である。そこにWMC社が目をつけて、三Gでなんとかなるだろうと思ったのだろう。しかし、グローカルネットワークによって、三Gが従来ほど機能しなくなっている。新たな時代に入ったことは、確かなようだ。それはわかったが、それが「持続可能な鉱業開発」とどう具体的につながり、地域の住民が公平な富の分配に預かれるようになるのか、いまひとつわからなかった。

（二〇〇六年一月一〇日）

◇竹田いさみ『国際テロネットワーク――アルカイダに狙われた東南アジア』（講談社現代新書、二〇〇六年）

本書で取りあげている一九九〇年ころからの東南アジアを、わたしもよく歩いた。ニュース報道として取りあげられる事件と、実際に自分が見聞きした社会がどう結びついているのか、いまひとつよくわからなかった。それが、本書を読むことによって、多くの謎が解けた。

「伝統的な書斎派タイプではなく、明らかに現場主義の研究者である」著者の竹田いさみは、本書の目的を「まえがき」でつぎのように述べている。「世界を見渡すと、実にさまざまなイスラム過激派やテロ組織が存在することに驚かされる。数あるテロ組織のなかで、本書ではアルカイダおよびアルカイダ系と呼ばれるテロ組織に限定して、その国際的なネットワークをあぶり出そうとしている。なぜ、アルカイダは東南アジアに進出したのか、またなぜ、東南アジアはそれを許したのか、その謎に迫りたい」。

つづけて、本書の構成と内容の要約を、つぎのようにしているのでわかりやすい。「第1章では、アルカイダの誕生から現代までの変化を追い、その組織の求心力とは何だったのかを考える。現代史のなかでアルカイダを捉えてみたい。第2章では、アルカイダが東南アジアに進出した要因をさまざまな角度から検証する。第3章では、東南アジアにおいて、どのようなアルカイダ系のイスラム過激派やテロ組織が存在し、なぜアルカイダと提携したのか、また、どのような国際テロネットワークを形成したのかを探る。第4章では、国際テロ組織やイスラム過激派と呼ばれる集団がどうやって資金を調達してきたのか、そのメカニズムを説き明かしたい。終章では、アルカイダの進出によって明らかにされた東南アジア地域の抱える問題を整理し、先進諸国、あるいは日本の役割について言及してみたい」。

本書によって、おおかたの読者は「国際テロネットワーク」の概略を、理解できただろう。しかし、本書だけで満足することはできない。それは、著者への不満ではなく、本書が扱ったテーマが、ひとりの研究者、ひとつの研究分野だけで、扱えきれるようなテーマではないからである。マクロ的には、本書でも述べているように、「ちょうど米国経済のグローバル化とほぼ歩調を合わせるように、テロ組織における資金調達のグローバル化も進んだ」ことの検証が必要だろう。ミクロ的には、「なぜ、アルカイダは東南アジアに進出したのか、またなぜ、東南アジアはそれを許したのか」という著者自身の問いに、まだ充分に答えられていないことに答えることだろう。著者もそのあたりは承知していて、「あとがき」で「英語のみで調査」することへの「ご批判は覚悟のうえである」と予防線をはっている。「ご批判」するつもりはないが、東南アジアの民族間関係や社会の成り立ちは、一朝一夕に理解できるものではない。それが、インド洋を跨ぐ歴史的な積み重ねのうえでのイスラームとのかかわりが絡み、文献を重視しないイスラームや海域世界となると、いかにこのテーマが難しいかがわかってくるだろう。さらに、フィリピンではジャーナリストが殺害される報道が絶えない。世界有数のジャーナリスト受難の国だ。著者が終章で提起する国際テロネットワークの「根絶」策も、これらマクロとミクロの充分な把握があって、効果を発揮するだろう。それだけに、本書が議論の土台を提供した意味は大きい。

それにしても、フィリピンは不思議な国だ。歴史的にみれば、一六世紀後半に当時世界の最強国であったスペインの支配がはじまり、一九世紀末には二〇世紀の最強国家アメリカ合衆国の植民地になった。日本の占領も、三年間以上経験した。フィリピンから宗主国を通して、世界も時代もみえてくる。しかも、中心からではなく、周辺という違った角度からみえてくる。今度は、本書からも明らかなように、フィリピンを通してテロ組織の実態がみえてくる。これらのことから、フィリピンを事例研究することの意味が、ひじょうに大きいことがわかるだろう。しかし、なぜ、この国から貧困が消えさり、正義がやってこないのか、もう三〇年間もつきあっているのに、みえてこない。

（二〇〇六年四月一一日）

◇倉沢愛子『インドネシア　イスラームの覚醒』（洋泉社、二〇〇六年）

二〇〇三年春、学生を連れて神戸を歩いていた。モスク（イスラーム寺院）の前に来たので、見学させてもらえないかと頼んでみた。突然であったにもかかわらず、快く迎えいれてくれて、たまたまいた留学生が懇切丁寧に説明してくれた。モスクの前の食料雑貨店も、興味深いものだった。学生のなかには、九・一一の衝撃が鮮明で、イスラーム教徒を怖いと思っている者がいたようだが、かれらの日常に接することで、モスクに入る前の緊張した顔が、モスクを出るときには穏やかな顔になっていた。わたしの大学の近くには、AOTS（海外技術者研修協会）関西研修センターがある。学生とランチをしに行くことがある。そこで、学生ははじめてハラール（イスラームの教えに照らしあわせて問題がない）料理を目にし、食べてみる。料理も食べているイスラーム教徒も違和感なく、食堂で自分たちと一緒に食事をしていることに気づく。

本書の著者、倉沢愛子は、インドネシアのイスラーム教徒の日常に目を向ける。かの女をそうさせたのは、「ジャカルタに居を構えて一五年」、「既存の理論からは到底理解できないような諸現象を目のあたりにして出てきたさまざまな疑問が」いざなったからである。著者が学んだ近代科学に基づく「近代化論では一般に、近代化が進むと信仰にあまりにも時間やお金やエネルギーをかけることは少なくなっていくと解釈されてきた。しかしインドネシア社会は、反対に近代化や経済開発が進んできたまさにその時期に、宗教色が強まってきたのである」。著者は、この現象を理解するために、「インドネシアに居を構え、そこで生活するなかで感じた数々の変化や戸惑いをひとつひとつ紹介しながら、研究者の目というよりは、一人の生活者の目で、変容しつつあるイスラーム社会を分析して」いる。著者は、自分自身を「イスラーム研究者ではないし、イスラームの教義や歴史など奥深いところは何も知らない」と謙遜しているが、それこそが著者が近代の研究者から現代の研究者に飛躍しつつあることの証拠だろう。

それは、著者が近代的な科学の手法を充分に身につけているからこそ気づいたことだろう。しかし、それは飛躍の第一歩にすぎず、まだまだ暗中模索であることを著者自身がよくわきまえているから、謙遜しているのである。

本書では、イスラーム主義がインドネシアで急激に台頭してきたことを、出版などのマスメディア、服装、カリスマ説教師など、日常性のなかで具体的に紹介し、考察している。インドネシアといっても、日本の国土の五倍以上、東西五〇〇〇キロを超え、時差も二時間ある。人口は二億人を超え、民族や言語はいくつあるかわからないような国で、本書のジャカルタの事例がどれだけほかの地域・社会で通用するのかわからないいっぽうで、この事例からいまという時代や社会を読みとることもできる。

まず、イスラーム主義の台頭という現象は、イスラーム社会特有のものではないだろう。中国の愛国主義の台頭や日本の若者の右傾化も、同じ現代の現象といってもいいかもしれない。グローバル化がすすみ、社会の平準化がすすむいっぽうで、自分たち自身の社会に目を向けるようになり、過度に守ろうという現象が起こっている。環境問題の解決のために、「グローバルに考え、身近なところで行動しよう Think Globally, Act Locally」ということがいわれるが、これらの現象は「身近なところで考え、身近なところで行動しよう Think Locally, Act Locally」とするものである。そして、イスラームという「身近なところで考え、グローバルに行動した Think Locally, Act Globally」結果が、国際テロ活動といえるかもしれない。身近であるだけに同調者は得られやすく、インターネットを通じて充分な議論と理解のないまま、広がりエスカレートしていく。

この「テロ」という本書でも頻出することばについても、考える必要があるだろう。イスラーム教徒は、ウンマという共同体のなかでシャリーア（イスラーム法）という秩序の下で暮らしている。近年、アメリカを中心とする資本主義経済と価値観が、グローバル化の進展とともにイスラーム社会に浸透し、共同体内でイスラームの秩序が守れなくなるという危機感が生まれた。それが、あまりに大きな力で急激であっただけに、イスラーム教徒を動揺させ、「テロ」行為へと走らせたということがいえるかもしれない。しかし、イスラーム教徒側は「アメリカこそがテロ国家」だと主張している。なぜだろうか。

古い例では、ローマ法によって守られたローマの市民というものがあり、ローマ法が通用しない人びとを「賊」とよんだ。山賊、海賊とよばれる人びとは、自分たちとは違う法や秩序をもつ人びとということができる。逆に「賊」とよばれた人びとからローマ市民をみると、ローマ市民のほうが「賊」ということになる。いま使われている「テロ」ということばも、かつての「賊」と同じように使われているといってもいいかもしれない。ということは、われわれは違う秩序を認めあうということからスタートしなければ、互いを「賊」とか「テロリスト、テロ集団・国家」とか言って罵りあうだけで終わってしまう。かつては、「鎖国」したり「海禁」したり、万里の長城を築いたりして、自分たちだけの社会秩序を守ってきた。しかし、グローバル化しつつある現代では、それは非現実的なことだ。自分たちとは違う価値観や秩序をもつ人びとと、どう友好的に暮らしていくか、「賊」も「テロリスト」も存在しないことを前提にして考えていかなければならない。

本書は、近代科学で理解できないジャカルタを中心に起こっている現象を、日常生活のなかで把握し、数々の問題提起をしている。その答えを出すのは、近代科学で教育を受けた著者の世代ではなく、異なる価値観や秩序が理解でき、多文化共生社会を生きることができるこれからの世代かもしれない。しかし、その世代のなかに、グローバルな視点でものがみえず、自己中心的な考え方を強めて、グローバルに行動する人たちがいる。地球規模のトラブルの原因になることは明らかだ。まずは、これからの社会に必要なものの考え方、行動のしかたを、平和な多文化共生社会の形成を目指して考えることからはじめる必要があるだろう。そして、グローバルに考え、地球共同体という広域社会と身近なコミュニティの両方で行動できるThink Globally, Act Glocally人材を、世界中で育てていかねばならない。

（二〇〇六年八月二九日）

◇末廣　昭『ファミリービジネス論――後発工業化の担い手』（名古屋大学出版会、二〇〇六年）

「専門が違うので読まない」、という人がいる。そういう人の書いたものの書評や査読を頼まれることがある。「専門が違う」ので、お断りをする。そういう人の書いた「専門」はどんどん視野が狭くなったもので、その分野の「オタク」ならいざ知らず、読んでいてもつまらないし、第一勉強にならない。そんな本や論文につきあう暇はない。しかし、専門外の人が読んでも、おもしろく、ためなる本は、それほど多くない。

本書は、その「それほど多くない」本のなかの一冊である。経済学やタイのことを知らなくても、本書は充分に読みごたえがある。それは、著者、末廣昭が、タイ社会の基層や現代という時代をにらんで書いているからである。

本書の目的は、つぎの帯の文章を見ればよくわかる。「遅れた企業形態なのか？　アジアやラテンアメリカの経験をふまえ、タイにおける豊富な事例に基づきながら、「進化するファミリービジネス」の論理を明らかにし、グローバル化時代における淘汰・生き残りの分岐点と、今後の行方を示した画期的論考」。グローバル化時代になって、近代の経済理論が通用しない現象が続出してきた。その一端を解き明かそうというのである。理論だけでなく、現地社会の理解を抜きにしては語れないことを、著者は充分に知っている。近代では近代の制度的理論が有効であったが、グローバル化時代には逆説的にグローバル化に対応するミクロな社会現象の把握が不可欠である。ただし、それは理論的な基礎のうえに立った話だ。

本書は、学生に読ませたい本の典型的なスタイルをとっている。それは、著者自身が明確な目的をもち、論理的に導きだした結論があるからである。各章では、それぞれ「はじめに」「おわりに」で、それぞれの章で議論されることと、その結果明らかにされたこととが要領よくまとめられている。本書全体では「序章」で「課題と論点」を整理し、「終章」で「ポスト・ファミリービジネス論」を展望して締めくくっている。そして、各章で議論したことを具体例に、「序章」や「終章」では、各章とは次元の違うスケールの大きな議論を展開している。

二部構成も効果的だ。第Ⅰ部「所有構造と経営体制」では、ファミリービジネスの内部に潜入して考察しているのにたいして、第Ⅱ部「歴史的展開と通貨危機後の再編」では、時系列に把握して変化の軌跡を追っている。あるときはファミリービジネス界に肉迫して主観的にみ、あるときは距離をおいて客観的にみている。その両方の視点で理解しているからこそ、自信のある「はじめに」「おわりに」と「序章」「終章」がある。

その自信ある論理展開をさらに裏づけているのが、「付録　タイのファミリービジネス所有主家族の資料」などの詳細な統計データと共同研究であろう。著者は、一九八一年以来、足で集めた企業データを入力しつづけてきた。事例調査ではなく、悉皆調査によるデータからは、たんなるデータではなく、その背後にあるタイのビジネス界の奥深さを感じさせるものがある。近代の理論経済学では、けっしてわからなかった経済界がみえてきた。そのみえてきた経済界は、経済学者やタイ研究者のような特定の学問分野や地域の研究者だけが、興味を感じるものではない。そして、著者は、共同研究を通じて、自分が得た成果を相対化しているため、専門外の人が読んでも、充分楽しめ、勉強できるものになっている。

本書は、グローバル化時代の研究とは、自前の悉皆データをもち、いかに自分の研究を相対化できるかがポイントであることを教えてくれる。

（二〇〇七年一月三〇日）

五　その他

◇蜂須賀正氏『南の探検』（平凡社ライブラリー、二〇〇六年）

帯に「最後の殿様博物学者によるフィリピン探検記　60年ぶりに復刊!!貴重図版多数!!」とある。著者の蜂須賀の姓を見て、蜂須賀小六を思い浮かべた人が多いのではないだろうか。そう、著者は、阿波蜂須賀家第一六代当主で侯爵、貴族院議員でもあった。

本書は、著者が一九二九年二月一一日にフィリピン諸島の最高峰アポ山（二九五四メートル）に初登頂するまでの記録を、一般向けに書いたものである。著者は、アフリカ、中南米などの世界各地を探検したにもかかわらず、一般向けに書いたものは本書しかない。ということで、本書には、ミンダナオ島のアポ山登頂に関係するものだけでなく、ほかの探検・調査や、欧米の生物学者との交流についても書かれている。

わたしにとって、本書ははじめて読むものではない。しかし、あらためて読み直して、学ぶ点がいくつかあった。まず、口絵Iの「フィリピン産太陽鳥及び花鳥の類（著者原図）」の五羽の鳥を見て、著者の観察力の鋭さに驚嘆した。そして、かねてより気になりながら、いまだに実現していない *The Birds of the Philippine Islands with Notes on Mammal Fauna*, Parts I-IV (London: H. F. & G. Witherby Ltd, 1931–35) を見たくなった。学術的に貴重なだけでなく、噂に違わぬ美しいものだろう。フィールドワークするには、なにかひとつ、技術的に「これは」というものを身につけておくべきだと感じた。

つぎに、本書の随所で語られている調査後の処置である。たとえば、このような記述がある。「一番広い私の部屋で、剥製に取りかかる。真夜中まで整理にかかったが、あまり身体が疲れたので、残りはホルマリン注射をして、長い一日をおえた」。どんなに疲れていても、その日の成果の整理をしっかりしている。その積み重ねが、後々ひじょうに大きな財産となることを、著者はよく知っている。調査前の準備と調査後の整理だけでなく、著者は、日ごろから基本的作業をつづけていたことが、つぎの文章からわかる。「数年前から日本で発表される鳥学に関する論文全部の抄録を私が書いてフィラデルフィアに送る約束になっており、それを向こうでは毎年出版される「抄録集」に載せることになっているのである。こんな仕事は学者の仕事というよりも秘書の仕事に等しくてつまらないが、どうしても年内にやってしまわないと良心が咎めるような気がする」。「つまらない」仕事を他人に任せず、自分自身で丁寧にすることが、鋭い観察力を培い、自分の研究を相対化できるようになったのだろう。

そして、自分の力を過信することなく、見知らぬ土地ではその土地に通暁した人をみつけ、その人のアドバイスを素直に聞いて、無理をしないことを体得したのだろう。アポ山登頂では、わずか一二、三歳のウバという名の少年がもつ、鳥獣にたいする並々ならぬ知識を見抜き、ことばもわからないのに連れて行くことを決めた。そして、「今までの学者の研究に間違いがあることを発見した。ミンダナオのような熱帯における採集にウバのような者を連れて行くことは絶対の必要条件である」と述べている。

欧米の研究者との交流では、著者が侯爵の肩書きをもっていることが大いに役立っている。現在の皇族も、天皇はじめ研究者でもあり、皇室外交に役立っている。かつて、ヨーロッパの王侯・貴族が文化・芸術のパトロンであったことはよく知られているが、二〇世紀には自ら研究者となって調査をしている人たちがいたことがわかる。しかし、このような人びとの調査は、戦前では戦略的に使われたことも、忘れてはならないだろう。調査に随行した人びとや警護の軍人のなかに、諜報・工作活動に従事した人がいたとしても不思議ではない。日本でも、戦前、海外の民族学調査や探検に巨額の資金が費やされたことは、そのことを如実に物語っている。

ともあれ、本書は、現在、地域研究などでフィールドワークをおこなっている学生・大学院生、研究者に、調査の成果を報告書として残すためには、どのようなことをしなければならないか、多くのことを教えてくれる。

蛇足だが、著者はBritish Museumを「英国博物館」と訳している。一体いつから「大英博物館」というようになったのだろうか。戦後だと、ひょっとすると問題としていいかもしれない。

（二〇〇七年八月二八日）

III　歴史空間としての海域世界

一　自律した歴史空間としての海域世界への道

兵庫県との境の岡山県日生町に、田淵屋甚九郎の碑がある。初代田淵屋甚九郎（?〜一七三四年）は、享保年間に千石船を仕立て、五島列島経由で朝鮮、ルソンなどに出向いたという伝承が残されている。備前岡山藩でも、そのことは承知していたらしく、田淵屋ゆかりの甚九郎稲荷や甚九郎橋が、岡山市内に残されている(1)。田淵屋が活躍した時期は、徳川吉宗が国産奨励策を打ちだし、オランダ船の出島入港が減り、唐船も減った時期と一致する。いわゆる「唐物」「南蛮物」の不足が、「密貿易」になったことが考えられる。

田淵屋甚九郎のことは、文献にはほとんど残らず、今日まで歴史の表舞台に登場することはなかった。徳川時代に、出島、対馬、松前、坊津の四つの口が、海外への窓口であったことは知られていても、瀬戸内から海外貿易に進出する者がいたことは、あまり知られていない。それどころか、瀬戸内は徳川幕府の支配の及ばなかった海域として理解することもできる。もうひとつの例をあげてみよう。

瀬戸大橋が架かり、その橋桁の島となった与島には、フィッシャーマン・ワーフがあり、幕末帆船型遊覧船咸臨丸がある。この咸臨丸は、与島の西の「海賊」の島じま、塩飽諸島を廻る。塩飽諸島は、豊臣秀吉、徳川家康・家光によって、御朱印状で自治が安堵されていた。その徳川への恩義で、咸臨丸の水主《かこ》の大半が塩飽諸島から出ている。この塩飽諸島などでは、近年まで両墓制（拝み墓と参り墓）がおこなわれており、瀬戸内周辺の拝み墓の卵塔の観音開きを開けると、観音ならぬゼウス像（一七世紀製）が出てくることがある。[2]

このふたつの例をみると、徳川幕府の威光が瀬戸内という海域世界には及んでいなかったことがわかる。そして、近年まで海域世界を含めるかたちで、日本の歴史が書かれることはほとんどなかった。

本章で考察のおもな対象とする海域東南アジアは、現在数億人が居住する多島海である。その範囲は、便宜上フィリピン、インドネシア、東ティモール、マレーシア、シンガポール、ブルネイの六カ国からなる東南アジア島嶼部を指すことが多い。しかし、大陸部の沿岸部、メコン川などの大河の流域、トンレサップ湖周辺などを含めると、さらに広い範囲を含めることができる。また、海域東南アジアは、ムラユ（マレー）系の人びとが居住するムラユ世界と、ほぼ同一視されることが多い。しかし、ムラユ世界には、イスラーム教徒の支配的な地域という意味あいが濃く、キリスト教徒の多いフィリピンやインドネシア東部などを含まなくなる。

海域世界の人びとは、歴史的にみると陸域世界のように境界線を引いて守るということをせず、多くの犠牲を強いて守るより移動することを選んでいる。個人・集団での移動は日常茶飯事で、クニごと移動することも稀ではなかった。もっとも、ここでいうクニとは、実質的な支配が及んでいた王都のみを指している。そして、海域世界の住民は、拒絶されないかぎり、陸域世界にも進入し、根を下ろしていた。したがって、かれらの海域空間の自称はない。あるのは、血縁・地縁、言語や慣習、神話を共有する空間である。

現在東南アジアとよばれている世界は、かつてインド洋からみたインド人、アラブ人、ヨーロッパ人などによって、「インド以遠 Further India」とか「東インド East India」「インドの島じま Indonesia」「インド化された諸国 Indianized States」とよばれ、中国や日本などは南海とか南洋、南方とよんだ。長らく外部からみた世界であって、自律した世界としてみられることはなかった。

東南アジアの自律史観が研究者によって本格的に意識されたのは、一九六〇年代前半にジョン・スメイルが「自律史観」を発表してからだった。その口頭発表の現場にいて、活字になって読んで(3)あらためて興奮したという永積昭先生から、一九七〇年代後半に授業で聞いたわたしは、はじめなぜそれほど興奮したのか、そして十数年たってもその興奮冷めやらぬ面持ちで話されるのか、理解できなかった。東南アジアには、東南アジアの自律史があるのは、当たり前だと思った。しかし、史学史を繙いてみれば、それが東南アジア史研究にとって、大事件であったことが後でわかった。それまでの東南アジア史研究は、大文明史観を前提とした東西交渉史か、植民地経営を前提とした植民地学でしかなかった。ジョルジュ・セデスが一九四四年に「インド化した国ぐに(4)」として東南アジアを描いたのも、一九五五年にD・G・E・ホールが世界ではじめて描いた本格的東南アジア通史(5)にフィリピンやベトナム北部が含まれていなかったのも、東南アジアに自律した歴史空間を認めていなかったからである。一九六〇年代にはじめて自律した東南アジア史が意識された後も、けっして順調に研究が進展したわけではなかった。永積昭『オランダ東インド会社』(近藤出版社、一九七一年)をかつてインドネシア史として読んだわたしは、二〇〇〇年に文庫版（講談社学術文庫）が出版されて読み直し、唖然とした。それは、まぎれもなく「オランダ史」だった。

スメイルが唱えた東南アジアの「自律史」は、アメリカの戦略的地域研究とあいまって、「インド以東」や「南海」「南洋」「南方」にかわって、「東南アジア」という用語が一般的に使われるようになり、一国史を基本とした歴史が語られるようになった。それは、首都と陸の国境を前提とした歴史であって、現在の国境を越えた歴史空間をもつ海域世界を無視したものであった。そして、近年海洋資源や海底資源の囲いこみから領域としての海域の重要性が認識され、さらに環境問題やスローライフから「海」が注目を集めるようになった。しかし、それらは陸からみた海洋観であって、海域世界を自律した生活・社会空間としてみたものではなかった。いま、ようやく海域世界の人びとや社会に関心をもつ若い研究者が、日本でも増えつつある。自律した歴史空間として、海域世界をみることのできる研究環境が整いつつある。

自律した海域世界の歴史にとっての大きな問題は、海域東南アジアの国ぐにで歴史研究があまり発展していないことだ。ましてや、自国史を超えて研究する状況にはない。依然として、海域世界の歴史研究は、外部者の目を通してのものでしかない。

このような海域世界を対象とした研究の歴史のなかで、日本ではどのような研究がおこなわれてきたのだろうか。戦前・戦中を中心に、考察を加えてみよう。

二　戦前・戦中の東西交渉史、海外発展史

近代日本における教育としての歴史、学問としての歴史学の成立は、日本の「帝国」化と無縁ではなかった。「東洋史」という概念は、日清戦争が勃発した一八九四年に那珂通世の外国史を西洋、東洋に二分したことにはじまり、日韓併合の一九一〇年に東京帝国大学文科大学で科目名が支那史学から東洋史学に改称されたことで確立した。西洋の歴史を多分に意識した東洋の歴史は、さらに日本との交流史を基本とする東方アジア史とヨーロッパの歴史と分かちがたい西方アジア史とに区分された。東方アジアの歴史は、中国史を基本としながらも中華史観を排除するために、中国の周辺地域の歴史が注目されることになった(6)。

このように近代日本の東洋史学は、一国史を枠とせず、東西の文化・文明の交通・交流史として発展し、「帝国」日本が将来進出する地域への研究がすすむことになった。とくに、西域史と南海史が、東西交通・交渉史と密接に結びついて論じられた。まず、その成果がまとまったかたちで刊行されたのは、藤田豊八（一八六九〜一九二九年）『東西交渉史の研究』（岡書院、一九三二〜三三年）だった(7)。南海篇と西域篇の二巻が刊行されたことからも、南海と西域が等置されたことがわかる。しかし、この時期の大部の研究書の多くは、著者本人が大きな構想のもとに執筆したものではない。藤田と並び称された白鳥庫吉《くらきち》（一八六五〜一九四二年）や桑原隲蔵《じつぞう》（一八七〇〜一九三一年）のおもな業績も、没後に編集・刊行された論文集である(8)。これらの東洋史

家に共通するのは、南海や西域にかんする個別のテーマを、漢籍の記事批判を基本に考察し、さらに一九世紀から発展したヨーロッパにおける東洋学の成果を取りいれるとともに批判することだった。そのヨーロッパにおける研究を代表する著作が、一九四四年に『東西交渉史――支那及び支那への道』(ヘンリ・ユール著、アンリ・コルディエ補、東亜史研究会訳編、帝国書院)というタイトルで出版された。[9]

藤田の扱ったテーマは、中国の港、南海諸国、南海の物産などであり、南海現地社会についての記述はあまりない。あるとすれば、それは地名比定など、考察の手段としてであった。収録された南海諸国を扱った論文として「狼牙脩国考」(初出一九一三年)、「室利仏逝三仏斉旧港は何処か」(一九一三年)、「大小葛蘭考」(一九一四年)、「宋代の層檀国について」(一九一六年)、「葉調・斯調・私訶條につきて」(一九二七年)、南海にかんする史料・交通・通商については「唐宋時代南海に関する支那史料」(一九一三年)、「ユール氏注マルコ・ポーロ紀行補正二則」(一九一三年)、「前漢に於ける西南海上交通の記録」(一九一四年)、「琉球人南洋通商の最古の記録」(一九一七年)がある。当時、西域に目を向ける東洋史研究者が多いなかで、南海にも目を向けたことは特筆に値するが、初期にはもっぱら中国文学・哲学史を扱い、大正にはいって南海に関心をもつようになり、その後しだいに西域研究に比重を移していった。南海にかんしても、おもな関心は宋代の海外貿易の統轄官庁である提挙市舶司など、中国の港についてで、「イブン・コルダベーのカントウに就て」(一九一六年)、「宋元時代海港としての杭州」(一九一六年)、「宋代の市舶司及び市舶条例」(一九一七年)、「支那港湾小史」(一九一七~一八年)が収録されている。ほかに、日本人の活動(「欧勢東漸初期に於ける海外の日本人」一九一四年)や日本貨(「宋代輸入の日本貨につきて」一九一八年)、ポルトガル人のアモイ占拠(「葡萄牙人澳門占拠に至るまでの諸問題」一九一八年）についてなどの論文がある。藤田は漢籍記事の読解・考察を基本としながら、ヨーロッパ人東洋学者がおこなった漢籍の校訂・訳注を参照・批判している。たとえば「狼牙脩国考」においては、テンネント、クロフォード、ゲリニー、ペリオ、フィリップス、ヒルト、シャヴンヌ、ワッタース、ロズニー、グレネヴェルド、マースデン、ユールなどの名がみえる。藤田自身も『島夷志略校注』（一九一五年）を出版している。藤田のみた南海は、中国の港から広がる空間であった。

藤田の論文にみられるような南海にかんする研究は、一九〇〇年ころから学術雑誌に掲載されるようになった。なかでも、坪井九馬三「明時代ノしな人ガ知リタルしな海いんど洋ノ諸国ニ就テ」（『東洋学芸雑誌』二五六〜二五七号、一九〇三年）や和田清《せい》「明代以前の支那人に知られたるフィリッピン諸島」（『東洋学報』一二巻三号、一九二三年）の地名比定は、その後の研究の基本となった。また、地名比定から、航路についても関心が向けられ、ブルネイを起点とした東洋と西洋の区分が理解され、鄭和の遠征は「西洋下り」として考察された(10)。

南海にかんする史料として早くから知られていたものに、玄奘の『大唐西域記』や義浄の『大唐西域求法高僧伝』『南海寄帰内法伝』がある。これらの史料をもとに考察を加えた高桑駒吉は『大唐西域記に記せる東南印度諸国の研究』（森江書店、一九二六年、復刻版は国書刊行会、一九七四年）などで、東南インドの一〇国の地理および歴史について考察したが、あまり評価されなかった。海域世界の歴史としては、巻末の坪井九馬三「跋」が短いながら、インドと東南アジアの海を介したつながりを述べており興味深い。高桑には一九二〇〜二一年に『史学雑誌』（三一〜三二編）に連載された「赤土国考」がある。なお、一九四二年には足立喜六訳注『大唐西域求法高僧伝』（岩波書店）、つづいて足立喜六

『大唐西域記の研究』（法藏館、一九四二〜四三年、二巻）が出版された。また、法顕については、足立喜六の『考証法顕伝』（三省堂、一九三六年、中国語訳は何健民・張小柳共訳『法顕伝考証』上海：商務印書館、一九三七年）および『法顕伝――中亜・印度・南海紀行の研究』（法蔵館、一九四〇年）がある。

藤田も関心を寄せた宋代の提挙市舶司について、桑原隲蔵『宋末の提挙市舶西域人蒲寿庚の事蹟』（上海東亜攻究会、一九二三年）[11]では、漢人を中心とした「中国史」ではなく、周辺諸地域の民族が中国を舞台に活躍し、時代によっては漢人にとってかわって主役を演ずることもあった「東洋史」として考察している。そこで注目したのが、一三世紀に福建の泉州に在住し、官職を与えられて南海貿易を掌握して巨万の富を築いたアラブ出身のイスラーム教徒、蒲寿庚とその一族であった。本書は、アラブ人の通商活動にはじまり、中国在住のアラブ商人、広州居住の蒲姓の歴史と、イスラーム教徒との通商、社会、ネットワークなどを論じた後、蒲寿庚とその一族の具体的な活動を考察している。それぞれ個別テーマの本文はきわめて短く、その一〇倍はある「参照」という補注がある。著者本人が一書にまとめただけあって、イスラームの広がりのなかに中国が存在し、中国にイスラーム社会が歴史的に根づいていたことがわかるスケールの大きなものになっている。そして、中国の港町のコスモポリタン性、自治、多元文化社会の様子が垣間みえる。

桑原の死後編集・刊行された『東西交通史論叢』（弘文堂書房、一九三三年）、『東洋文明史論叢』（弘文堂書房、一九三四年）、『支那法制史論叢』（弘文堂書房、一九三五年）においても、「波斯湾の東洋貿易港に就て」（『史林』一巻三号、一九一六年）や「イブン・コルダードベーに見えたる支那の貿易港殊にジャンフゥとカンツゥに就いて」（『史学雑誌』三〇編一〇号、一九一九年、三一編一〇号、一九二〇年）など、中国とアラブ・イスラーム地域との交通・交渉を論じたものが散見される。一九二三年の講義「アラブ人の記録に見えたる支那」は、一九六八年に発行された「全集」第二巻に収録された。漢籍・漢文史料だけに頼った中国中心史観からの解放を目指し、諸外国の史料・文献を積極的に利用し、世界史のなかでの中国史研究を主張・実行したことがわかる(12)。

藤田、桑原に代表される研究を融合するかのように、一九三〇年ころから鄭和の遠征にかんする研究が、国際的に飛躍的に発展した。向達、ドイフェンダーク、ペリオ、山本達郎（一九一〇〜二〇〇一年）らの研究は、それぞれ新史料の紹介、史料の書誌学的解説、歴史的事件の考証という特色があった(13)。なかでも、山本の「鄭和の西征」（『東洋学報』二一巻三号、四号、一九三四年）は注目を集めた。山本の論文には、ほかに「印度支那と南海」（小沼勝衛編『東洋文化史大系五　明の興亡と西力の東漸』誠文堂新光社、一九三八年）や「安南の貿易港雲屯」（『東方学報』九、一九三九年）があり、一九三九年に提出された研究報告書をもとに、戦後になって元明の安南征略の顛末をまとめた『安南史研究Ⅰ』（山川出版社、一九五〇年）が出版された。このころから刊行史料である漢籍だけでなく、未刊行史料の発掘・利用がおこなわれるようになったことも研究の発展に貢献した。

このような先達の研究を踏まえて、より体系的に把握しようとしたのが、石田幹之助（一八九一〜一九七四年）と松田壽男（一九〇三〜八二年）であった。石田の『南海に関する支那史料』（生活社、一九四五年）は、「南海史を専攻するもの」ではないにもかかわらず、一九四二年に東北帝国大学より南海史料にかんする講義を委嘱され、取り急ぎまとめたものが基になっている。漢代、三国時代、両晋南北朝時代、隋・唐時代、宋元代、明初と、時系列に漢籍にもとづく南海にかんする史料を紹介している。講述筆記したものを大幅に加筆・訂正しており、南海にかんする漢籍史料の解題だけでなく、ヨーロッパ、中国、日本の研究成果が網羅的に紹介されているため、基本的参考書となる。[14] 内容的には、地名の比定、物産、風俗の解説が中心で、ヨーロッパ人来航以前の中国人の南海知識をまとめている。このような研究は、戦後にも引き継がれ、戦前・戦後を通じた研究をまとめたものに桑田六郎(一八九四〜一九八七年)『南海東西交通史論考』(汲古書院、一九九三年)がある。[15]

いっぽう、松田の『漠北と南海――アジア史における沙漠と海洋』(四海書房、一九四二年)は、きわめて時流にのった出版物であった。そのことを端的に示しているのが、年号を皇歴(日本紀元)で統一したことである。そして、「東洋史は、西洋史と合体して世界史を形造り、光輝ある日本史を、その上に安置しなければならない」、「とくに支那だけを偏重して、ほかの国々の歴史を、あたかも支那史の従属物であるかのやうに取扱ふことは、絶対に許されない筈である」と述べている。副題にあるとおり、「アジア史における沙漠と海洋」の役割を明らかにすることによって、日本を中心とした「世界史」を論じようとした。本来「第一部　内奥アジア史論」と「第二部　東南アジア史論」は別個に論じたものであり、その関連性はなく、ヨーロッパ人が来航する近世以前のアジアが本来のアジアの姿であるとして、力点を置いて論じている。そして、「第三部　近世史上の漠北と南海」は、ヨーロッパによる「アジア汚染の歴史であり、恥辱の年代記にほかならない」、「自己喪失の時期」であったと結論づけている。[16]

空間論として注目すべきは、「序論　アジア大陸の風土と生活」である。時流にのった「結論　皇国の立場」と違って、当時の学識者の一般的な空間認識がみえてくる。松田は、アジアを南から季節風地帯（湿潤アジア）、沙漠地帯（乾燥アジア）、森林地帯（亜湿潤アジア）の三つの風土帯に分けている。それぞれ農耕、遊牧、狩猟生活を基本とし、湿潤アジアは漁労＝農耕生活、乾燥アジアはオアシス農耕の存在も指摘している。オアシスを松田は「漠島」と独自の訳語を使い、沙漠を海にみたてて、海洋アジアとの比較を試みている。その結果、農耕生活態、海洋生活態、森林生活態、草原生活態、漠島生活態の五つの生活態を摘出し、「アジア史」はこれらの生活態に基礎を置くべきだとしている。そして、東西交流のふたつの幹線道路である漠北ルートと南海ルートを論じ、遊牧民やオアシス民が漠北ルートの担い手であったことを明らかにしている。いっぽう、南海ルートの担い手はインド人移民と中国人移民で、さらに近世になってヨーロッパ人が加わる、としている。桑原が重視したイスラーム教徒は、なぜか出てこない。

松田は、さらに論を発展させて、一九七一年に「アジア史を、いや世界史を、まとめあげる軸心として」、『アジアの歴史——東西交渉からみた前近代の世界像』（日本放送出版協会）を出版している。[17]西洋中心の世界史、中国中心の東洋史という一元論を批判して、多様なアジアを含めた「統一ある世界史」をつくるためには、多元世界の処理を考慮しなければならないと主張している。本書では、三風土帯、五生活型に加えて、アジアの四大文化圏（東アジア農耕文化圏・南アジア農耕文化圏・西アジアオアシス文化圏、北アジア遊牧文化圏）が基本構図になっており、その根拠として唐僧、玄奘の「四主説」を取りあげている。玄奘はアジアを「人主の国」（中国）、「象主の国」（インド）、「宝主の国」（西アジア）、「馬主の国」（北アジア）に区分したが、松田はさらに「豹主の国」（狩猟世界）と「香主の国」（南アジア海洋世界）を加えている。ここでも、歴史地理学者を自認する松田は、風土を地理性と歴史性を総合して把握したものとして重視している。

　松田の東西の交通を軸としたアジアの民族と文化の形成、伝播、交流、接触、融合、分裂、分化などの問題は、同世代の宮崎市定（一九〇一〜九五年）『アジヤ史概説』（人文書林、一九四七〜四八年、正続二編）や江上波夫（一九〇六〜二〇〇二年）『アジア・民族と文化の形成』（野村書店、一九四八年）などにも共通する交通・交流史観であった[18]。江上は、松田と同じように地理的環境（湿潤地帯、乾燥地帯、亜湿潤地帯）と、それぞれの生活様式と文化内容から分類した基本的民族型（農耕民、遊牧民、狩猟民）とを結びつけて論じている。いっぽう、宮崎の『アジヤ史概説』は、戦後の発行だが、執筆は戦中であった。そのきっかけは、一九四二年七月ころに文部省教学局ではじまった『大東亜史概説』編纂企画であった。実際に出版された『国史概説』（文部省編、内閣印刷局、一九四三年、上・下・索引の三冊）と対をなす『大東亜史概説』は、「世界で最も古い歴史をもつ日本を扇の要のように中心におき、皇国の文化が」、ビルマ以東の大東亜共栄圏に広まっていく歴史を描くよう要請された。編集責任者池内宏東京帝大教授と羽田亨京都帝大教授は、編集嘱託として鈴木俊、山本達郎、安部健夫と宮崎の四人を委嘱し、執筆を依頼した。四人は熟慮のすえ、西アジアを扇の要におき、最古の文明が西アジアに起こり、最後の終着点、日本において、最高度の文化が結晶したという歴史を答申し、認められた。当時の第一線級の歴史学者は、西アジア文明東流論を共通の歴史観にもっていたのである。戦争中に出版されることはなかったが、これにもとづいて宮崎が書いたのが一九四七年に出版された『アジヤ史概説　正編』であった[19]。

　いずれも前近代中央アジア・内陸アジア史が中心で、とくに世界的に研究蓄積の乏しい東南アジアの海域世界が、説得ある歴史観を提示して語られることはなかった。その後、これらのアジア史・世界史観は、梅棹忠夫『文明の生態史観』（中央公論社、一九六七年）、さらには岡田英弘『世界史の誕生』（筑摩書房、一九九二年）や杉山正明『遊牧民から見た世界史――民族も国境もこえて』（日本経済新聞社、一九九七年）、高谷好一『「世界単位」から世界を見る――地域研究の視座』（京都大学学術出版会、一九九六年、新版二〇〇一年）に受け継がれていった。

前近代史が漢籍・漢文史料を中心とした研究であったのにたいして、初期近代（近世）以降の歴史叙述になるとヨーロッパの史料を中心としたものになった。日本が南進を「国策ノ基準」とした一九三六年当時、シャム（タイ）を除いて欧米の植民地になっていた東南アジアにかんする日本の知識は、日本商品の進出地として以外ほとんどなかったといってもいいだろう。このころ南満洲鉄道株式会社東亜経済調査局や東亜研究所といった半官半民の調査機関が設立された。これらの機関では、日本の将来の進出地を知るために、まず植民地宗主国の研究状況を知る必要があり、その研究書の翻訳をはじめた[20]。しかし、イギリスが本格的に東南アジアの植民地化にのりだそうとした一九世紀半ばに *The Journal of the Indian Archipelago and Eastern Asia*（1847–63）を発行して、オランダがもつ情報を吸収しようとしたようなまとまったものはなかったが、西村朝日太郎（一九〇九〜九七年）『スヂャラ・マラユ（馬来編年史）研究』（東亜研究所資料、一九四一年、翌年『馬来編年史研究（スヂャラ・マラユ）』東研叢書4として出版）が出版されたことは特筆に値する。

『スジャラ・ムラユ（*Sejarah Melayu*）』は、ムラカ（マラッカ）王国の王統系譜を記した歴史書で、東南アジア史研究にとってもっとも重要な古典のひとつである。西村は「一般的紹介を目的」としたと一九四二年版「はしがき」で書いているが、当時としては本格的な研究書となっている。「一　序説」

で『スジャラ・ムラユ』の成立から作者、内容について紹介し、史料考証をおこなったうえで、「二内容」で本文・続編の梗概、さらに「三　脚註解説」をおこなっている。『スジャラ・ムラユ』では神話・伝説と歴史事実が綯い交ぜに語られ、実証主義的近代文献史学では扱いにくい史料である。いっぽう、ムラユ人の王権の神聖性や精神世界など、内面的なことが明瞭に語られており、西村は「民族学的にも極めて興味の多いものである」と認めている。当時利用できたヨーロッパ人の研究を参考に、ムラカとほかのムラユ諸国・地域との交流だけでなく、アラブ、ペルシャ、インド、シャム、琉球、中国などとの交流の様子が、注釈付きで記述されている。この海を介した交流の理解は、西村の戦後の『海洋民族学——陸の文化から海の文化へ』（日本放送出版協会、一九七四年）への繋がっていったものと考えられる。

いっぽう、南進ブーム以前から地道にヨーロッパの史料の収集・研究をおこなっていた東京帝国大学史料編纂所や、一九二八年に設立された台北帝国大学の文政学部南洋史学科を基盤にした研究者の成果があらわれた。信夫清三郎（一九〇九〜九二年）『ラッフルズ——イギリス近代的植民政策の形成と東洋社会』（日本評論社、一九四三年）は、「敵国のイギリスを「ほめている」」という理由で、発売一週間で内務省から発売禁止の処分を受けた。一九六八年に東洋文庫の一冊として、新版（『ラッフルズ伝——イギリス近代的植民政策の形成と東洋社会』平凡社）が復刻されるにあたり、信夫はその「新版への序文」で、「アダム・スミスの啓蒙主義を植民政策に適用しようとしたラッフルズの理念を日本帝国主義の侵略政策に対置しようとしてラッフルズの伝記を書いた。当時の私としては、これ以外に戦争と対決する方法をもたなかった」と述べている。

ジャワ副総督（一八一一〜一六年）、シンガポール植民地の建設者（一八一九年）として知られるトマス・スタンフォード・ラッフルズ（一七八一〜一八二六年）は、植民政策や貿易だけでなく、法律と慣習、土地制度、教育、自然科学など、幅広い興味をもち、ムラユ人から積極的に学んだ。そこには、ムラユ世界としての共通性があることを理解していた。ラッフルズは、「商業の独占・奴隷の使役・強制労働の駆使など一連の前期的諸制度を廃止し」、「原住民社会の本来の具体的な姿を理解し、その理解にたって政策をすすめること」を説いた。そのため、膨大なる資料を収集、整理し、科学的な知識を得ようとした。その成果は、種々の精力的な改革へと結びついていった。しかし、その改革の代表例が土地改革であったように、農業を基本として考えられていたため、温帯＝工業国、熱帯＝農業国といった当時の植民政策の枠からはみ出すことはなかった。信夫は、ラッフルズを「一面は啓蒙主義につらなり、他の一面はイギリスの資本主義的矛盾につらなっていた」体現者で、「過渡的政治家」であったと結論づけている。

ジャワ島のバタビアを植民根拠地としたオランダは、海域世界の論理に介入することが非現実的で、自己の利益にならないとして、一九世紀末までジャワ島以外では本格的な植民地化の試みをしなかったといっていいだろう。ラッフルズの政策も、海域世界に直接踏みこまず、ジャワ島のような陸域世界の論理の通用するところから実施していこうとしていた。この海域でイギリスの蒸気船による海賊の撃退が最初におこなわれたのは一八三六年のことで、ラッフルズの時代にはイギリスはまだ海上交通の安全を確保していなかった。そのため、ラッフルズが考えていた自由貿易は、順調に進展しなかった。ラッフルズの視野にあったのは、農業生産物の期待できる空間と博物誌的・地質学的空間といってもいいだろう。したがって、ラッフルズの伝記から学んだ信夫の空間も、独自の自律した空間としての海域世界には及んでいなかったということができる。

もうひとつの優れた海域東南アジアの歴史として、取りあげなければならないのは、岡本良知（一九〇〇～一九七二年）『中世モルッカ諸島の香料』（東洋堂、一九四四年）であろう。これまで述べてきたとおり、漢籍・漢文史料から得られた海域世界のおもな情報のひとつに南海の物産があった。なかでも丁字（クローブ）、肉豆蔲（ナツメグ）は、胡椒とならんで古代より中国やヨーロッパで消費された香料の代表であった。その香料の原産地が、現地を訪れたであろう筆者により直接伝えられたのは、漢籍史料では一四世紀半ばに成立した『島夷誌略』、ヨーロッパ史料では一六世紀の初めのことだった。それまでは、ジャワやスマトラなどからの朝貢品として、あるいはペルシャ、アラブの商人がもたらす東方の物産として知られていたにすぎなかった。

岡本は、まず漢籍にみえる丁字、肉豆蔲の記述を紹介し、さらにヨーロッパの文献から貿易や原産地の状況を考察している。岡本がそのほとんどを頼ったというヨーロッパ人の記録は、丁字の原産地であるテルナテ島など北部マルク（モルッカ諸島または香料諸島）が中心で、肉豆蔲の原産地である南部マルクのバンダ諸島については少ない。その記述も、「浅薄不徹底なる理解力によるもの」があり、それを修正・補足するだけの民族学や考古学の知識がないため、「一種の道楽の域を脱せぬ」と吐露している。しかし、「第一部　丁香史論」と「第二部　肉荳蔲史論」は、当時利用できた文献を充分に読解したうえでの内容になっている。そして、一〇〇頁近い「付録　モルッカ諸島の住民生活」が、著者が意図したとおり「此の不完全を別の立場から幾分でも補ふ」ことになっている。「若し私自身がモルッカ諸島を踏査してゐたならば、今少し書きやうもあらうかと思ひます」と「あとがき」の最後で述べているとおり、当時利用できた文献からわかることを整理し、当時のマルク社会を理解しようとした。そのなかには、風俗・習慣だけでなく、テルナテがバンダ諸島の宗主権をもち、兵を駐留させていたことや、ムラカに百数十名の兵とともに使者を派遣したこと、さらに自給できない食糧などをどこから調達したかなど、海域世界の広がりを感じさせる記述がみられる。このような予備知識のもとに、民族学的あるいは考古学的実地調査がなされていたなら、海域世界を自律した歴史空間として捉えることも可能であったかもしれない。

岡本には、大部の『十六世紀日欧交通史の研究』(弘文荘、一九三六年)があり、ポルトガルとスペインのアジアへの進出と日本との関係が詳細に論じられている[21]。岡本にとって、このマルク諸島の記述は余録であったかもしれない。岡本のほかに、香料史では山田憲太郎の『東亜香料史』(東洋堂、一九四二年)があり、戦後もさかんに研究成果を発表しているが、世界文明史的記述が中心である[22]。

台北帝国大学では、東洋史学からのアプローチだけでなく、国史学的見地から海域世界とのかかわりを考察した研究がおこなわれた。当時は、日本の南進政策の影響もあって、歴史的にそれを正当化する研究がおこなわれた。朱印船貿易史やタイの山田長政の研究が代表的な例であるが、豊臣秀吉や初期の徳川幕府時代にルソン島征討計画があったことなどが紹介された。そのようななかで、岩生成一(一九〇〇〜八八年)『南洋日本町の研究』(南亜細亜文化研究所、一九四〇年)は本格的な学問研究であった[23]。

岩生は、日本移民の多くが無名の人たちで多くの記録を残しておらず、また日本移民が活躍した現地の住民側の史料がほとんどないなかで、ヨーロッパ人の残した関係史料に期待した。そのため、まず一九二七年と三〇年の二度にわたって、バタビアの地方文書館('s Lands Archief)で史料収集をおこない、つぎに一年有半おもにハーグの国立中央文書館でオランダ東印度会社文書、ついで約半年間ロンドンのインド省記録課および大英博物館文書課、セビリヤのインド文書館（Archivos de Indias）、リスボン郊外のアジュダ文庫（Bibliotheca da Ajuda）所蔵の関係未刊行文書を閲覧し、さらに一九三九年夏から約半年間、バタビアの文書館で調査して、史料の閲覧・収集の仕上げをおこなった。いうまでもなく、日本国内では未刊行文書の写本にあたり、漢籍史料にも目を通している。これら古今東西の未刊行文書を読破できる者はまずいないことから、近年までこの研究を超えることは部分的にでも困難であった。

岩生は、日本町のあった交趾《コーチ》（フェフォとツーランの二カ所、ベトナム）、東埔寨《カンボジア》（ピニャールーとプノン・ペンの二カ所、カンボジア）、暹羅《シャム》（アユタヤ、タイ）、呂宋《ルソン》（ディラオとサン・ミゲルの二カ所、フィリピン）のそれぞれの「発生」「位置、規模、及び戸口数」「行政」「在住民の活動」を考察し、「結論」で「名称」「特質」「衰因」をまとめている。長年の研究成果であるだけに、よく整理され、結論もわかりやすく、今日でも学問的に高く評価できるが、史料的な制約があるとはいえ、通俗的な「邦人海外発展論」をより学問的に論じたにすぎない。日本町を形成した港町や当該国・地域の住民や社会にたいしての関心は、あまりみられない。また、海は交通路としてのもので、海の存在が創りだす社会や文化というところにまで、視野が広がらなかった。

いっぽう、日本町発生以前から海外貿易にのりだしていた琉球王国の歴史研究は、一九三三年に一般の利用が可能になった「歴代宝案」によって飛躍的に発展した。(24)「歴代宝案」は、琉球歴代の外交関係公文書およびその文案を類集したもので、一四二四年から一八六七年までの中国、朝鮮、ムラカなど東南アジア諸港との交通の様子が記録されている。廃藩置県後、しばらく行方不明になっていたが、一九三三年に沖縄県立図書館に収蔵され、一般の利用が可能になった。東恩納寛惇（一八八二〜一九六三年）『黎明期の海外交通史』（帝国教育会出版部、一九四一年）は、南洋との関係を究明するために書かれたもので、おもに一六九七年に編録されたものを史料として使い、「支那、朝鮮、旧港《パレンバン》、マラッカ、爪哇《ジャワ》、仏太泥《パタニ》、暹羅」との交通、航海、進貢品・商品、移民などが論じられている。(25)

小葉田淳（一九〇五〜二〇〇一年）『中世南島通交貿易史の研究』（日本評論社、一九三九年）では、より学問的な考察がおこなわれている。(26)「歴代宝案」に加えて、『皇明実録』をおもな史料とし、三篇に分けてそれぞれ日本と琉球の関係、琉球と明、琉球とシャム・ムラカの交通・貿易史を論じている。もともと国史が専門の小葉田が、日中戦争、南進論の高まりのなかで、啓蒙的ではない研究書を世に問うたものである。(27)続編に、『中世日支通交貿易史の研究』（刀江書院、一九四一年）がある。(28)

「歴代宝案」の使用が可能になったことによって、琉球王国を日本の一部とした日本の歴史空間としての海域世界は一気に広がった。しかも、琉球王国の活動はヨーロッパ勢力の東漸以前であったことから、南進論に歴史的正当性を与える根拠として利用することができた。

この「歴代宝案」を使用した中世史研究に加えて、近代の移民を論じたのが、安里延『沖縄海洋発展史――日本南方発展史序説』（沖縄県海外協会、一九四一年）であった。沖縄師範学校教諭の安里は、沖縄県海外協会より二六〇〇年記念事業として執筆を頼まれ、一年もかけずに完成させている。安里は、古代からの琉球の海外貿易を中心に叙述し、そのほとんどの頁を中世に朝鮮、中国、東南アジアでおこなった活動に費やしている。そして、近世時代を簡潔に記した後、明治以降の沖縄移民が広くハワイ、南北アメリカ、東南アジアに及んだことを記している。安里は、中世琉球王国の活動を「南島日本人の世界的大活動」とし、日本の南進を「西洋人の築いた勢力範囲に無断で闖入する」侵略ではなく、「欧勢東漸以前、東亜諸民族が日本人を中心として真に提携融和し、有無相通じて共存共栄の理想郷を実現して」おり、「アジヤ人のアジヤ建設の為の今事変が、五百年前の祖先の事業を復活する為の聖業に外ならない」と述べている。本書は、同年書名を本題と副題をほぼ入れ替えて、『日本南方発展史——沖縄海洋発展史』（三省堂）として東京で発行された。[29] 沖縄を日本の一部として扱うとともに、南洋の一部とすることで、日本を中心とする空間の広がりを示したということができるだろう。そのいっぽうで、現実にはフィリピン南部ミンダナオ島ダバオのマニラ麻栽培に従事した沖縄県人は、現地で「別の日本人」とよばれ、フィリピン人にも区別されていた。

沖縄からだけでなく、近代日本の南進にのって明治以降の「邦人海外発展史」が、あまた書かれることになった。その代表的著作を書いたのは、移民問題研究会や外務省領事移住部に勤めていた入江寅次（一九〇二〜七七年）だった。その著書『邦人海外発展史』（移民問題研究会、一九三八年、上下二巻）、『明治南進史稿』（井田書店、一九四三年）につづいて、五巻本が出版される予定であった。[30] しかし、戦災のため、校了していた第一巻（六三〇頁）の校正刷りだけが残り、手書き原稿が完成していた第二巻はその後散逸し、収集した膨大な資料が燃えてなくなった入江はあらためて執筆することもなく、一九七七年に亡くなった。[31]

入江は、尋常小学校しか出ていないが、昭和四（一九二九）年から雑誌『海外』の編集員になり、そのころから外務省資料、移民会社資料などを幅広く渉猟し、海外に出て苦悩する無告の民すべてを「移民」として、記録をまとめていった。一九三六年に上巻だけが出版された『邦人海外発展史』（海外邦人史料会、つづいて国際日本協会）は注目されなかったが、三七年に外務省移民課に就職し、南進論の高まりを背景に三八年に下巻も上巻とともに出版された。上巻では明治維新・開国の初頭から一九〇七年の日米紳士協定までが扱われ、下巻では南米移民も本格化し、北米、南洋、満洲移民が記された。さらに、時勢にふさわしい構成で『明治南進史稿』を書き下ろした。細かい内容については、間違いも多く引用するには注意が必要だが、日本外交の「正史」ではない「移民」研究が社会に受けいれられたことは、一般日本人の活動舞台が広く海外にまで及んだ時代であったからであろう。

日本が南洋に経済進出するにあたって、協力者となり、競争相手となったのが華僑であった。そして、日本が占領統治するにあたって、本国が対日戦争中のため反日感情が強く、現地の経済力を握っていた華僑の対策が重要な課題となった。南洋華僑の研究も一九三〇年代後半になるとさかんになるが、ほとんどが現状にかんするもので、基礎的理解に必要な歴史研究はほとんどなく、外務省南洋局嘱託成田節男の『華僑史』（蛍雪書院、一九四一年）が歴史学叢書亜細亜研究篇の一冊として出版されたにすぎない[32]。成田は、ヨーロッパ語文献を含めて、「総論」で中国の南海貿易史を丁寧に追い、「各論」で六つの国・地域の華僑史をまとめている。いっぽう、中国でも華僑史研究はあまり発展せず、李長伝『南洋華僑史』（国立暨南大学南洋文化事業部、一九二九年）が南洋叢書の一冊として出版されている程度で、李の華僑史は七つの国・地域の章と「概論」「結論」からなっている[33]。

以上、戦前・戦中の研究をみると、つぎのようなことがいえるだろう。西洋中心の世界史や中国中心の東洋史にかわって、日本を中心とした世界史、東洋史を描くことによって、日本の海外進出を正当化する研究がすすめられた。そのため、中国周辺地域の歴史や東西交通・交渉史研究が注目され、発達した。そのようななかで南海・南洋も注目されたが、欧米でも中国でも日本でも研究蓄積に乏しく、西域ほど研究はすすまなかった。とくにヨーロッパ人のアジア進出以降の歴史は、ヨーロッパ中心の歴史となるためほとんど研究されず、なかには発売禁止になったものもあった。いっぽう、日本人の海外「移民」や琉球王国の歴史は、従来日本の「正史」として扱われることはなかったが、日本の海外進出の正当性のために利用されることになった。このように海域世界の歴史は、自律した世界の歴史として扱われたわけではなく、中国、欧米、日本といった陸域世界の拡大（植民地化）のための根拠に利用されるかたちで研究された。

近代日本の海域東南アジアにかんする研究をみると、つぎのような特色があったことがわかる。漢籍・漢文史料をおもに使った研究は、中国とヨーロッパを結ぶ交通・交渉史研究が中心で、イスラーム世界はヨーロッパ世界と不可分に結びつく存在として扱われた。中国の周辺地域まで視野を広げた研究者は、生態系の違いにも目を向け、地理学と歴史学が結びついて、歴史地理学的にアジアを理解しようとした。ヨーロッパやアラブの文献史料に加えて、遺跡や碑文が出土する西域はヨーロッパ人東洋学者による研究も発達して、着実に研究が蓄積していった。それにたいして、海のシルクロードともよばれて注目された海域ルートは、交通路として利用されただけで、海域世界そのものの研究はあまり進展しなかった(34)。とくに国家という後ろ盾をもたない中国人移民やインド人移民の活動の記録は残っておらず、ましてや海洋民や漂海民への関心はなかった。海域世界にとってイスラームは重要な要素のはずであったが、ヨーロッパ勢力の東漸とイスラームの東漸が時期を同じくしたため、これらの東漸以後の近世・近代の歴史はあまり論じられず、その結果、海域世界の歴史におけるイスラームの重要性が無視されることになった。いっぽう、国史を基盤に研究した者は、もっぱら日本人の活動に関心があり、史料的にもかぎられていたため、現地社会に踏みこむような研究はなかった。

そのようななかで、現地側の史料である『スジャラ・ムラユ』の研究は特筆に値する。そのほかにも、南方圏研究会編『モロ族の歴史と王侯の系譜』（一九四三年、三冊）など、現地社会に伝わる口述資料に注目した研究も出てきていた。松本信廣編『大南一統志』（印度支那研究会、一九四一年、二冊）も刊行された。その背景には、ヨーロッパ人による研究成果を学んだことがあったと考えられる。植民地学のいっぽうで、ラッフルズのように現地社会に興味を示した研究や報告書があり、そこから海域社会の独自性を読みとった者も現われてきた。しかし、文献史料に乏しいだけに、美術、建築、考古学的遺物などに加えて、現地社会の理解のための人類学・社会学的調査が必要であったが、その必要性は認めていても、充分な調査は日本人によってはおこなわれなかった。海域世界の現地調査が本格的におこなわれるようになるのは、ようやく近年になってからである。

三　戦後の海洋史観

戦前・戦中に海域世界まで拡大した歴史研究は戦後後退し、研究拠点は東京大学史料編纂所を除いてなくなるか、活動を停止した。その背景には、日本の侵略戦争に加担したという後ろめたさと、日本の社会全体が、戦場となった東南アジアのことを歴史的であっても語ることに抵抗を感じるという雰囲気があった。そのようななかで、一九五七年に東京大学文学部東洋史学科に南海史講座が設置され、山本達郎を中心に南方史研究会が組織されて、欧米の研究成果を取りいれるかたちで研究がすすめられた。いっぽう、京都大学では一九六五年に東南アジア研究センターが設立され、農学系を中心とした自然科学を含む臨地研究（フィールドワーク）に力を入れた、世界でも類をみない地域研究がはじまった。しかし、まだ充分に戦後復興がすすんでいない日本の研究者が、文献調査のために欧米の文書館を訪れることや、東南アジアで現地調査をすることは容易ではなかった。

そのようなときに刊行が開始されたのが、ラテン・アメリカ研究者などとともに企画した「大航海時代叢書」（岩波書店、第一期一一巻＋別巻、一九六五〜七〇年、エクストラ・シリーズ五巻、一九八五〜八六年、第二期二五巻、一九七九〜九二年）であった。イギリスでは、一八四六年に設立されたハクルート・ソサエティ（The Hakluyt Society）が、一八四七年から叢書を刊行し、第一期一〇〇冊、第二期九〇冊を一九四四年までに刊行し、戦後も刊行をつづけていた。それにたいして刊行数でははるかに劣るものの、モルガ『フィリピン諸島誌』やリンスホーテン『東方案内記』などが日本語訳で読めるようになった。その後、「一七・一八世紀大旅行記叢書」（岩波書店、第一期一〇巻、一九九〇〜九四年、第二期一一巻、二〇〇一〜〇四年）へと引き継がれていった。この叢書の編集に携わった者のひとりである生田滋による『大航海時代とモルッカ諸島――ポルトガル、スペイン、テルナテ王国と丁字貿易』（中公新書、一九九八年）は、ヨーロッパ人の残した報告書・航海記などを存分に利用した成果である。

それにたいして、研究者より早くから東南アジア各地を歩きだしたのが鶴見良行だった。研究者では捉えきれない、そこに生活する人びとや社会の視点からみた著作は新鮮で、六〇年安保闘争やベトナム反戦運動など反体制運動に参加した若者の心をつかんだ。鶴見の視点は、さらにバナナやナマコといった商品にまで及んだ。そこには自律した東南アジアの社会があり、歴史的にも考察がすすめられた。『鶴見良行著作集』（みすず書房、一九九九〜二〇〇四年、一二巻）を通して読むと、その軌跡がわかるだろう。

鶴見の自律した東南アジア社会像への探求は、その後経済的に豊かになり、格安航空券が普及したことで海外調査が容易になり、追随する者が増加した。海への関心も増大し、その成果は、秋道智彌編『海人の世界』（同文舘、一九九八年）や尾本惠市ほか編『海のアジア』（岩波書店、二〇〇〇〜〇一年、六巻）として出版された。

欧米の研究者のあいだでも、新たな動きがあった。フランスのアナール学派などの影響を受けた研究者は、文書館調査とフィールドワークを組みあわせた地方史研究の成果を発表しだした。アメリカによるベトナム戦争の影響で、平和部隊として東南アジア社会で暮らした者や退役軍人のなかには、帰国後大学に戻り、東南アジア研究に従事する者が現われた。そのひとり、ジェームズ・F・ワレンはフィリピン南部のスールー王国を中心とした海域世界の盛衰を、漂海民の海産物集荷から世界経済まで視野に入れたダイナミックな歴史像として描いた。その著作は、一九八一年に出版された『スールー・ゾーン、一七六八〜一八九八年』（シンガポール大学出版部）から『イラヌンとバラギギ』（ニュー・デイ出版社／シンガポール大学出版部、二〇〇二年）へと発展した[35]。日本では、早瀬晋三『海域イスラーム社会の歴史——ミンダナオ・エスノヒストリー』（岩波書店、二〇〇三年）があり、従来のムラカやジャワ中心のムラユ世界とは違う、海域東部という独自の歴史空間が一六〜一九世紀に存在したとして論じた。

このように東南アジアを自律した社会として捉えようとする試みがさかんになると、海域世界の論理で歴史を記述する者が現われた。フェルナン・ブローデルの『地中海』（浜名優美訳、藤原書店、一九九一〜九五年、五巻、フランス語原著は一九六六年、英訳は一九七二〜七三年出版）の影響を受けたアンソニー・リードは、『商業の時代における東南アジア　一四五〇〜一六八〇年』（イェール大学出版部、一九八八、一九九三年、二巻）を出版した。[36]第一巻は東南アジアをインド洋の向こう側にあるというヨーロッパの視点が中心であったが、第二巻では中国の南にあるという視点も加わった。日本でも、東南アジア海域世界を統一的に理解しようとする弘末雅士『東南アジアの港市世界――地域社会の形成と世界秩序』（岩波書店、二〇〇四年）が出版され、ようやく自律した歴史空間として海域世界が語られるようになった。資料的にも、東南アジアの現地語で書かれた文献・口述資料の発掘・整理・利用がすすめられている。

しかし、家島彦一『海が創る文明――インド洋海域世界の歴史』（朝日新聞社、一九九三年）のような優れた研究は、東南アジア海域世界の歴史では現われていない。また、中国史からみた海域世界の歴史への関心も高まっており、漢籍・漢文史料の整備もみられる。ヨーロッパ側の史料とあわせて、まだ充分に利用されていない史料の利用によって、新たな歴史空間が出現する可能性がある。そのとき、国民国家や東南アジアという歴史空間は、もはや意味をもたなくなるかもしれない。

四　可視空間と不可視空間

海域世界を歴史空間として描くことは、たやすいことではない。それは、陸域世界が人口密度の高い地域を領域として囲いこみ、可視空間として文献史料に現われるのにたいして、人口密度の低い遊牧民世界や海洋民世界は流動性が激しくみえにくく文献に残されていないからである。遊牧民や海洋民は、いつのまにか陸域世界に進入することが、歴史上しばしばあった。万里の長城は、遊牧民世界を陸域化し、遊牧民が自由に入ってこられなくした記念碑といっていいだろう。海洋民にたいしては、海禁政策がそれにあたる。遊牧民や海洋民の世界が不可視であるだけに、陸域世界の人びとはかれらの活動を恐れ、可視化することによって領域を守ろうとしたのである。

文献史料で「山賊」「馬賊」「海賊」などアウトローとして登場する遊牧民や海洋民の活動は、前近代社会においては合法的どころか英雄視されることさえあった。それは、自分たちの生命と社会を守るために必要な「正戦」において、それを邪魔するものは「敵」であり、「敵」にたいして人権が適用されなかったからである(37)。流動性の激しい世界にあっては、自給自足という考えはない。ないモノは、どこかから持ってくればいい、持ってこられなければヒトがモノのあるところへ移動すればいい、と考えている。モノやヒトが動くことによって、生活が成りたち、社会が維持されている。モノが動かなくなると、食糧にも事欠いて死活問題となり、「賊」が横行することになる。しかし、文献を残した定着農耕民社会を基本とする陸域世界は、「賊」がはびこる世界として海域世界を歴史から抹殺してきた。「海域世界」ということばは、しばしば誤解されて使用されてきた。古今東西、歴史上、沿岸の海に生業を求めた人びとの居住する地域が、「海域世界」であるかのように語られてきた。しかし、これらの人びとの多くは海上交通・交易に携わり、生活を陸域世界に寄生していた。それは、陸域世界と接触をもったときの海域世界のほんの一面にすぎなく、海戦に巻きこまれたとき、もっとも華々しく歴史叙述に登場した。海域世界が本来の自律した姿をみせるとき、陸域との関係は乏しく、文献史料に残ることはあまりなかった。この自律した社会を主体とする海域世界は、海域東南アジア東部に代表されるといっていいだろう。この海域世界が、歴史上登場したのは、香料などの森林産物やナマコなどの海産物が世界商品となり、陸域世界の市場に上ったときである。それ以外のときは、陸域世界の人びとは、そこに自律した世界としての海域があるとは認識していなかったし、関心もなく、歴史研究の対象にならなかった。[38]

近年、東南アジア研究では、この不可視の空間を理解する試みが、「銀河系政体論」「劇場国家論」「マンダラ国家論」などをモデルとして議論された。[39] いずれも中心としての王都が語られた。これらの議論を踏まえて、東南アジアの歴史叙述を試みたのが、石井米雄・桜井由躬雄『東南アジア世界の形成』（講談社、一九八五年）であった。ヌガラ（城市）、プラ（港市）、ムアン（駅市）という土着概念のクニをキーワードに、歴史空間を描こうとした。海域東南アジア世界にあって、排他的空間といえるのは、このクニだけだっただろう。そこを中心にどれだけの広がりをもって、語ることができるかが、議論の中心であったといえる。しかし、その中心であるクニもしばしば動いたため、恒久的な空間形成にはいたらなかった。そのクニが消滅していくのは、東南アジアの近代化がすすみ、国民国家が成立していく過程においてである。タイを例に論じたものに、トンチャイ・ウィニッチャクン著、石井米雄訳『地図がつくったタイ——国民国家誕生の歴史』（明石書店、二〇〇三年、原著は一九九四年）がある。

さらに海域東南アジア世界を空間的に捉えにくいのは、面的広がりで空間を捉えることができないからだろう。現在でも行政区域で飛び地が存在する。それは、村落国家ともいわれる自然集落を基本とする首長制社会が、食糧や資源、労働力の収奪、井戸（真水）の確保、婚姻関係といった関係で結びつき、海上交通を利用してかなり広範囲に及んでいたからである。もっとも遠隔地にある従属下にある集落まですべてを「支配地域」とすると、巨大な帝国が出現したかのようにみえるが、隣の集落とは敵対していたということもあった。一六〇〇年に東南アジア島嶼部の一平方キロメートルあたりの人口密度は四人と推定されており[40]、そのようななかでは、モノもヒトも交流し、相補することによって社会を維持していたと考えられる。

このような海域世界にあって、これまで語られてきたような幹線海上ルートやそれを担った陸域世界と結びついた人びとの考察だけでは不充分で、その底辺を担った海洋民のブギス人や漂海民のバジャウ人などの活動や社会を考察することが、自律した歴史空間としての海域世界を理解することになるだろう。そして、そのことがグローバル化や多元文化社会に対応した新たな歴史空間としての世界史を語ることを可能にする一要素となるだろう。

注記

(1) 下林要『田淵屋甚九郎の研究』(日生町文化財保護委員会、一九八二年)、「田渕屋甚九郎顕彰碑」『日生町の文化財』(日生町教育委員会、一九八五年)、加子浦歴史文化館(日生町)の展示。

(2) 川瀬潔『キリシタン遺物と豊島石』(岡山キリシタン研究会、一九九五年)。

(3) John R. W. Smail, "On the Possibility of an Autonomous History of Modern Southeast Asia," *Journal of Southeast Asian History*, 2, 1961.

(4) George Cœdès, *Histoire ancienne des états hindouisés d'Extrême-Orient*, Hanoi: Impr. d'Extrême-Orient, 1944.

(5) D. G. E. Hall, *A History of South-East Asia*, London: MacMillan, 1955.

(6) 山室信一『思想課題としてのアジア——基軸・連鎖・投企』(岩波書店、二〇〇一年)、四三四〜四三六頁、羽田正『イスラーム世界の創造』(東京大学出版会、二〇〇五年)、二二二〜二二五頁。

(7) 再版に荻原星文館、一九四三年と国書刊行会、一九七四年がある。

(8) 白鳥庫吉『西域史研究』(岩波書店、一九四一〜四四年、一九六九〜七一年に岩波書店から発行された全集に所収)、桑原隲蔵『東西交通史論叢』(弘文堂書房、一九三三年)、同『東洋文明史論叢』(弘文堂書房、一九三四年、詳しくは註(12)参照)。

(9) Henry Yule & Henri Cordier, *Cathay and the Way Thither: Being a Collection of Mediaeval Notices of China* (London: Hakluyt Society Publications, 1913–16, 4 volumes). 邦訳の復刻版は、鈴木俊編訳、解題榎一雄、原書房、一九七五年。初版はユール(一八二〇〜八九年)の単著で、一八六六年に二巻本でロンドンで発行された。ヨーロッパにおける近代東洋学の発展は、オーストリアのヨーゼフ・v・ハンマー・プルグシュタルが主幹となって創刊した、*Fundgruben de Orients, bearbeitet durch eine Gesellschaft von Liebhabern* (Wien, 1809–18, 6 volumes) にはじまる。その後、各国に東洋学研究の学会が結成され、機関誌を発行した。今日までつづく *Journal Asiatique* (1822), *Journal of the Royal Asiatic Society* (1834), *Journal of the American Oriental Society* (1843), *Zeitschrift der Deutschen Morgenländischen Gesellschaft* (1847) である。一八七三年には第一回国際東洋学者会議も開催され、今日までつづいてい

る。一九世紀に飛躍的に発展した欧米の東洋学は、文献学中心で、原典の校定・訳注がさかんにおこなわれ、後続の日本人研究者が学び、後に批判の対象とした。ユールは、その後、Henry Yule, *The Book of Ser Marco Polo* (London, 1871, 2 volumes) やバーネルとの共著、Henry Yule & A. C. Burnell, *Hobson-Jobson, a Glossary of Colloquial Anglo-Indian Words and Phrases* (1886) を出版した。そのほか日本の東洋史研究者に大きな影響を与えたのが、ブレトシュナイダー（一八三三〜一九〇一年）の Emil Vasilievich Bretshneider, *Mediaeval Researches from Eastern Asiatic Sources, Fragments towards the Knowledge of the Geography and History of Centeral and Western Asia from the 13th to the 17th Century* (1887, 2 volumes) であった。ユールはインド勤務の退役陸軍大佐、ブレトシュナイダーは北京勤務のロシア公使館付き医務官で、旺盛な知識欲にもとづいて執筆したもので、歴史学的素養に欠けていた。その後、日本人東洋学研究者にとって重要な文献となったものは、つぎのとおりである。Ferdinand Freiherr von Richthofen (1833–1905), *China* (1877–1911, 7 Bde); Richard Hennig (1878–1951), *Terrae Incognitae: Eine Zusammenstellung und kritische Bewertung der wichtigsten vorkolumbischen Entdeckungsreisen an Hand der darüber vorliegenden Originalberichte* (Leiden, 1936–39, 4 volumes); Friedrich Hirth (1845–1927), *China and the Roman Orient: Researches into Their Ancient and Mediaeval Relations as Represented in Old Chinese Records* (Leipsic, Munich, Shanghai & Hongkong, 1885); Friedrich Hirth & W. W. Rockhill, translated & annotated, *Chau Ju-kua: His Work on the Chinese and Arab Trade in the Twelfth and Thirteenth Centuries, Entitled Chu-fan-chï* (St. Petersburg, 1911); Charles Raymond Beazley (1863–1955), *The Dawn of Modern Geography: A History of Exploration and Geographical Sciences* (London, 1897–1906, 3 volumes); ウエ・バルトリド（一八六九〜一九三〇年）著、外務省調査部訳『欧洲殊に露西亜に於ける東洋研究史』（一九三七年、再版、生活社、一九三九年）。

一九二〇年代になると、ヨーロッパ人による東洋研究は、探検から欧亜交流史を基本とするようになった。代表的なものにつぎのものがある。W. E. Soothill, *China and the West: A Sketch of Their Intercourse* (London, 1925); Adolph Reichwein, *China and Europe: Their Intellectual and Artistic Relations in the Eighteenth Century* (London, 1925); G. F. Hudson, *Europe & China: A Survey of Their Relations from the Earliest Times to 1800* (London, 1931); E. R.

Hughes, *The Invasion of China by the Western World* (London, 1937).

(10) 東西洋については、つぎの二つの論文がある。山本達郎「東西洋という称呼の起原に就いて」『東洋学報』二一巻一号(一九三三年)、宮崎市定「南洋を東西洋に分つ根拠に就いて」『東洋史研究』七巻四号(一九四二年)。

(11) 改訂版『唐宋時代に於けるアラブ人の支那通商の概況殊に宋末の提挙市舶西域人蒲寿庚の事蹟』(岩波書店)が没後の一九三五年に出版、一九六八年に『桑原隲藏全集』(岩波書店)の一巻として収められ、さらに一九八九年に宮崎市定の解説を付して東洋文庫(平凡社)の一冊として発刊された。また、一九二八年に *On P'u Shou-Kêng* の書名で英訳され、東洋文庫英文紀要(第二号)として刊行され、二九年には陳裕菁譯訂『蒲壽庚考——唐宋元市舶史料』(中華書局、一九五四年復刻)、三〇年には馮攸訳『唐宋元時代中西通商史』(商務印書館)が刊行された。

(12) 宮崎市定ほか編の『東洋文明史論叢』は一九四四年までに四版を重ねた。これらの論叢は、すべて『桑原隲藏全集』(岩波書店、一九六八年)に収められ、『東洋文明史論叢』は一九八八年に宮崎市定解説で『東洋文明史論』とタイトルを変えて、東洋文庫(平凡社)の一冊として復刻された。

(13) 向達「関於三宝太監下西洋的幾種資料」『小説月報』二〇巻一号(一九二九年)、J. J. L. Duyvendak, "Ma Huan Re-examined," (*Verhandelingen der Koninkrijke Akademie van Wetenschappen te Amsterdam*, Afdeeling Letterkunde, Nieuwe Reeks, Deel XXXII, No. 3, 1933); Paul Pelliot, "Les grands voyages maritimes chinois au début du XVe siècle," *T'oung-pao*(通報), IIe Série, XXX (1933). 一九三五年には馮承鈞校注『瀛涯勝覧校注』が刊行され、研究をより確実なものにした。

(14) 目次から、それぞれの時代の基本漢籍史料がわかる。漢代は『漢書』「地理志」『後漢書』、三国時代は康泰『扶南土俗』『呉時外国伝』、朱応『扶南異物志』、万震『南州異物志』、沈宝『臨海水土志』、唐代は玄奘『大唐西域記』、義浄『南海寄帰内法伝』『大唐西域求法高僧伝』、杜佑『通典』、『旧唐書』『新唐書』、賈耽『皇華四達記』、『唐会要』『冊府元亀』『太平御覧』『太平寰宇記』、宋代は周去非『嶺外代答』、趙汝适『諸蕃志』、『宋会要』『文献通考』『宋史』、元代は汪大淵『島夷誌略』、周達観『真臘風土記』、『元史』、明代は馬歓『瀛涯勝覧』、費信『星槎

勝覧』、鞏珍『西洋番国志』、黄省会『西洋朝貢典録』、『鄭和航海図』、張燮『東西洋考』、『明史』があげられている。

（15）戦前の桑田の論文に「赤土考」（一九一九〜二〇年）、「鄭和に就いて」（一九三三年）、「南洋崑崙考」（一九三四年）、「三仏斉考」（一九三六、三八、四五年）、「日南、林邑に就いて」（一九四二年）などがある。戦後、地名比定などの研究を受け継いだものに、木村宏「麻逸と蘇禄の境域について——東南アジア東部島嶼地域の歴史地理学的研究」『人文研究』大阪市立大学文学部紀要、八巻一〇号（一九五七年一一月）など、一連の論文がある。また、近年、漢籍史料の翻訳・紹介が出版されたものとして、つぎのものがある。周達観著、和田久徳訳注『真臘風土記　アンコール期のカンボジア』（東洋文庫、平凡社、一九八九年）、藤善真澄訳注『諸蕃志』（関西大学出版部、一九九一年）、小川博編『中国人の南方見聞録　瀛涯勝覧』（吉川弘文館、一九九八年）、義浄著、宮林昭彦ほか訳『現代語訳南海寄帰内法伝　七世紀インド仏教僧伽の日常生活』（法藏館、二〇〇四年）。

（16）松田が南海を扱った論文に、「南海史」『歴史教育』七巻九号（一九三二年）、「崑崙国考」『国学院雑誌』四七巻一号（一九四一年）などがある。

（17）一九九二年に岩波書店の同時代ライブラリーの一冊（文庫本）として、復刻された。解説、古賀登。

（18）『江上波夫著作集九　アジアの民族と文化の形成』（平凡社、一九八五年）に収められている。

（19）礪波護「解説」宮崎市定『アジア史概説』（中公文庫、一九八七年）。一九七三年に学生社から『アジア史概説』とタイトルを変えて再版された後、一九八七年に中公文庫の一冊となった。

（20）たとえば、J・S・ファーニヴァルが注目され、つぎの一連の翻訳がある。東亜研究所訳『緬甸の経済』（東亜研究所、一九四二年、原著は一九三一年、復刻版が二〇〇二年に龍溪書舎から）、南太平洋研究会訳『ファーニヴァル蘭印経済史』（実業之日本社、一九四二年、原著は一九三九年）、清水暉吉訳『蘭印の経済政治社会史』（ダイヤモンド社、一九四二年）、太平洋協会編『旧蘭領印度に於ける国営質屋』（太平洋協会、一九四二年）。このファーニヴァルの複合社会論のほか、ブーケの二重経済論（J. H. Boeke, *Indisch economie*, Haarlem: H. D. Tjeenk Willink & Zoon, 1940, 2 volumes、英訳一九五三年、永易浩一訳『二重経済論——インドネシア社会における経済構造分析』秋董書房、一九七九年、奥田彧ほか共訳『ジャワ村落論』中央公論社、一九四三年）やグルーのベトナム農村研究（Pierre Gourou, *Les paysans du Delta tonkinois: étude de géographie humaine*, Paris: Éditions d'art et d'histoire, 1936、内藤莞爾訳『仏印の村落と農民』生活社、一九四五年、前半の上巻のみ）などが注目された。

(21) 同書名で、一九四二年に再版（増補訂正、六甲書房）、一九七四年に改訂増補（原書房）が刊行されている。

(22) 一九七九年に、復刻版（同朋舎出版）が刊行されている。

(23) 翌一九四一年に、再版が同じく南亜文化研究所から出版された。一九六六年の補訂版（岩波書店）には、「第一章　序論」に「第一節　先人研究の諸成果」「第二節　研究の方法と経過」が加筆され、そのなかでつぎの文献をあげている。菅沼貞風『大日本商業史』（東方協会、一八九二年、再版一八九三年、訂正三版、八尾新助商店、一九〇二年、岩波書店、一九四〇年、初版復刻、五月書房、一九七九年）、藤田豊八「欧勢東漸初期に於ける海外の日本人」（一九一四年）、辻善之助『海外交通史話』（東亜堂書房、一九一七年、増訂版、内外書籍、一九三〇年）、川島元次郎『朱印船貿易史』（内外書房、一九二一年、改装版、巧人社、一九四〇年、四版一九四二年）、新村出「暹羅の日本町」（『史林』八巻三号、九巻一号、一九二三～二四年）、三木栄『日暹交通史考』（古今書院、一九三四年）、郡司喜一『十七世紀に於ける日暹関係』（外務省調査部、一九三四年、日タイ協会、一九四二年）。このほか、村上直次郎『六昆王山田長政』（朝日新聞社、一九四二年）、郡司喜一『タイ国固有行政の研究』（日本書院、一九四五年）などがある。また、村上直次郎訳注『抄訳　バタビア城日誌　上巻・中巻』（日蘭交通史料研究会、一九三七年、下巻を含めたものは村上直次郎訳注・中村孝志校注『バタヴィア城日誌』東洋文庫、平凡社、一九七〇～七五年、として完成）。なお、『南洋日本町の研究　続　南洋島嶼地域分散日本人移民の生活と活動』（岩波書店、一九八七年）は「壮大なる落ち穂拾い」で、正編で収められなかった日本人の活動が記述されている。

(24) 『隋書』などに出てくる「琉求国」については、つぎの論文などから台湾であることが明らかになった。和田清「琉球台湾の名称に就いて」『東洋学報』一四巻四号（一九二四年）、同「再び隋書の琉求国に就いて」『歴史地理』五七巻三号（一九三一年）、白鳥庫吉「隋書の琉求国の言語に就いて」『民族学研究』一巻四号（一九三五年）。

(25) 一九六九年に、琉球新報社から復刻されている。

(26) 一九四一年に刀江書院から再版が刊行され、一九六八年に一九三九年初版の復刊、一九六九年に一九四一年再版の復刊がともに刀江書院から出版されている。さらに、一九六八年の復刊をもとに増補版が、臨川書店(ロマン書房本店発売)から刊行されている。

(27) 小葉田が「啓蒙」といったのは、おなじく国史を専門とした秋山謙蔵(一九〇三~七八年)らのことを指したものと思われる。秋山は『日支交渉史研究』(岩波書店、一九三九年)などを出版し、「東亜協同体の完成に全力を挙げて進むことが、現代日本人に与へられた最も重大なる課題である時」に、豊臣秀吉の海外「雄図」など「日本人の素晴らしき海外進出」を執筆することが重要な課題のひとつであるとしている。古代からの日本と中国、朝鮮など東アジアとの交流に加えて、アラブ人との交流が短いながらも記述されていることが特徴である。本書には、三上参次、市村瓚次郎、白鳥庫吉の三文学博士が「序」を寄せている。三上の「序」によると、日露戦争のときに国史研究者数人が『弘安文禄　征戦偉績』を刊行して、「戦場にある将士に贈り士気を鼓舞し、また傷病の将士を収容せる内外の病院に寄贈し、以て恤兵の微衷を表した」とあり、日中戦争のすすんだ路を「倭寇の進んだ路」になぞらえている。中国「進出」を歴史的に正当化しようとした、歴史研究者グループがいたことがわかる。

(28) 一九六九年に刀江書院から復刊されている。

(29) 戦後アメリカ占領下の一九六七年に出版された復刻版(琉球文教図書)は、主題と副題が元に戻って「沖縄」が主題になっている。

(30) 『海外邦人発展史』は一九四二年に上下巻合本されて井田書店から刊行され、一九八一年に原書房から一九四二年版が上下二巻に分けて復刊された。『明治南進史稿』は一九九七年に大空社から復刊された。

(31) 矢野暢『「南進」の系譜』(中公新書、一九七五年)、二七~二九頁。

(32) 翌一九四二年に増補版が出版されている。

(33) 一九三四年に史地小叢書の一冊として再版され、一九九一年に温雄飛『南洋華僑通史』(東方印書館、一九二九年)、姚枬『中南半島華僑史綱要』(商務印書館、一九四六年)、同『馬来亜華僑史綱要』(商務印書館、一九四三

年）とともに、《民国叢書》編輯委員会編の一冊として復刊された。

（34）戦前・戦中のヨーロッパ人の東南アジア史研究を代表するものに、つぎのものがある。Georges Maspero, *Le royaume de Champa* (Paris, Bruxelles: G. Van Oest, 1928; 1st ed., Leiden, 1914; reprint, Paris: École Française d'Extrême Orient, 1988). 一九三三年に中国語訳（馮承鈞訳『占婆史』商務印書館、再版は附占城史料補遺で北京：中華書局、一九五六年）。セデスも戦前からアンコール期の研究などで顕著な業績を発表していたが、戦後にまとめられたものが日本語に翻訳されている。辛島昇ほか訳『インドシナ文明史』（みすず書房、一九六九年、第二版一九八〇年、原著は一九六二年、英訳は一九六六年）、山本智教訳『東南アジア文化史』（大蔵出版、一九八九年、新装版二〇〇二年、原著は一九六四年、英訳は一九六八年）。ファーニヴァルの著作については、注（20）参照。そのほか、オランダ領東インド史ではA・J・エイクマン／F・W・スターペル共著、村上直次郎・原徹郎共訳『蘭領印度史』（東亜研究所、一九四二年）、デ・クラーク著、南方調査会訳『蘭印史』（春陽堂書店、一九四二年）、エー・ベー・キールストラ著、村松薫訳編『和蘭の東印度経略概史』（大日本出版、一九四二年）、ミュリタテュリ著、朝倉純孝訳『蘭印に正義を叫ぶマックス・ハーフェラール』（タイムス出版社、一九四二年、一九八九年に渋沢元則訳注『マックス・ハーフェラール』大学書林、二〇〇三年にムルタトゥーリ著、佐藤弘幸訳『マックス・ハーフェラール――もしくはオランダ商事会社のコーヒー競売』めこん）、イギリス領マラヤ史ではフランク・スウェッテナム著、阿部真琴訳『英領マライ史――英国の経略過程』（北海出版社、一九四三年）、アメリカ領フィリピン史ではC・ベニテス著、東亜研究所訳『比律賓史――政治・経済・社会史的研究』（東亜研究所、一九四二～四五年、二冊）、デヴィッド・バロウス著、法貴三郎訳『フイリツピン史』（生活社、一九四一年）、英領ビルマではゴッドフリィ・ハーヴィ著、東亜研究所訳『ビルマ史』（東亜研究所、一九四四年、復刻版、原書房、一九七六年）、同書、五十嵐智昭訳（北海出版社、一九四三年、第二版、教典出版、一九四五年）、アーサー・フェーヤー著、岡村武雄訳『ビルマ史』（博文館、一九四三年）、仏領インドシナでは、楊廣咸著、東亜研究所訳『安南史講義』（東亜研究所、一九四一年、翌年『安南史』と題名を変える）、W・A・R・ウッド著、郡司喜一訳『タイ国史』（冨山房、一九四一年）などがある。同じ本を別々の機関で訳したり、東亜研究所では資料を叢書として刊行したものがある。

(35) James Francis Warren, *The Sulu Zone, 1768–1898: The Dynamics of External Trade, Slavery, and Ethnicity in the Transformation of a Southeast Asian Maritime State* (Singapore: Singapore University Press, 1981); *Iranun and Balangingi: Globalization, Maritime Raiding and the Birth of Ethnicity* (Quezon City: New Day Publishers & Singapore University Press, 2002).

(36) Anthony Reid, *Southeast Asia in the Age of Commerce 1450–1680* (2 volumes, New Haven & London: Yale University Press, 1988 & 1993). 二巻とも翻訳があるが（平野秀秋・田中優子訳『大航海時代の東南アジア　一四五〇―一六八〇年』Ⅰ・Ⅱ、法政大学出版局、一九九七、二〇〇二年）、専門家が監修していないため誤訳が多い。

(37) 山内進『略奪の法観念史――中・近世ヨーロッパの人・戦争・法』（東京大学出版会、一九九三年）。

(38) たとえば、上田信『中国の歴史09　海と帝国　明清時代』（講談社、二〇〇五年）は、斬新な明清時代史であるが、「海域世界の成立」を「陸からの自立」としたり、「陸の政権が海を管理できるようにな」ると「一七世紀に海域世界が終焉し」たなど、「海域世界」の自律性を認めていない。「海の歴史」の定義も、「海洋をヒトが交流する場として捉え、近代以降に成立する海洋によって区切られる国家単位の歴史を相対化しようとする歴史観」として、前近代の「海の歴史」の存在を認めていない。陸域世界の歴史の視野を広げた先の「海域世界」の歴史が発展しないと、陸域中心史観の歴史のままであったり、充分に実証的でない研究成果を鵜呑みにしたりすることになる。

付記：文献史学を中心に、「海からの視点」をキーワードにより広くアジア全体をとらえようとした入門書として、桃木至朗編『海域アジア史研究入門』（岩波書店、二〇〇八年）が出版された。

(39) 銀河系政体論については、S. J. Tambiah, "The Galactic Polity: The Structure of Traditional Kingdoms in Southeast Asia," *Annals of the New York Academy of Sciences*, 293 (July 1977)、劇場国家論についてはクリフォード・ギアツ著、小泉潤二訳『ヌガラ――一九世紀バリの劇場国家』（みすず書房、一九九〇年、原著は一九八〇年）、マンダラ論については、O. W. Wolters, *History, Culture and Region in Southeast Asian Perspectives* (revised edition, Ithaca:

Cornell University Southeast Asia Program, 1999, first ed., 1982）を参照。

（40）坪内良博『東南アジア人口民族誌』（勁草書房、一九八六年）、同『小人口世界の人口誌――東南アジアの風土と社会』（京都大学学術出版会、一九九八年）。

参考文献

生田　滋「海域東南アジア史研究の回顧と展望」『東洋史研究』六三巻三号（二〇〇四年一二月）。
島田虔次ほか編『アジア歴史研究入門5　南アジア・東南アジア・世界史とアジア』（同朋舎出版、一九八四年）。
羽田　明「東西交通」東方学術協会編『中国史学入門』（平安文庫、一九五一年）、五八五～六九二頁。
早瀬晋三・桃木至朗編集協力『岩波講座　東南アジア史別巻　東南アジア史研究案内』（岩波書店、二〇〇三年）。
各復刻版の「解説」

索　　引

本書は，まったく性格の異なる3つの部分からなる。したがって，索引の項目として選ぶ基準もまったく異なる。「Ⅰ　調査日誌」では，フィールドの歴史世界の背景としての社会や生活が感じられるものを中心に選んだ。「Ⅱ　書評空間」では，書評自体がキーワードの羅列という性格をもつため，著者名と書名にある用語だけから選んだ。そして，「Ⅲ　歴史空間としての海域世界」では，史学史を重視し，書名・論文名，注記にあるものは項目の対象としなかった。

なお，「地名」は，国名（国民），民族名，言語名と切り離すことができないため，いっしょに扱った。

人名索引

【タ　行】

【ナ　行】

【ハ　行】

【マ　行】

地名・国名（国民）・民族名・言語名索引

【サ　行】

【タ　行】

【ナ　行】

【ハ　行】

【マ　行】

事項索引

《著者紹介》

早瀬 晋三（はやせ しんぞう）
1955年岡山県生まれ。東京大学東洋史学科卒業。西豪州マードック大学 Ph.D. 現在大阪市立大学教授。
主要著書：『未来と対話する歴史』（法政大学出版局，2008年），『戦争の記憶を歩く 東南アジアのいま』（岩波書店，2007年），『歴史研究と地域研究のはざまで――フィリピン史で論文を書くとき』（法政大学出版局，2004年），『海域イスラーム社会の歴史――ミンダナオ・エスノヒストリー』（岩波書店，2003年，第20回「大平正芳記念賞」受賞。英語版：*Mindanao Ethnohistory beyond Nations,* Quezon City: Ateneo de Manila University Press, 2007），『未完のフィリピン革命』（山川出版社，近刊）

歴史空間としての海域を歩く

2008年10月31日　初版第1刷発行

著　者　早瀬 晋三
発行所　財団法人法政大学出版局
〒102-0073東京都千代田区九段北3-2-7
電話03（5214）5540／振替00160-6-95814
製版・印刷　三和印刷／製本　根本製本

ISBN 978-4-588-33501-3　Printed in Japan